Wissenschaftliche Beiträge
aus dem Tectum Verlag

Reihe Rechtswissenschaft

Wissenschaftliche Beiträge
aus dem Tectum Verlag

Reihe Rechtswissenschaft
Band 183

Robert Schneider

Die Anwendung von § 31a BGB im Recht der Kapitalgesellschaften

Tectum Verlag

Robert Schneider
Die Anwendung von § 31a BGB im Recht der Kapitalgesellschaften

Wissenschaftliche Beiträge aus dem Tectum Verlag
Reihe: Rechtswissenschaft; Bd. 183

Zugl. Diss. Ruhr-Universität Bochum 2022

ISBN 978-3-8288-4771-2
ePDF 978-3-8288-7877-8
ISSN 1861-7875

Gesamtverantwortung für Druck und Herstellung:
Nomos Verlagsgesellschaft mbH & Co. KG
Printed in Germany

Besuchen Sie uns im Internet
www.tectum-verlag.de

Bibliografische Informationen der Deutschen Nationalbibliothek
Die Deutsche Nationalbibliothek verzeichnet diese Publikation in der Deutschen Nationalbibliografie; detaillierte bibliografische Angaben sind im Internet über http://dnb.d-nb.de abrufbar.

Vorwort

Die vorliegende Arbeit wurde im Wintersemester 2021/2022 von der Juristischen Fakultät der Ruhr-Universität Bochum als Dissertation angenommen. Literatur und Rechtsprechung sind bis August 2020 berücksichtigt.

Ich danke zunächst meinem Doktorvater, Herrn Professor Dr. Markus Fehrenbach, für seine Betreuung, Unterstützung, Ermutigung und für die Gewährung des erforderlichen wissenschaftlichen Freiraums. Herrn Professor Dr. Martin Zimmermann danke ich für die Erstellung des Zweitgutachtens und die ebenso wertvolle Kritik. Für die Übernahme des Vorsitzes der Prüfungskommission gilt mein Dank Herrn Professor Dr. Arndt Kiehnle.

Mein größter Dank gebührt meinen Eltern, denen ich diese Arbeit für ihre fortwährende Unterstützung und Ermunterung widme.

Hamburg, im Mai 2022

Robert Schneider

Inhaltsverzeichnis

Einleitung

Die breite Masse der Gesellschaft organisiert sich insbesondere in kulturellen, gesellschaftlichen, politischen und freizeitorientierten Vereinen des lokalen Lebens, sodass die Anzahl an Vereinsmitgliedern grundsätzlich die Anzahl an Aktionären und Gesellschaftern übersteigt.[1] Im Vereinswesen werden vakante Vorstandsposten häufig mit Vereinsmitgliedern besetzt, die weder über eine rechtliche Vorbildung noch über Erfahrungen im Bereich der Geschäftsleitung verfügen, die Vereinsgeschäfte aber ehrenamtlich führen und die Vereinsfinanzen insoweit nicht belasten. Daraus folgt eine gewisse Fehleranfälligkeit der Vereinsleitung und ein nicht unerhebliches Haftungsrisiko der Vorstandsmitglieder, auf die der Gesetzgeber mit der Einführung von § 31a BGB durch das „Gesetz zur Begrenzung der Haftung von ehrenamtlich tätigen Vereinsvorständen" vom 28. September 2009 und der Novellierung durch das „Gesetz zur Stärkung des Ehrenamtes (Ehrenamtsstärkungsgesetz)" vom 21. März 2013 reagiert hat.[2] Nunmehr bemessen sich das Haftungsrisiko und die persönliche finanzielle Verantwortlichkeit eines Vorstandsmitglieds für die Verletzung von Amtspflichten anhand der Höhe seiner jährlichen Vergütung. So regelt insbesondere § 31a Abs. 1 S. 1, S. 2 BGB, dass Mitglieder des Vorstands gegenüber dem Verein und den Vereinsmitgliedern nur Vorsatz und grobe Fahrlässigkeit zu vertreten haben, sofern die jeweilige Vergütung nicht über 720 Euro im Jahr liegt. Da auch die GmbH und die AG körperschaftlich organisiert und damit strukturell mit dem eingetragenen

---

1 *Schöpflin*, in: BeckOK BGB, § 21 BGB Rn. 68, 70.

2 Gesetz zur Begrenzung der Haftung von ehrenamtlich tätigen Vereinsvorständen v. 28.09.2009, BGBl. 2009, S. 3161; Gesetz zur Stärkung des Ehrenamtes (Ehrenamtsstärkungsgesetz) v. 21.03.2013, BGBl. 2013, S. 559.

Verein verbunden sind,[3] stellt sich insbesondere auch die Frage der entsprechenden Anwendung von § 31a BGB im Kapitalgesellschaftsrecht.[4] Eine dahingehende Harmonisierung der Regelungsmaterien ist deshalb in Betracht zu ziehen, weil weder die Geschäftsführer- noch die Vorstandshaftung an die Höhe der jährlichen Vergütung anknüpft, der eingetragene Verein aber als organisationsrechtliche Grundform der Körperschaften gilt[5] und die bürgerlich-rechtlichen Regelungen über den Verein als eine Art „Allgemeiner Teil des Kapitalgesellschaftsrechts" verstanden werden.[6]

A. Thesen

Der nachstehenden Untersuchung liegen insbesondere die folgenden Thesen zugrunde. § 31a BGB ist teleologisch zu reduzieren und findet nur Anwendung, wenn Vereine steuerbegünstigte Zwecke i.S.v. §§ 51ff. AO, insbesondere einen gemeinnützigen oder mildtätigen Zweck verfolgen (***These 1***). Die Regelungen von § 31a BGB sind zudem weitestgehend zwingend ausgestaltet, sodass die Mitglieder des

3 Zur strukturellen Verbundenheit siehe *Bachmann*, in: Großkommentar AktG Bd. I, § 1 AktG Rn. 11; *Fleischer*, in: MüKo GmbHG Bd. I, Einl. Rn. 152; *Grigoleit*, in: Grigoleit AktG, § 1 AktG Rn. 11; *Heider*, in: MüKo AktG Bd. I, § 1 AktG Rn. 15; *Lutter*, in: Schmidt/Lutter AktG Bd. I, § 1 AktG Rn. 3; *Raiser/Veil*, Kapitalgesellschaftsrecht, § 3 Rn. 6.

4 Die Fragestellung wurde auch im Rahmen des 70. Deutschen Juristentages diskutiert. Siehe dazu *Bachmann*, Verhandlungen des 70. Deutschen Juristentages 2014 Bd. I, Gutachten E 30–31, 121.

5 Zum Verein als organisationsrechtliche Grundform vgl. *Solveen*, in: Hölters AktG, § 1 AktG Rn. 2; *Hirte*, Kapitalgesellschaftsrecht, § 1 Rn. 1.5. Dies lässt sich anhand von § 6 Abs. 2 HGB festmachen, der mit „Verein" körperschaftlich strukturierte Verbände meint und damit sowohl den bürgerlich-rechtlichen Verein als auch die AG und die GmbH als Kapitalgesellschaften einschließt. Siehe insoweit *Grigoleit*, in: Grigoleit AktG, § 1 AktG Rn. 11; *Koch*, in: Hüffer/Koch AktG, § 1 AktG Rn. 2.

6 So *Hirte*, Kapitalgesellschaftsrecht, § 1 Rn. 1.5. Nach allgemeiner Ansicht gilt auch § 31 BGB im GmbH- und Aktienrecht analog, um eine entsprechende Zurechnung rechtsformübergreifend zu gewährleisten. Siehe zur GmbH bereits RG Urt. v. 19.02.1904 III 343/03 = RGZ 57, 93 (95); RG Urt. v. 18.10.1917 – VI 143/17 = RGZ 91, 72 (75). Siehe zur AG bereits RG Urt. v. 19.02.1912 – VI 291/11 = RGZ 78, 347 (353–354).

Vereinsvorstands grundsätzlich unabdingbar für Vorsatz und grobe Fahrlässigkeit haften (***These 2***). Die entsprechende Anwendung von § 31a BGB im Kapitalgesellschaftsrecht ist grundsätzlich zulässig, soweit die Gesellschaft steuerbegünstigte Zwecke im vorstehenden Sinne verfolgt und die jährliche Vergütung der jeweiligen Geschäftsführer und Vorstandsmitglieder 720 Euro nicht übersteigt (***These 3***). In entsprechender Anwendung von § 31a Abs. 1 S. 1 BGB kann die Haftung des GmbH-Geschäftsführers generell nicht mehr über das Maß der groben Fahrlässigkeit hinaus begrenzt werden (***These 4***).

B. Gang der Untersuchung

In diesem Rahmen gliedert sich die Untersuchung in fünf Kapitel. Zuvorderst wird das Haftungsrisiko der Vorstandsmitglieder nach Maßgabe der allgemeinen Regeln dargestellt (***Kapitel I***). Vor diesem Hintergrund werden die Regelungen von § 31a BGB insbesondere auch unter den maßgeblichen historischen und teleologischen Gesichtspunkten in ***Kapitel II*** untersucht. Daran schließen sich einführende Erwägungen zum Analogieschluss an (***Kapitel III***), um sodann in ***Kapitel IV*** die Zulässigkeit der entsprechenden Anwendung von § 31a BGB im Aktien- und GmbH-Recht zu untersuchen. Die wesentlichen Ergebnisse der Untersuchung werden abschließend in ***Kapitel V*** zusammengefasst, das mit einer Handlungsempfehlung schließt.

Kapitel I – Das Haftungsrisiko der Vereinsvorstandsmitglieder

Der historische Gesetzgeber sah sich wegen des umfassenden Haftungsrisikos, dem sich die Vereinsvorstandsmitglieder im Rahmen ihrer jeweiligen Tätigkeit grundsätzlich ausgesetzt sehen, zu der Einführung von § 31a BGB veranlasst.[7] Grundsätzlich haften die Vorstandsmitglieder des Vereins im Rahmen ihrer Amtstätigkeit nach Maßgabe der allgemeinen zivilrechtlichen Regelungen, weil die §§ 2 ff. BGB keine dem § 93 AktG oder § 43 GmbHG vergleichbare haftungsrechtliche Zentralnorm beinhalten. Allein § 42 Abs. 2 S. 2 BGB normiert ausdrücklich die Haftung der Vorstandsmitglieder gegenüber den Vereinsgläubigern für Schäden, die diese durch eine schuldhaft verzögerte Stellung des Antrags auf Eröffnung des Insolvenzverfahrens erleiden. Ebenso bestehen auch vereinzelt spezialgesetzliche Haftungsgrundlagen wie § 69 S. 1 AO, der die Haftung der Vorstandsmitglieder für die Verletzung von abgabenrechtlichen Pflichten hinsichtlich der Steuerschuld des Vereins normiert.

A. Das Haftungsrisiko der Vorstandsmitglieder gegenüber dem Verein

In Bezug auf die Binnenhaftung sehen sich die Vorstandsmitglieder insbesondere dem Risiko ausgesetzt, gegenüber dem Verein für die schuldhafte Verletzung ihrer jeweiligen Vorstandspflichten gem. §§ 280 Abs. 1, 27 Abs. 3, 664ff. BGB zu haften.[8] Das nach § 280 Abs. 1 S. 1 BGB

7 Begründung zum Entwurf des Bundesrates über ein Gesetz zur Begrenzung der Haftung von ehrenamtlich tätigen Vereinsvorständen v. 13.08.2008, BT-Drs. 16/10120, S. 1, 2, 6–7.

8 *Burgard*, in: Krieger/Schneider Hdb. Managerhaftung, § 6 Rn. 6.7; *Reuter*, NZG 2009, 1368 (1371); *Unger*, NJW 2009, 3269 (3270); *Ehlers*, NJW 2011, 2689 (2689); *Klasen/Schäfer*, GWR 2013, 287 (289); *Leuering/Keßler*, NJW-Spezial 2017, 335 (335).

erforderliche Schuldverhältnis besteht mit der Bestellung des Vorstandsmitglieds und beurteilt sich unabhängig von der Wirksamkeit der vertraglichen Anstellung. Das nicht unerhebliche Haftungsrisiko folgt zunächst aus den weitreichenden Pflichten der Vorstandsmitglieder, die der organisationsrechtlichen Stellung des Vorstands als ordentlichem Geschäftsführungs- und zwingendem Vertretungsorgan des Vereins folgen. Diese können in Anbetracht der unzähligen Tätigkeitsbereiche eines Vereins nur allgemein umrissen werden, da sich der Pflichten- und Aufgabenkreis des Vorstandsmitglieds eines Arbeitgeberverbandes regelmäßig von dem einer Naturschutzorganisation oder dem eines lokalen Sportvereins unterscheidet.[9] Unter die Geschäftsführung fällt aber grundsätzlich jedes rechtliche oder tatsächliche Verhalten, das auf die Verfolgung des Vereinszwecks gerichtet ist und unter Berücksichtigung von Gesetz oder Satzung in der Zuständigkeit des Vorstands liegt.[10] Dazu zählen regelmäßig Planungs-, Koordinations-, Kontroll- und Organisationsangelegenheiten als Gegenstände der Vereinsleitung sowie die Mitgliederverwaltung, die Erhaltung, Verwaltung und Verwendung des Vereinsvermögens, die Ein- und Verkäufe und die Personalangelegenheiten als Angelegenheiten der laufenden Geschäftsführung.[11] Bei der Ausführung der jeweiligen Tätigkeit sind die Vorstandsmitglieder zu gesetzes- und satzungskonformem Verhalten verpflichtet.[12] So wurde das Vorstandsmitglied eines Sportvereins zu der Leistung von Schadensersatz in Höhe der Vergütung verurteilt, die es mit Spielerinnen im Rahmen ihrer Anstellung vereinbarte, obwohl die Vereinssatzung ausdrücklich vorsah, dass Verein und Mannschaft dem Amateurgedanken verpflichtet sind.[13] In einem ähnlichen Fall machte sich ein Vorstandsmitglied dadurch schadensersatzpflichtig, dass es Vergütungen ausbezahlte, obwohl die Vereinssatzung die unentgeltliche Amtsführung sta-

---

9 Zu den Tätigkeitsgebieten eines Vereins siehe *Schöpflin*, in: BeckOK BGB, § 21 BGB Rn. 70.

10 *Hadding*, in: Soergel BGB Bd. I, § 27 BGB Rn. 22; *Burgard*, in: Krieger/Schneider Hdb. Managerhaftung, § 6 Rn. 6.10.

11 Siehe *Burgard*, in: Krieger/Schneider Hdb. Managerhaftung, § 6 Rn. 6.11.

12 Siehe BGH Urt. v. 14.01.2008 – II ZR 245/06 = BGH ZIP 2008, 453 (454).

13 Dazu insgesamt BGH Urt. v. 14.01.2008 – II ZR 245/06 = BGH ZIP 2008, 453–455.

tuierte.[14] Die allgemeinen Pflichten werden dabei durch die Regelungen des Auftragsrechts konkretisiert. Insoweit haben die Vorstandsmitglieder die Geschäfte nach § 27 Abs. 3 i.V.m. § 664 Abs. 1 S. 1 BGB grundsätzlich persönlich zu führen, nach § 27 Abs. 3 i.V.m. § 665 BGB die Weisungen der Mitgliederversammlung zu befolgen[15] und sind dieser gegenüber nach § 27 Abs. 3 i.V.m. § 666 BGB auch informations-, auskunfts- und rechenschaftspflichtig.[16] In diesem Rahmen haben Vorstandsmitglieder grundsätzlich die vorsätzliche und die fahrlässige Verletzung ihrer Pflichten zu vertreten, § 276 Abs. 1 S. 1 BGB. Ein vorsätzliches Handeln setzt die wissentliche und willentliche Verletzung der betreffenden Verpflichtung voraus.[17] Fahrlässigkeit beschreibt hingegen die Außerachtlassung der im Verkehr erforderlichen Sorgfalt, § 276 Abs. 2 BGB. Insoweit wirken selbst leichteste Verstöße haftungsbegründend.[18] Die erforderliche Sorgfalt bemisst sich anhand objektiv-typisierter Kriterien, im Rahmen derer die spezifischen Besonderheiten des jeweiligen Verkehrskreises berücksichtigt werden.[19] In diesem Sinne hat der Rechts- und Geschäftsverkehr ein erhebliches Interesse daran, dass die Vorstandsmitglieder eines Vereins über die Fähigkeiten verfügen, die zu einer ordnungsgemäßen Amtsführung erforderlich sind.[20] In Literatur und Rechtsprechung wird der anzusetzende Sorgfaltsmaßstab als Sorgfalt eines ordentlichen Geschäftsmannes,[21] Sorgfalt eines ordentlichen Beauftragten[22] oder als Sorgfalt eines ordentlichen und gewissen-

14 Siehe BGH Beschl. v. 03.12.2007 – II ZR 22/07 = BGH NJW-RR 2008, 842 (843).

15 Siehe BGH Urt. v. 12.10.1992 – II ZR 208/91 = BGHZ 119, 379 (385); *Leuschner*, in: MüKo BGB Bd. I, § 27 BGB Rn. 50; *Schwennicke*, in: Staudinger BGB Buch 1, § 27 BGB Rn. 73; *K. Schmidt*, Gesellschaftsrecht, S. 691.

16 *Leuschner*, in: MüKo BGB Bd. I, § 27 BGB Rn. 51.

17 Vgl. nur *Schöpflin*, Rpfleger 2010, 349 (354).

18 BGH Urt. v. 26.11.1985 – VI ZR 9/85 = BGH NJW-RR 1986, 572 (574); *H.P. Westermann*, in: Erman BGB Bd. I, § 27 BGB Rn. 7.

19 BGH Urt. v. 17.03.1981 – VI ZR 191/79 = BGHZ 80, 186 (193); BGH Urt. v. 13.02.2001 – VI ZR 34/00 = BGH NJW 2001, 1786 (1787); *Grundmann*, in: MüKo BGB Bd. II, § 276 BGB Rn. 55; *Lorenz*, in: BeckOK BGB, § 276 BGB Rn. 20, 21; *Stadler*, in: Jauernig BGB, § 276 BGB Rn. 29; *H.P. Westermann*, in: Erman BGB Bd. I, § 276 BGB Rn. 10.

20 *Burgard*, in: Krieger/Schneider Hdb. Managerhaftung, § 6 Rn. 6.32; *Waldner/Wörle-Himmel*, in: Sauter/Schweyer/Waldner Der eingetragene Verein, Rn. 278.

21 So *Steffen*, in: BGB-RGRK Bd. I, § 27 Rn. 7 BGB.

22 BGH Urt. v. 26.11.1985 – VI ZR 9/85 = BGH NJW-RR 1986, 572 (574).

haften Vorstandsmitglieds eines Vereins der jeweiligen Art[23] umschrieben. Insoweit variieren die konkreten Sorgfaltsanforderungen je nach Art, Größe und wirtschaftlicher Situation des jeweiligen Vereins.[24] So unterliegen die Vorstandsmitglieder von Vereinen der Fußballbundesliga, insbesondere infolge ihrer Größe und des Umfangs ihrer wirtschaftlichen Betätigung, weiterreichenden Sorgfaltsanforderungen als die Vorstandsmitglieder von wesentlich kleineren und kaum wirtschaftlich agierenden Vereinen des Lokallebens.[25] Die individuelle Befähigung des Einzelnen oder die sonstigen Umstände in seiner Person, insbesondere ein persönliches Unvermögen, haben hingegen generell keinen Einfluss auf den Sorgfaltsmaßstab. Bereits das Reichsgericht hat selbst in Bezug auf ehrenamtlich Tätige den Standpunkt eingenommen, dass auch diese für die erforderlichen Fähigkeiten einstehen müssen und der objektiv-typisierte Sorgfaltsmaßstab nicht zu ihren Gunsten abgeschwächt wird.[26] In diesem Sinne hat auch der Bundesgerichtshof entschieden, dass die arbeitsrechtlichen Grundsätze über den innerbetrieblichen Schadensausgleich keine Anwendung finden, wenn Vorstandsmitglieder ihre Pflichten verletzen, weil es nach Ansicht des erkennenden Senats dem Sinn von An- und Bestellung entspreche, dass die Leitung des Vereins einer Person übertragen wird, die über die dafür erforderlichen Fähigkeiten verfügt.[27] Das Haftungsrisiko der Vorstandsmitglieder wird in diesem Rahmen maßgeblich dadurch beeinflusst, dass diese zwar nicht verschuldensunabhängig haften, ihr Vertretenmüssen aber nach § 280 Abs. 1 S. 2 BGB vermutet wird. Insoweit obliegt es dem handelnden Vorstandsmitglied darzulegen und gegebenenfalls zu beweisen, dass es seine Pflichtverletzung nicht zu vertreten, also weder vorsätzlich noch

---

23 *Schöpflin*, in: BeckOK BGB, § 27 Rn. 20.

24 Vgl. *H.P. Westermann*, in: Erman BGB Bd. I, § 27 BGB Rn. 7; *Reichert*, Hdb. Vereins- und Verbandsrecht, Rn. 3677 Siehe BGH Urt. v. 20.02.1995 – II ZR 143/93 = BGHZ 129, 30 (34) zur einzelfallspezifischen Bemessung der Sorgfaltspflicht von Geschäftsführern.

25 Siehe *Schöpflin*, in: BeckOK BGB, § 27 BGB Rn. 20; *Waldner/Wörle-Himmel*, in: Sauter/Schweyer/Waldner Der eingetragene Verein, Rn. 278.

26 RG Urt. v. 28.02.1940 – II 115/39 = RGZ 163, 200 (208).

27 BGH Urt. v. 05.12.1983 – II ZR 252/82 = BGHZ 89, 153 (159).

fahrlässig gehandelt hat.[28] In Bezug auf den ersatzfähigen Schaden des Vereins gelten keine Besonderheiten. Von einem solchen ist gem. §§ 249ff. BGB im Sinne der Differenzhypothese grundsätzlich dann auszugehen, wenn die tatsächliche Vermögenslage des Vereins von der ohne Eintritt des haftungsbegründenden Ereignisses bestehenden, hypothetischen Vermögenslage abweicht.[29]

B. Das Haftungsrisiko gegenüber den Vereinsmitgliedern und Dritten

Das Haftungsrisiko gegenüber den Vereinsmitgliedern und Dritten wird im Ausgangspunkt bereits dadurch abgeschwächt, dass die Mitglieder des Vereinsvorstands diesen grundsätzlich nicht auf vertraglicher oder quasi-vertraglicher Grundlage haften. Nach der Rechtsprechung des Bundesgerichtshofs treten die Vereinsmitglieder durch ihre Mitgliedschaft allein in eine sonderrechtliche Beziehung zu dem Verein, nicht aber auch zu den Mitgliedern des Vereinsvorstands.[30] Die Vorstandsmitglieder verpflichten im Außenverhältnis auch grundsätzlich nur den Verein gegenüber Dritten und treten auch mit diesen nicht persönlich in eine rechtsgeschäftliche Beziehung.[31] Denkbar ist die persönliche Haftung der Vorstandsmitglieder zwar grundsätzlich nach § 179 Abs. 1 BGB, wenn ein Vorstandsmitglied als Vertreter oh-

28 *Linnenbrink*, SpuRt 2000, 55 (56); *Unger*, NJW 2009, 3269 (3270); *Klasen/Schaefer*, GWR 2013, 287 (289).

29 Siehe nur BGH Urt. v. 05.02.2015 – IX ZR 167/13 = BGH NJW 2015, 1373 (1374); *Flume*, in: BeckOK BGB, § 249 BGB Rn. 37.

30 BGH Urt. v. 12.03.1990 – II ZR 179/89 = BGHZ 110, 323 (334); dahingehend schon tendierend BGH Urt. v. 06.02.1984 – II ZR 119/83 = BGHZ 90, 92 (95). Insbesondere kommt den organschaftlichen Pflichten der Vorstandsmitglieder auch keine drittschützende Wirkung zu: vgl. BGH Urt. v. 12.03.1990 – II ZR 179/89 = BGHZ 110, 323 (334); *Burgard*, in: Krieger/Schneider Hdb. Managerhaftung, § 6 Rn. 6.70; *Hadding*, in: Soergel BGB Bd. I, § 27 BGB Rn. 23; *Steffen*, in: BGB-RGRK Bd. I, § 27 BGB Rn. 7; *H.P. Westermann*, in: Erman BGB Bd. I, § 27 BGB Rn. 7; *Grunewald*, ZIP 1989, 962 (967); kritisch *K. Schmidt*, JZ 1991, 157 (161).

31 *Sikora*, in: Baumann/Sikora Hdb. VereinsR, § 12 Rn. 1; *Waldner/Wörle-Himmel*, in: Sauter/Schweyer/Waldner Der eingetragene Verein, Rn. 292a.

ne Vertretungsmacht handelt.[32] Wird die Vertretungsmacht der Vorstandsmitglieder gem. § 26 Abs. 1 S. 1 BGB aber gegenüber Dritten beschränkt, so handelt es sich dabei um eine nach § 64 BGB eintragungspflichtige Tatsache, die dem Dritten regelmäßig i.S.v. § 179 Abs. 3 S. 1 BGB haftungsausschließend bekannt gewesen ist oder bekannt gewesen sein musste.[33] Die Haftungsrisiken der Vorstandsmitglieder folgen deshalb insbesondere aus der Verantwortlichkeit für unerlaubte Handlungen gem. §§ 823ff. BGB. Nach höchstrichterlicher Rechtsprechung folgt das Deliktsrecht dem Grundsatz, dass derjenige auf Grundlage der §§ 823ff. BGB in Anspruch genommen werden kann, der die Tatbestandsmerkmale der unerlaubten Handlung verwirklicht.[34] Die Vorstandsmitglieder handeln im Rahmen ihres Aufgabenkreises zwar aufgrund ihrer organschaftlichen Pflichten für den Verein. Die persönliche Haftung des Handelnden wird aber nicht dadurch ausgeschlossen, dass sein Verhalten dem Verein deshalb nach § 31 BGB zugerechnet wird.[35] Die Haftung für ein Unterlassen, insbesondere wegen der Verletzung von Verkehrssicherungspflichten, kommt aber nur dann in Betracht, wenn das zuständige Organmitglied auch eine diesbezügliche Garantenstellung einnimmt.[36] Diese folgt grundsätzlich weder aus den organschaftlichen Pflichten gegenüber dem Verein noch aus der vertraglichen Beziehung des Vereins zu Dritten.[37] Die Vorstandsmitglieder nehmen nur dann eine Garantenstellung ein, wenn mit den organschaftlichen Pflichten auch Pflichten gegenüber einem

32 *Burgard*, in: Krieger/Schneider Hdb. Managerhaftung, § 6 Rn. 6.71; *Hadding*, in: Soergel BGB Bd. I, § 26 BGB Rn. 23.

33 Zur Begrenzung der Vertretungsmacht gegenüber Dritten siehe BGH Urt. v. 28.04.1980 – II ZR 193/79 = BGH NJW 1980, 2799 (2800); BGH Urt. v. 22.04.1996 – II ZR 65/95 = BGH NJW-RR 1996, 866 (867).

34 Vgl. BGH Urt. v. 05.12.1989 – VI ZR 335/88 = BGHZ 109, 297 (302) (GmbH).

35 Vgl. BGH Urt. v. 05.12.1989 – VI ZR 335/88 = BGHZ 109, 297 (302) (GmbH); BGH Urt. v. 11.07.2006 – VI ZR 340/04 = BGH NJW-RR 2006, 1713 (1713, 1714) (GmbH); BGH Urt. v. 05.12.2008 – V ZR 144/07 = BGH NJW 2009, 673 (674) (GmbH).

36 BGH Urt. v. 05.12.1989 – VI ZR 335/88 = BGHZ 109, 297 (303, 304) (GmbH).

37 Vgl. zu den organschaftlichen Pflichten BGH Urt. v. 05.12.1989 – VI ZR 335/88 = BGHZ 109, 297 (302) (GmbH); BGH Urt. v. 10.07.2012 – VI ZR 341/10 = BGHZ 194, 26 (34) (GmbH/AG). Zum vertraglichen Rechtsverhältnis vgl. BGH Urt. v. 10.07.2012 – VI ZR 341/10 = BGHZ 194, 26 (36) (GmbH/AG).

Dritten einhergehen, die diesem gegenüber ausnahmsweise eine persönliche Verpflichtung begründen.[38] Dies ist insbesondere möglich, wenn sich der wahrzunehmende Aufgabenbereich auch auf die Wahrung deliktischer Integritätsinteressen Dritter erstreckt.[39] Unterlässt das zuständige Vorstandsmitglied notwendige Reparaturen, Maßnahmen zur Instandhaltung des Vereinsgebäudes oder die Wartung von Maschinen, Anlagen oder Fahrzeugen, so haftet es dem dadurch körperlich zu Schaden kommenden Vereinsmitglied.[40] Im Hinblick auf die Haftung gegenüber Dritten hat der Bundesgerichtshof in diesem Sinne entschieden, dass der Vorstandsvorsitzende eines Sportvereins wegen der Verletzung seiner Verkehrssicherungspflicht haftet, wenn dieser nur unzureichende Maßnahmen trifft, damit Dritte im Rahmen einer Sportveranstaltung des Vereins nicht von einem Diskus getroffen werden.[41] Das Oberlandesgericht Stuttgart hat insoweit die Haftung des Vorstandsmitglieds eines Radsportvereins gegenüber einem Sportler bestätigt, der während einer Veranstaltung des Vereins stürzte und sich verletzte, weil die Streckensicherung nur unzureichend war und Fußgänger die Strecke queren konnten.[42] Neben den typischerweise deliktisch geschützten Rechtsgütern wie Leib, Leben, Gesundheit und Eigentum kommt in Bezug auf die Vereinsmitglieder auch die haftungsbegründende Beeinträchtigung ihrer Mitgliedschaft in Betracht, die nach der Rechtsprechung ein sonstiges Recht i.S.v. § 823 Abs. 1 BGB darstellt.[43] Die Mitgliedschaft in einem Verein umfasst neben den Verwaltungsrechten wie dem Teilnahme- und Rederecht in der Mitgliederversammlung, dem Stimmrecht und dem aktiven und passiven Wahlrecht insbesondere auch die geldwerte Teilhabe.[44] Dies

---

38 Vgl. BGH Urt. v. 05.12.1989 – VI ZR 335/88 = BGHZ 109, 297 (303) (GmbH); BGH Urt. v. 10.07.2012 – VI ZR 341/10 = BGHZ 194, 26 (36) (GmbH/AG).

39 Vgl. BGH Urt. v. 05.12.1989 – VI ZR 335/88 = BGHZ 109, 297 (303) (GmbH).

40 Zu drohenden Haftungsfallen *Ehlers*, NJW 2011, 2689 (2689).

41 Siehe BGH Urt. v. 16.02.1960 – VI ZR 85/59 = BGH VersR 1960, 421–423.

42 Siehe OLG Stuttgart Urt. v. 29.06.1983 – 1U 52/83 = OLG Stuttgart VersR 1984, 1098 (1098).

43 BGH Urt. v. 12.03.1990 – II ZR 179/89 = BGHZ 110, 323 (334); ebenso *Grunewald*, Gesellschaftsrecht, § 8 Rn. 42; *Lutter*, AcP 180 (1980), 84 (130); a.A. *Helms*, Schadensersatzansprüche wegen Beeinträchtigung der Vereinsmitgliedschaft, § 7 VI.

44 Siehe dazu *Schwennicke*, in: Staudinger BGB Buch 1, § 38 BGB Rn. 21, 22.

schließt das Recht auf Nutzung der Vereinseinrichtungen, die Teilnahme an Vereinsveranstaltungen sowie die Inanspruchnahme von Vereinsdienstleistungen ein.[45] Das Mitgliedschaftsrecht ist deshalb nach der Rechtsprechung verletzt, wenn einem Vereinsmitglied die Teilnahme an einem Vereinswettbewerb ungerechtfertigt verweigert[46] oder das Vereinsmitglied fehlerhaft beraten wird.[47] Auch im deliktischen Kontext gilt in Bezug auf das Haftungsrisiko, dass ein Vorstandsmitglied im aufgezeigten Rahmen grundsätzlich für Vorsatz und Fahrlässigkeit haftet.[48]

45 *Leuschner*, in: MüKo BGB Bd. I, § 38 BGB Rn. 13; *Schöpflin*, in: BeckOK BGB, § 38 BGB Rn. 20; *Schwennicke*, in: Staudinger BGB Buch 1, § 38 BGB Rn. 22.
46 BGH Urt. v. 12.03.1990 - II ZR 179/89 = BGHZ 110, 323–335.
47 OLG Celle Urt. v. 03.07.1996 - 20 U 70/95 = OLGR Celle 1996, 229–231.
48 Siehe exemplarisch *Förster*, in: BeckOK BGB, § 823 BGB Rn. 38; *Teichmann*, in: Jauernig BGB, § 823 BGB Rn. 57.

Kapitel II – Der unmittelbare Anwendungsbereich von § 31a BGB

Diese haftungsrechtliche Ausgangslage bildete den Ausgangspunkt der Überlegungen des historischen Gesetzgebers zur Neuregelung der vereinsrechtlichen Vorstandshaftung (*A.*). Der zu diesem Zweck eingeführte § 31a BGB gliedert sich in zwei Absätze. Die Regelungen des ersten Absatzes betreffen Sachverhalte im haftungsrechtlichen Innen- und die Regelungen des zweiten Absatzes Sachverhalten im haftungsrechtlichen Außenverhältnis.[49] In tatbestandlicher Hinsicht gelangt § 31a Abs. 1 BGB zur Anwendung, wenn ein Organmitglied oder besonderer Vertreter den Verein (S. 1) oder eines seiner Mitglieder (S. 2) schädigt, während der Handelnde seine Pflichten wahrnimmt. Zusätzlich müssen die Organmitglieder und besonderen Vertreter des Vereins unentgeltlich oder gegen eine jährliche Vergütung von nicht mehr als 720 Euro tätig sein. Unter diesen Voraussetzungen hat der Handelnde gegenüber dem Verein und den Vereinsmitgliedern allein Vorsatz und grobe Fahrlässigkeit zu vertreten.[50] Schädigt der haftungsprivilegierte Personenkreis einen anderen weder vorsätzlich noch grob fahrlässig, so beschränkt § 31a Abs. 2 S. 1 BGB auf Rechtsfolgenseite zwar nicht die Außenhaftung des Handelnden gegenüber dem Dritten, normiert aber einen Anspruch zugunsten der Organmitglieder und besonderen Vertreter gegenüber dem Verein, von dieser Ersatzverbindlichkeit freigestellt zu werden (*C.*). Aus einer Zusammenschau mit dem Sinn und Zweck der haftungsprivilegierenden Regelungen (*B.*) folgt, dass § 31a BGB weitestgehend zwingend ausge-

---

49 Siehe *Dörner*, in: Schulze BGB, § 31a BGB Rn. 1; *H.P. Westermann*, in: Erman BGB Bd. I, § 31a BGB Rn. 3; *Sikora*, in: Baumann/Sikora Hdb. VereinsR, § 12 Rn. 53.

50 *Schöpflin*, in: BeckOK BGB, § 31a BGB Rn. 8; *H.P. Westermann*, in: Erman BGB Bd. I, § 31a BGB Rn. 3.

staltet und der Dispositionsbefugnis des Satzungsgebers grundsätzlich entzogen ist (*D.*).

A. Der rechtspolitische Hintergrund und der Wille des historischen Gesetzgebers

§ 31a BGB geht entstehungsgeschichtlich auf eine Gesetzesinitiative des Saarlandes und des Landes Baden-Württemberg zurück, die den Entwurf eines Gesetzes zur Begrenzung der Haftung von ehrenamtlich tätigen Vereinsvorständen vom 2. Juni 2008 in den Bundesrat einbrachten (*I.*).[51] Der Bundesrat billigte den Gesetzesentwurf nach Maßgabe der Empfehlung des Rechtsausschusses[52] und brachte diesen sodann in den Bundestag ein (*II.*).[53] Der Anwendungsbereich von § 31a BGB wurde dann mit dem Gesetz zur Stärkung des Ehrenamtes (Ehrenamtsstärkungsgesetz) vom 21. März 2013 erheblich erweitert und erstreckt sich nunmehr auf sämtliche Organmitglieder und besonderen Vertreter des Vereins, die ihr Amt unentgeltlich oder gegen eine Vergütung von nicht mehr als 720 Euro jährlich führen (*III.*).

I. Der Gesetzesentwurf der Länder Saarland und Baden-Württemberg

Der Gesetzesentwurf der Länder umfasste ursprünglich fünf Artikel, welche das Bürgerliche Gesetzbuch (Art. 1), das IV. Sozialgesetzbuch (Art. 2), die Abgabenordnung (Art. 3) und die Verordnung über die Berechnung, Zahlung, Weiterleitung, Abrechnung und Prüfung des

---

51 Gesetzesantrag der Länder Saarland und Baden-Württemberg über den Entwurf eines Gesetzes zur Begrenzung der Haftung von ehrenamtlich tätigen Vereinsvorständen v. 02.06.2008, BR-Drs. 399/08, S. 5.

52 Stenografischer Bericht der 846. Sitzung des Bundesrates v. 13.06.2008, BR-PlPr. 846, S. 210A.

53 Entwurf des Bundesrates über ein Gesetz zur Begrenzung der Haftung von ehrenamtlich tätigen Vereinsvorständen v. 13.08.2008, BT-Drs. 16/10120.

Sozialversicherungsbeitrages (Art. 4) ändern sollten.[54] Ziel der Länder war es, die Haftungsrisiken von ehrenamtlich tätigen Mitgliedern des Vereinsvorstands auf ein zumutbares Maß zu begrenzen, um so die Übernahme von ehrenamtlichen Leitungsfunktionen zu fördern und das bürgerschaftliche Engagement zu stärken.[55] Die Verfasser des Gesetzesentwurfs verstanden das bürgerschaftliche Engagement als eine wesentliche Voraussetzung des solidarischen Zusammenlebens in der Gesellschaft.[56] Die Begründung des Gesetzesentwurfs hebt insbesondere den gesellschaftlichen Wert hervor, der den Leistungen ehrenamtlich Tätiger zukomme, die sich im sportlichen, kulturellen und sozialen Bereich in Vereinen organisieren und dort vielfach wertvolle Dienste für die Gemeinschaft erbringen.[57] In diesem Sinne äußerte sich auch der damalige Ministerpräsident des Saarlandes *Müller* dahingehend, dass sich viele Männer und Frauen in kulturtreibenden Vereinen, Sportvereinen, sozialen Einrichtungen und Organisationen, beim Roten Kreuz, bei der Feuerwehr und an vielen anderen Orten engagieren und das ehrenamtliche Engagement Tausender der wesentliche Bestandteil einer aktiven Zivilgesellschaft und für ihre humane Gestaltung unverzichtbar sei.[58] Die Regelungen des Gesetzesentwurfs sollten verhindern, dass das geltende Haftungsrecht diejenigen daran hindert, sich ehrenamtlich zu engagieren, die zu der Übernahme unentgeltli-

---

54 Entwurf der Länder Saarland und Baden-Württemberg über ein Gesetz zur Begrenzung der Haftung von ehrenamtlich tätigen Vereinsvorständen v. 02.06.2008, BR-Drs. 399/08, S. 1–4. Art. 5 des Gesetzesentwurfs betrifft allein das Inkrafttreten des Gesetzes.

55 Gesetzesantrag der Länder Saarland und Baden-Württemberg über den Entwurf eines Gesetzes zur Begrenzung der Haftung von ehrenamtlich tätigen Vereinsvorständen v. 02.06.2008, BR-Drs. 399/08, S. 1.

56 Begründung zum Entwurf der Länder Saarland und Baden-Württemberg über ein Gesetz zur Begrenzung der Haftung von ehrenamtlich tätigen Vereinsvorständen v. 02.06.2008, BR-Drs. 399/08, S. 5 (fast wörtlich).

57 Begründung zum Entwurf der Länder Saarland und Baden-Württemberg über ein Gesetz zur Begrenzung der Haftung von ehrenamtlich tätigen Vereinsvorständen v. 02.06.2008, BR-Drs. 399/08, S. 5 (fast wörtlich).

58 Stenografischer Bericht der 845. Sitzung des Bundesrates v. 13.06.2008, BR-PlPr. 845, S. 172B (fast wörtlich).

cher Verantwortung bereit sind.[59] Insoweit habe man zunehmend feststellen können, „dass vor dem Hintergrund der Komplexität der zu beachtenden rechtlichen Regelungen die Bereitschaft, Vorstandsfunktionen in Vereinen zu übernehmen, deutlich zurückgeht".[60] In Anbetracht dessen beinhaltete der Entwurf insbesondere die Einführung von § 31a BGB (Haftung ehrenamtlicher und unentgeltlich tätiger Vorstandsmitglieder). Der Wortlaut der Vorschrift wich insoweit von der letztendlich verabschiedeten Regelung ab, als dass der ehrenamtlich und unentgeltlich tätige Vorstand haftungsprivilegiert sein sollte und dieser den Verein, eines seiner Mitglieder oder einen anderen in einem nicht näher spezifizierten Rahmen schädigen musste. Nach der Entwurfsregelung sollten die haftungsprivilegierenden Rechtsfolgen zumindest dem Wortlaut nach selbst dann greifen, wenn das Vorstandsmitglied die Betreffenden nicht im Rahmen seiner Amtsführung geschädigt hat.[61] Zusätzlich sah der Gesetzesentwurf Änderungen der AO, des SGB IV und des BGB zur Begrenzung der steuerrechtlichen, sozialrechtlichen, sozialversicherungsrechtlichen und insolvenzrechtlichen Haftung vor. Die Plenarberatung im Bundesrat beschränkte sich insoweit auf die werbenden Äußerungen *Müllers*,[62] welcher insbesondere die Auswirkungen auf die finanziellen Interessen der Geschädigten damit rechtfertigte, dass etwaige Kompensationsinteressen hinter der Stärkung des ehrenamtlichen Engagements zurücktreten müssten.[63] Im Übrigen fanden die Entwurfsberatungen in den Ausschüssen für Recht (federführend), Finanzen, Innere Angelegenheiten und Kul-

59 Begründung zum Entwurf der Länder Saarland und Baden-Württemberg über ein Gesetz zur Begrenzung der Haftung von ehrenamtlich tätigen Vereinsvorständen v. 02.06.2008, BR-Drs. 399/08, S. 6.

60 Stenografischer Bericht der 845. Sitzung des Bundesrates v. 13.06.2008, BR-PlPr. 845, S. 172D-173A.

61 Entwurf der Länder Saarland und Baden-Württemberg über ein Gesetz zur Begrenzung der Haftung von ehrenamtlich tätigen Vereinsvorständen v. 02.06.2008, BR-Drs. 399/08, S. 1.

62 Stenografischer Bericht der 845. Sitzung des Bundesrates v. 13.06.2008, BR-PlPr. 845, S. 172B-173A.

63 Stenografischer Bericht der 845. Sitzung des Bundesrates v. 13.06.2008, BR-PlPr. 845, S. 172D.

turfragen statt.[64] Die Ausschüsse für Innere Angelegenheiten und Kulturfragen sahen keinen Bedarf für eine Nachbesserung und empfahlen, den Gesetzesentwurf in ursprünglicher Form in den Bundestag einzubringen.[65] Im Finanzausschuss kam eine Empfehlung nicht zustande.[66] Der Rechtsausschuss empfahl, den Gesetzesentwurf im Wesentlichen anzunehmen, regte jedoch insbesondere an, die Novellierung von § 42 BGB aus dem Gesetzesentwurf zu streichen und die Haftungsprivilegierung von § 31a BGB tatbestandlich davon abhängig zu machen, dass die Vorstandsmitglieder den Verein, das Vereinsmitglied oder einen anderen bei der Ausübung ihrer Amtspflichten schädigen müssen.[67] Der Bundesrat ist dieser Empfehlung gefolgt.[68] Der Antrag Nordrhein-Westfalens, die Änderung der Abgabenordnung aus dem Gesetzesentwurf zu streichen, hatte unterdessen keinen Erfolg. Die Ländervertretungen teilten nicht mehrheitlich die Einschätzung, dass die Begrenzung der abgabenrechtlichen Haftung das Risiko beinhalte, unmittelbar die öffentliche Hand und mittelbar auch die Allgemeinheit mit Steuerausfällen zu belasten.[69]

64 Stenografischer Bericht der 845. Sitzung des Bundesrates v. 13.06.2008, BR-PlPr. 845, S. 173A.

65 Empfehlungen der Ausschüsse zum Entwurf eines Gesetzes zur Begrenzung der Haftung von ehrenamtlich tätigen Vereinsvorständen – Antrag der Länder Saarland und Baden-Württemberg – v. 20.06.2008, BT-Drs. 399/1/08, S. 4.

66 Empfehlungen der Ausschüsse zum Entwurf eines Gesetzes zur Begrenzung der Haftung von ehrenamtlich tätigen Vereinsvorständen – Antrag der Länder Saarland und Baden-Württemberg – v. 20.06.2008, BT-Drs. 399/1/08, S. 4.

67 Empfehlungen der Ausschüsse zum Entwurf eines Gesetzes zur Begrenzung der Haftung von ehrenamtlich tätigen Vereinsvorständen – Antrag der Länder Saarland und Baden-Württemberg – v. 20.06.2008, BR-Drs. 399/1/08, S. 2–4.

68 Stenografischer Bericht der 846. Sitzung des Bundesrates v. 13.06.2008, BR-PlPr. 846, S. 210A; Gesetzesentwurf des Bundesrates über ein Gesetz zur Begrenzung der Haftung von ehrenamtlich tätigen Vereinsvorständen v. 13.08.2008, BT-Drs. 16/10120, S. 5.

69 Antrag des Landes Nordrhein-Westfalen zum Entwurf eines Gesetzes zur Begrenzung der Haftung von ehrenamtlich tätigen Vereinsvorständen – Antrag der Länder Saarland und Baden-Württemberg – v. 02.07.2008, BR-Drs. 399/2/08, S. 2–3.

II. Das Gesetz zur Begrenzung der Haftung von ehrenamtlich tätigen Vereinsvorständen

An die ursprüngliche Begründung des Gesetzesantrages angelehnt, stützte auch die Begründung zum Entwurf des Bundesrates über ein Gesetz zur Begrenzung der Haftung von ehrenamtlich tätigen Vereinsvorständen das gesetzliche Vorhaben auf den individuellen Schutz der Vorstandsmitglieder und die hinter den Haftungsprivilegierungen stehenden Aspekte des Allgemeinwohls.[70] Die geltende Rechtslage, wonach das Haftungsrisiko der Vorstandsmitglieder durch entsprechende Satzungsregelungen vergleichbar begrenzt werden konnte, wurde als unzureichend befunden.[71] Der Gesetzgeber ging davon aus, dass Vorstandsmitglieder regelmäßig nicht auf die Verankerung entsprechender Haftungsbegrenzungen hinwirken oder gar bestehen würden.[72] Die damalige Bundesregierung begrüßte sowohl die Haftungsbegrenzung zugunsten von unentgeltlich tätigen Vorstandsmitgliedern als auch die Stärkung des bürgerschaftlichen Engagements. Da sich die Haftungsbegrenzungen aber insbesondere zulasten der Vereine und ihrer Mitglieder auswirken würden, hielt die Bundesregierung den Gesetzesentwurf zunächst nicht für den geeigneten Weg, um die Zielsetzungen zu realisieren.[73] Die Bundesregierung schlug deshalb vor, die Vereine zum Abschluss einer D&O-Versicherung für die Mitglieder ihres Vorstands zu verpflichten.[74] Letztlich nahm aber auch

70 Begründung zum Entwurf des Bundesrates über ein Gesetz zur Begrenzung der Haftung von ehrenamtlich tätigen Vereinsvorständen v. 13.08.2008, BT-Drs. 16/10120, S. 1, 2, 6–7.

71 Begründung zum Entwurf des Bundesrates über ein Gesetz zur Begrenzung der Haftung von ehrenamtlich tätigen Vereinsvorständen v. 13.08.2008, BT-Drs. 16/10120, S. 6.

72 So *Hartenbach*, Stenografischer Bericht der 205. Sitzung des Bundestages v. 12.02.2009, BT-PlPr. 16/205, S. 22191A-22191B. Dazu sehr kritisch *Burgard*, ZIP 2010, 358 (365).

73 Stellungnahme der Bundesregierung zum Entwurf des Bundesrates über ein Gesetz zur Begrenzung der Haftung von ehrenamtlich tätigen Vereinsvorständen v. 13.08.2008, BT-Drs. 16/10120, S. 10.

74 Stellungnahme der Bundesregierung zum Entwurf des Bundesrates über ein Gesetz zur Begrenzung der Haftung von ehrenamtlich tätigen Vereinsvorständen v. 13.08.2008, BT-Drs. 16/10120, S. 10.

die Bundesregierung Abstand von dieser Position und sprach sich für den Gesetzesentwurf aus.[75] Im Rahmen der Plenaraussprache wurde der Gesetzesentwurf sodann durchaus kontrovers diskutiert. Der überwiegende Teil der Redner beschränkte sich jedoch darauf, die Notwendigkeit der gesetzlichen Regelungen mit einem Verweis auf die gesellschaftliche Bedeutung von gemeinnützigen und mildtätigen Vereinen und den dort ehrenamtlich Engagierten zu begründen.[76] *Ströbele* (Fraktion Bündnis 90/Die Grünen) thematisierte hingegen die mit der Verlagerung des Schadensrisikos zu berücksichtigenden Probleme: So kritisierte er maßgeblich, dass § 31a BGB-E die handlungssteuernde Funktion der persönlichen Haftung erheblich einschränke, weshalb die Betreffenden ihren Pflichten gegebenenfalls nicht mehr in gebotenem Umfang nachkommen und das Schadensrisiko zum Nachteil des Vereins, seiner Mitglieder und der Vereinsgläubiger vom Handelnden auf den Geschädigten oder gänzlich Unbeteiligten verlagert werde.[77] Ein erheblicher Schaden könne so selbst finanziell „gesunde" Vereine in ihrem Bestand gefährden.[78] Unterstützung erhielt *Ströbele* durch *Nescovic* (Fraktion Die Linke), der im vorstehenden Sinne ebenfalls Kritik am Gesetzesentwurf übte.[79] Ergänzend berieten auch der Rechtsausschuss (federführend) und die Ausschüsse für Inneres, Sport, Finanzen, Arbeit und Soziales, Familie, Senioren, Frauen und Jugend sowie Kultur und Medien über den Gesetzesentwurf.[80] Der Rechtsausschuss empfahl, den Gesetzesentwurf mit der Maßgabe anzunehmen, dass auch gering vergütete Vorstandsmitglieder mit einer jährlichen Vergütung von bis zu 500 Euro in den Anwendungsbereich

---

75 Stenografischer Bericht der 205. Sitzung des Bundestages v. 12.02.2009, BT-PlPr. 16/205, S. 22192B.

76 Siehe dazu umfassend *Kap. II C. I. 1. e. bb.*

77 Stenografischer Bericht der 205. Sitzung des Bundestages v. 12.02.2009, BT-PlPr. 16/205, S. 22245C-22246A; Stenografischer Bericht der 230. Sitzung des Bundestages v. 02.07.2009, BT-PlPr. 16/230, S. 25791B-25792A.

78 Stenografischer Bericht der 230. Sitzung des Bundestages v. 02.07.2009, BT-PlPr. 16/230, S. 25791C-25791D.

79 Stenografischer Bericht der 230. Sitzung des Bundestages v. 02.07.2009, BT-PlPr. 16/230, S. 26043A-26043B.

80 Stenografischer Bericht der 222. Sitzung des Bundestages v. 14.05.2009, BT-PlPr. 16/222, S. 24312C-24312D.

von § 31a BGB einbezogen werden.[81] Die haftungsbegrenzenden Änderungen des SGB IV, der AO und der BVV sollten hingegen aus dem Gesetzesentwurf gestrichen werden.[82] Bis auf den Innenausschuss, der eine unveränderte Annahme empfahl, sprachen sich die übrigen Ausschüsse für eine Annahme des Gesetzesentwurfs nach Maßgabe der vom Rechtsausschuss empfohlenen Änderungen aus.[83] Der Bundestag folgte dieser Empfehlung und nahm den Gesetzesentwurf in der geänderten Fassung an.[84]

III. Das Ehrenamtsstärkungsgesetz

Dem Ehrenamtsstärkungsgesetz gingen die gleichnamigen Entwürfe der Fraktionen CDU/CSU und FDP sowie der Bundesregierung über ein Gesetz zur Entbürokratisierung des Gemeinnützigkeitsrechts (Gemeinnützigkeitsentbürokratisierungsgesetz – GemEntBG) vom 6. bzw. 26. November 2012 voraus,[85] die auf Empfehlung des Finanzausschusses unter dem Entwurf eines Gesetzes zur Stärkung des Ehrenamtes zusammengefasst wurden.[86] Der historische Gesetzgeber bekräftigte und erneuerte die mit der Einführung von § 31a BGB verfolgten Ziele und verbundenen Erwägungen. Ausweislich der Begründung des

81 Beschlussempfehlung und Bericht des Rechtsausschusses zu dem Gesetzesentwurf des Bundesrates – Drucksache 16/10120 – v. 22.06.2009, BT-Drs. 16/13537, S. 2.

82 Beschlussempfehlung und Bericht des Rechtsausschusses zu dem Gesetzesentwurf des Bundesrates – Drucksache 16/10120 – v. 22.06.2009, BT-Drs. 16/13537, S. 2.

83 Beschlussempfehlung und Bericht des Rechtsausschusses zu dem Gesetzesentwurf des Bundesrates – Drucksache 16/10120 – v. 22.06.2009, BT-Drs. 16/13537, S. 3.

84 Stenografischer Bericht der 230. Sitzung des Bundestages v. 02.07.2009, BT-PlPr. 16/230, S. 25792D-25792A.

85 Entwurf der Fraktionen CDU/CSU und FDP über ein Gesetz zur Entbürokratisierung des Gemeinnützigkeitsrechts v. 06.11.2012, BT-Drs. 17/11316; Entwurf der Bundesregierung über ein Gesetz zur Entbürokratisierung des Gemeinnützigkeitsrechts v. 26.11.2012, BT-Drs. 17/11632.

86 Beschlussempfehlung und Bericht des Finanzausschusses zu dem Gesetzesentwurf der Fraktionen CDU/CSU und FDP – Drucksache 17/11316 – v. 17.01.2013, BT-Drs. 17/12123, S. 6; zur Annahme der zusammengeführten Entwürfe unter verschlanktem Titel siehe Stenografischer Bericht der 220. Sitzung des Bundestages v. 01.02.2013, BT-PlPr. 17/220, S. 27358A-27358B; ferner auch Stenografischer Bericht der 907. Sitzung des Bundesrates v. 01.03.2013, BR-PlPr. 907, S. 99A.

Gesetzesentwurfs sollte die Haftung ehrenamtlich Tätiger weiter entschärft werden, um das zivilgesellschaftliche Engagement zu fördern.[87] Schließlich helfe gerade der freiwillige und solidarische Beitrag, den Bürger im Rahmen ihres Engagements für die Gesellschaft leisten, das wirtschaftliche Wachstum, die gesellschaftliche Integration, den Wohlstand und die stabilen demokratischen Strukturen für die Zukunft zu erhalten und zu stärken.[88] Deshalb müsse der zivilgesellschaftliche Sektor insbesondere dann gestärkt werden, wenn die öffentliche Hand ihren Haushalt konsolidiert und die öffentlichen Ausgaben auf das notwendige Maß reduziert.[89] Anhand der Plenarprotokolle lässt sich nachvollziehen, dass auch die Sprecher der Fraktionen den hohen gesellschaftlichen Wert bürgerschaftlichen Engagements und der Vereine betonten und eine Verbesserung der rechtlichen Rahmenbedingungen für die Engagierten grundsätzlich befürworteten.[90]

B. Der Sinn und Zweck von § 31a BGB

§ 31a BGB verfolgt vordringlich den Sinn und den Zweck, die Haftung der Vorstandsmitglieder von Vereinen zu begrenzen und die mit dem Amt verbundenen Haftungsrisiken zu reduzieren.[91] Dazu nor-

87 Begründung zum Entwurf der Fraktionen CDU/CSU und FDP über ein Gesetz zur Entbürokratisierung des Gemeinnützigkeitsrechts v. 06.11.2012, BT-Drs. 17/11316, S. 1; Begründung zum Entwurf der Bundesregierung über ein Gesetz zur Entbürokratisierung des Gemeinnützigkeitsrechts v. 26.11.2012, BT-Drs. 17/11632, S. 1.

88 Begründung zum Entwurf der Fraktionen CDU/CSU und FDP über ein Gesetz zur Entbürokratisierung des Gemeinnützigkeitsrechts v. 06.11.2012, BT-Drs. 17/11316, S. 8; Begründung zum Entwurf der Bundesregierung über ein Gesetz zur Entbürokratisierung des Gemeinnützigkeitsrechts v. 26.11.2012, BT-Drs. 17/11632, S. 7.

89 Begründung zum Entwurf der Fraktionen CDU/CSU und FDP über ein Gesetz zur Entbürokratisierung des Gemeinnützigkeitsrechts v. 06.11.2012, BT-Drs. 17/11316, S. 8; Begründung zum Entwurf der Bundesregierung über ein Gesetz zur Entbürokratisierung des Gemeinnützigkeitsrechts v. 26.11.2012, BT-Drs. 17/11632, S. 7.

90 Siehe dazu *Kap. II C. I. 1. e. bb.*

91 In diesem Sinn auch der Rechtsausschuss des Bundesrates, Empfehlungen der Ausschüsse zum Entwurf eines Gesetzes zur Begrenzung der Haftung von ehrenamtlich tätigen Vereinsvorständen – Antrag der Länder Saarland und Baden-Württemberg – v. 20.06.2008, BR-Drs. 399/1/08, S. 3–4.

miert § 31a Abs. 1 BGB einen von § 276 Abs. 1 BGB abweichenden Verschuldensmaßstab, nach dessen Maßgabe sich die Haftung der Vorstandsmitglieder für eine Verletzung ihrer Amtspflichten gegenüber dem Verein und den Vereinsmitgliedern bemisst. Entgegen dem allgemeinen Grundsatz kommt fahrlässigen und leicht fahrlässigen Amtspflichtverletzungen keine haftungsbegründende Wirkung mehr zu. Die Mitglieder des Vereinsvorstands haben lediglich noch Vorsatz und grobe Fahrlässigkeit zu vertreten. Die Haftung gegenüber außerhalb der Vereinsorganisation stehenden Dritten bleibt durch § 31a BGB zwar grundsätzlich unberührt, doch verlagert § 31a Abs. 2 S. 1 BGB das finanzielle Schadensrisiko auf den Verein. Trägt grundsätzlich der Handelnde das Risiko, mit seinem Privatvermögen für einen verschuldeten Schaden einstehen zu müssen, können Vorstandsmitglieder nunmehr die Befreiung von ihrer Verbindlichkeit verlangen. Das vorstehende Normverständnis folgt auch aus den Regelungen über die Beweislast, da der Gesetzgeber den Interessen der Haftungsprivilegierten insoweit den Vorrang eingeräumt hat, obwohl er die finanziellen Folgen der Beweislastregelung nicht einschätzen konnte.[92] Dahingehend führte der federführende Rechtsausschuss aus, dass nicht abschätzbar sei, in welchem Umfang künftige Ersatzansprüche im Grunde bestehen, die Geschädigten den Beweis grob fahrlässigen oder vorsätzlichen Handelns aber nicht führen können.[93] Auch die höchstrichterliche Rechtsprechung begreift § 31a BGB als Ausdruck dafür, dass der Gesetzgeber das ehrenamtliche Engagement der Bevölkerung als für das Gemeinwesen erheblich und unverzichtbar begreife und zu diesem Zweck die Haftungsrisiken, die aus der Übernahme entsprechender Ämter resultieren, auf ein zumutbares Maß begrenzen wollte.[94]

---

92 Begründung zum Entwurf der Fraktionen CDU/CSU und FDP über ein Gesetz zur Entbürokratisierung des Gemeinnützigkeitsrechts, BT-Drs. 17/11316, S. 12; Begründung des Entwurfs der Bundesregierung über ein Gesetz zur Entbürokratisierung des Gemeinnützigkeitsrechts, BR-Drs. 663/12, S. 15, BT-Drs. 17/11632, S. 7.

93 Beschlussempfehlung und Bericht des Finanzausschusses zu dem Gesetzesentwurf der Fraktionen CDU/CSU und FDP – Drucksache 17/11316 – v. 17.01.2013, BT-Drs. 17/12123, S. 3.

94 Siehe BGH Beschl. v. 08.02.2010 – II ZR 54/09 = BGH NZG 2010, 625 (625).

Der Sinn und Zweck von § 31a BGB erschöpft sich aber nicht in einem Verweis auf den haftungsprivilegierenden Charakter von § 31a BGB, da die Regelungen keinen reinen Selbstzweck verfolgen. Diese sind vielmehr Mittel zum Zweck, um das öffentliche Bild des unentgeltlich tätigen oder gering vergüteten Vorstandsamtes im gemeinnützigen und mildtätigen Sektor aufzuwerten. Dies zeigt sich an dem in den Gesetzesmaterialien verwendeten Vokabular. Der häufig verwendete Begriff des bürgerschaftlichen Engagements wird synonym zur Ehrenamtlichkeit verwendet und beschreibt die freiwillige, unentgeltlich übernommene Tätigkeit im gemeinnützigen Sektor.[95] Vor der Einführung von § 31a BGB sollen insbesondere deshalb Vorbehalte gegen die Übernahme eines solchen Amts bestanden haben, weil mit der Amtsübernahme auch ein erhebliches Haftungsrisiko und eine dementsprechende persönliche finanzielle Verantwortung einhergegangen seien. In diesem Rahmen ist zu beachten, dass insbesondere die Vereine des Lokallebens das Vereinswesen prägen. Die lokalen Sport-, Musik-, Tanz-, Gesangs- oder Kulturvereine verfügen aber regelmäßig nicht über eine Finanzkraft, die eine Vergütung der Vorstandsmitglieder in einer Höhe zulässt, die in einem angemessenen Verhältnis zu den mit der Amtsübernahme einhergehenden Haftungsrisiken steht. Vielmehr sind gerade diese Vereine darauf angewiesen, dass die vakanten Vorstandsposten von Vereinsmitgliedern unentgeltlich oder gegen eine nur geringe Vergütung übernommen werden. Insoweit bezweckt § 31a BGB den angemessenen Ausgleich zwischen Haftungsrisiko und Vergütung, um so die diesbezüglichen Vorbehalte abzubauen und die Bereitschaft zur Bekleidung vakanter Vorstandsposten zu erhöhen. Dadurch soll der Fortbestand betroffener Vereine gesichert werden, der davon abhängt, dass insbesondere der Vorstand des Vereins ausreichend besetzt und die Handlungsfähigkeit des Vereins gewährleistet ist.

Darüber hinaus bezweckt § 31a BGB, auf einer übergeordneten Ebene, den Fortbestand des gesamten Vereinswesens zu sichern. Aus

---

95 Siehe dazu *Kern*, in: Schellhorn/Fischer/Mann/Kern SGB VIII, § 73 SGB VIII Rn. 3; *von Boetticher/Münder*, in: Frankfurter Kommentar SGB VIII, § 73 SGB VIII Rn. 2–4; *Wiesner*, in: Wiesner SGB VIII, § 73 SGB VIII Rn. 11; *Klasen/Schäfer*, GWR 2013, 287 (287).

§ 31a BGB i.V.m. § 27 Abs. 3 S. 2 BGB folgt, dass den haftungsprivilegierenden Regelungen kein Ausnahmecharakter zukommt, sondern sich die Haftung der Vorstandsmitglieder nunmehr grundsätzlich nach Maßgabe von § 31a BGB beurteilt. Das Gesetz unterstützt so den einzelnen Engagierten und den jeweiligen Verein, um dadurch das Kollektiv zu unterstützen. Schließlich verfolgen Vereine insbesondere gemeinnützige, wohltätige, gesellige, wissenschaftliche und künstlerische (Haupt-)Zwecke,[96] haben also eine erhebliche Bedeutung für diese Gesellschaftsbereiche. So ist die Tätigkeit gemeinnütziger und wohltätiger Vereine für einen erheblichen Teil der Gesellschaft unerlässlich. Diese helfen und unterstützen dort, wo es der Staat und das soziale Umfeld des Einzelnen nicht können. Und auch gesellige Vereine, beispielsweise Sport- und Kegelvereine, leisten einen wesentlichen Beitrag für das gesellschaftliche Miteinander, die gesellschaftliche Verbundenheit. Sie schaffen eine Plattform und Raum für soziale Interaktion und fördern so den gesellschaftlichen Zusammenhalt. In diesem Sinne bezweckt § 31a BGB die Bestandsfähigkeit des gesamten Vereinswesens als Kollektiv, damit der Gesellschaft die jeweiligen Leistungen großflächig erhalten bleiben.

C. Tatbestand, Rechtsfolge und Beweislast

I. Der Tatbestand von § 31a BGB

In tatbestandlicher Hinsicht setzt § 31a BGB ausdrücklich voraus, dass Organmitglieder oder besondere Vertreter, die unentgeltlich tätig sind oder eine jährliche Vergütung von nicht mehr als 720 Euro erhalten,

96 *Jakobs/Schubert*, Die Beratung des BGB Bd. I/1, S. 305, 313, 320, 332, 365; ähnlich im schweizerischen Recht § 60 Abs. 1 ZGB: „Vereine, die sich einer politischen, religiösen, wissenschaftlichen, künstlerischen, wohltätigen, geselligen oder anderen nicht wirtschaftlichen Aufgabe widmen […].“ Wenngleich eine derartige exemplarische Aufzählung keinen Eingang in den Gesetzestext gefunden hat, sollte dies kein Abrücken von diesem im Gesetzesentwurf vorgesehenen Leitbild bedeuten (siehe Bericht der XII. Kommission des Reichstages v. 12.6.1896, in: Mugdan Bd. I, S. 948ff., 955).

bei der Wahrnehmung ihrer Pflichten den Verein, eines seiner Mitglieder oder einen anderen geschädigt haben.

1. Der persönliche Anwendungsbereich von § 31a BGB

In persönlicher Hinsicht umfasst § 31a BGB also Organmitglieder und besondere Vertreter des Vereins, die für ihre Tätigkeit kein Entgelt oder eine Jahresvergütung von nicht mehr als 720 Euro erhalten.

a. Die besonderen Vertreter des Vereins

Der Begriff des besonderen Vertreters wird bereits durch § 30 BGB näher ausgestaltet.[97] Besondere Vertreter werden durch die Satzung bestimmt, um gewisse Geschäfte neben dem Vorstand wahrzunehmen, § 30 S. 1 BGB. Dies soll der Mitgliederversammlung ermöglichen, die Organisationsstruktur des Vereins mehrgliedrig zu gestalten, wenn nicht ausschließlich der Vereinsvorstand für sämtliche Geschäftsfelder zuständig sein soll.[98] Nach dem ausdrücklichen Willen des historischen Gesetzgebers handelt es sich bei den besonderen Vertretern aber nicht um reine Stellvertreter, sondern um Organe des Vereins, die innerhalb ihres Geschäftskreises eigenständig tätig sind.[99]

b. Die Organmitglieder des Vereins

Demgegenüber ist der Begriff des Organmitglieds nicht gesetzlich definiert. Auch die systematische Nähe zu § 31 BGB führt nicht dazu, dass der Begriff durch die höchstrichterliche Rechtsprechung zur Repräsentantenhaftung konkretisiert wird. Die Rechtsprechungslinie kann nämlich bereits im Ausgangspunkt nicht auf den privilegierenden Anwendungsbereich von § 31a BGB übertragen werden.[100] Nach § 31 BGB ist der Verein für den Schaden verantwortlich, den der Vor-

97 Siehe dazu *Leuschner*, in: MüKo BGB Bd. I, § 30 BGB Rn. 1–14; *Baumann*, in: Baumann/Sikora Hdb. VereinsR, § 9 Rn. 1–42.

98 Siehe *Leuschner*, in: MüKo BGB Bd. I, § 30 Rn. 1.

99 Siehe dazu *Achilles/Gebhard/Spahn*, Prot. I, S. 521.

100 Siehe auch *Reuter*, npoR 2013, 41 (43); *Leuschner*, NZG 2014, 281 (285).

stand, ein Mitglied des Vorstands oder ein anderer verfassungsmäßig berufener Vertreter durch eine in Ausführung der ihm zustehenden Verrichtung begangene, zum Schadensersatz verpflichtende Handlung einem Dritten zufügt. Dadurch soll der Verein den natürlichen Personen haftungsrechtlich gleichgestellt werden, denen er sich seiner Handlungsfähigkeit halber bedient.[101] Ursprünglich zielte der Gesetzgeber darauf ab, dem Verein die entsprechenden tatbestandlichen Handlungen des Vorstands, der Vorstandsmitglieder und der fakultativen Vereinsorgane zuzurechnen.[102] Gerade deshalb ist § 31 BGB auch mit „Haftung des Vereins für Organe“ betitelt worden und deshalb spricht der Wortlaut von § 31 BGB auch ausdrücklich von verfassungsmäßig berufenen Vertretern. Der Bundesgerichtshof begreift den verfassungsmäßig berufenen Vertreter aber vielmehr als leitenden Angestellten i.S.v. § 5 Abs. 3 BetrVG.[103] Verfassungsmäßig berufener Vertreter ist danach jeder, dem durch die allgemeine Betriebsregelung und Handhabung bedeutsame, wesentliche Funktionen zur selbstständigen und eigenverantwortlichen Erfüllung zugewiesen sind.[104] Diese Rechtsprechungslinie zielt darauf ab, die aus § 31 BGB folgenden haftungsrechtlichen Lücken zu schließen. Eine Zurechnung an den Verein soll nicht daran scheitern, dass eine bestimmte Tätigkeit lediglich nicht in der Satzung vorgesehen ist; der Verein soll sich nicht durch eine dahingehende Ausgestaltung seiner Satzung selbst enthaften können.[105] Die Entwicklung von einem Organ- zu einem Repräsentantenverständnis

---

101 *Hadding*, in: Soergel BGB Bd. I, § 31 BGB Rn. 1; *Leuschner*, in: MüKo BGB Bd. I, § 31 BGB Rn. 2; *H.P. Westermann*, in: Erman BGB Bd. I, § 31 BGB Rn. 1.

102 Siehe zum Willen des historischen Gesetzgebers *Achilles/Gebhard/Spahn*, Prot. I, S. 521, 522.

103 *Sikora*, in: Baumann/Sikora Hdb. VereinsR, § 12 Rn. 18. Siehe zur st. Rspr. BGH Urt. v. 30.10.1967 - VII ZR 82/65 (Filialleiter) = BGHZ 49, 19 (21); BGH Urt. v. 21.09.1971 - VI ZR 122/70 (Chefarzt) = BGH NJW 1972, 334 (334); BGH Urt. v. 05.03.1988 - III ZR 183/96 = BGH NJW 1998, 1854 (1856) m.w.N.

104 Siehe BGH Urt. v. 30.10.1967 - VII ZR 82/65 = BGHZ 49, 19 (21) m.w.N.: Eine satzungsmäßige Verankerung ist ebenso wenig erforderlich wie eine rechtsgeschäftliche Vertretungsmacht oder ein eigenständig wahrzunehmender Aufgabenbereich innerhalb der geschäftsführenden Verwaltungstätigkeit.

105 Siehe BGH Urt. v. 21.09.1971 - VI ZR 122/70 = BGH NJW 1972, 334 (334); BGH Urt. v. 16.02.1982 - VI ZR 149/80 = BGH NJW 1982, 1144 (1145); im Ergebnis zustimmend *Hadding*, in: Soergel BGB Bd. I, § 31 BGB Rn. 18; *Leuschner*, in:

fußt damit in dem Bedürfnis, haftungsrechtlichen Lücken zu begegnen, die im Anwendungsbereich von § 31a BGB nicht bestehen. Zudem legt die Rechtsprechung den Anwendungsbereich von § 31 BGB nicht ausdehnend aus, sondern wendet die Regelung analog auf sämtliche Vereinsrepräsentanten an.[106] Insoweit bedarf es nach der Rechtsprechung nämlich keiner Merkmale des gesellschaftsrechtlichen Organbegriffs, der voraussetzt, dass einem Organ durch Gesetz oder Satzung originäre Kompetenzen innerhalb der organisationsrechtlichen Struktur zugewiesen sind.[107]

In dieser Hinsicht lassen weder der Wortlaut von § 31a BGB noch die maßgeblichen Erwägungen des historischen Gesetzgebers den Rückschluss zu, dass sämtliche Vereinsrepräsentanten in den haftungsprivilegierenden Anwendungsbereich von § 31a BGB einbezogen sein sollen. Der Gesetzgebungsprozess ist vielmehr dadurch gekennzeichnet, dass sich die Beteiligten nur nach und nach darauf verständigen konnten, den persönlichen Anwendungsbereich von § 31a BGB in engen Grenzen zu erweitern. Als Organmitglieder i.S.v. § 31a BGB kommen deshalb nur Personen in Betracht, die einem zwingenden oder fakultativen Vereinsorgan angehören und dessen Pflichten und Befugnisse wahrnehmen.

aa. Die Mitglieder des Vereinsvorstands

Als zwingendes Vereinsorgan kennt das Gesetz den Vereinsvorstand, dessen Mitglieder nach allgemeiner Meinung auch Organmitglieder

---

MüKo BGB Bd. I, § 31 BGB Rn. 14; *Waldner/Wörle-Himmel*, in: Sauter/Schweyer/Waldner Der eingetragene Verein, Rn. 292.

106 Ausdehnende Auslegung: BGH Urt. v. 30.10.1967 – VII ZR 82/65 = BGHZ 49, 19 (21); BGH, Urt. v. 21.09.1971 – VI ZR 122/70 = BGH, NJW 1972, 334 (334). Analogie: *Hadding*, in: Soergel BGB Bd. I, § 31 BGB Rn. 18; *Leuschner*, in: MüKo BGB Bd. I, § 31 BGB Rn. 15; *Schwennicke*, in: Staudinger BGB Buch 1, § 31 BGB Rn. 23; *Martinek*, Repräsentantenhaftung, S. 234; *Neumann-Duesberg*, NJW 1966, 715 (716).

107 Zum gesellschaftsrechtlichen Organbegriff siehe *Buck*, Wissen und juristische Personen, S. 197; *Schürnbrand*, Organschaft im Recht der priv. Verbände, § 9 A.

i.S.v. § 31a BGB sind.[108] Dies entspricht auch dem ausdrücklichen Willen des historischen Gesetzgebers, der insbesondere die unentgeltlich tätigen und gering vergüteten Vorstandsmitglieder von dem haftungsprivilegierenden Anwendungsbereich umfasst wissen wollte.[109]

bb. Die Mitglieder des Vereins

Die Mitgliederversammlung ist das zweite zwingende und oberste Vereinsorgan, das insbesondere für die Grundlagengeschäfte des Vereins, also die Änderung der Vereinssatzung (§ 33 Abs. 1 BGB), die Auflösung des Vereins (§ 41 Abs. 1 S. 1 BGB) und die Bestellung des Vorstands (§ 27 Abs. 1 BGB) zuständig ist.[110] *Leuschner* ist aber der Ansicht, dass die Vereinsmitglieder in ihrer Funktion als Mitglieder der Mitgliederversammlung nicht von § 31a BGB erfasst seien, sondern allein nach Maßgabe von § 31b BGB abschließend haften.[111] Dem kann nicht gefolgt werden.

Zunächst spricht der Wortlaut von § 31a BGB allgemein von Organmitgliedern und nimmt keine Mitglieder bestimmter Vereinsorgane vom haftungsprivilegierenden Anwendungsbereich aus, was auch dem Willen des historischen Gesetzgebers entspricht. Ursprünglich umfasste § 31a BGB nämlich ausdrücklich nur den „Vorstand",[112] bis sich der Gesetzgeber für eine entsprechende Erweiterung des Anwendungsbereichs entschieden hat.[113] Nach seiner Ansicht seien auch die Mitglieder der anderen Vereinsorgane und die besonderen Vertreter des Ver-

---

108 Zum Verein als zwingendem Vereinsorgan *Mansel*, in: Jauernig BGB, § 26 BGB Rn. 1; *Schöpflin*, in: BeckOK BGB, § 26 BGB Rn. 1.

109 Begründung zum Entwurf der Bundestagsfraktionen CDU/CSU und FDP über ein Gesetz zur Entbürokratisierung des Gemeinnützigkeitsrechts (Gemeinnützigkeitsentbürokratisierungsgesetz – GemEntBG) v. 06.11.2012, BT-Drs. 17/11316, S. 16; Begründung zum Entwurf der Bundesregierung über ein Gesetz zur Entbürokratisierung des Gemeinnützigkeitsrechts (Gemeinnützigkeitsentbürokratisierungsgesetz – GemEntBG) v. 26.11.2012, BT-Drs. 17/11632, S. 7.

110 *Mansel*, in: Jauernig BGB, § 32 BGB Rn. 1; *Schöpflin*, in: BeckOK BGB, § 32 BGB Rn. 5.

111 So ausdrücklich *Leuschner*, NZG 2014, 281 (285).

112 Gesetz zur Begrenzung der Haftung von ehrenamtlich tätigen Vereinsvorständen v. 28.09.2009, BGBl. 2009, S. 3161.

113 Der Neuregelung zustimmend beispielsweise *Roth*, SteuK 2013, 136 (139).

eins einem den Vorstandsmitgliedern vergleichbaren Missverhältnis zwischen Vergütungshöhe und Haftungsrisiko ausgesetzt.[114] Darüber hinaus betrifft § 31b BGB nicht die Stellung der Vereinsmitglieder in ihrer Funktion als Mitglieder der Mitgliederversammlung. § 31b BGB begrenzt die Haftung der Vereinsmitglieder, die satzungsgemäße Vereinsaufgaben wahrnehmen. Satzungsgemäße Vereinsaufgaben sind alle dem Verein obliegenden Verrichtungen, die sich im Rahmen des Vereinszwecks halten.[115] Nehmen die Vereinsmitglieder die ihnen übertragenen Aufgaben unentgeltlich oder gegen eine Vergütung von nicht mehr als 720 Euro wahr, sind diese primär im Interesse des Vereins und nicht zu eigenen Erwerbszwecken tätig.[116] Der Anwendungsbereich von § 31b BGB ist deshalb nicht eröffnet, wenn die Vereinsmitglieder ihre mitgliedschaftlichen Rechte innerhalb oder außerhalb der Mitgliederversammlung ausüben.[117] Diese nehmen dann ihre eigenen Rechte in ihrem eigenen Interesse wahr und üben keine ihnen übertragenen Vereinsaufgaben im Vereinsinteresse aus. Möchte man

114 Siehe die Begründung zum Entwurf der Bundestagsfraktionen CDU/CSU und FDP über ein Gesetz zur Entbürokratisierung des Gemeinnützigkeitsrechts (Gemeinnützigkeitsentbürokratisierungsgesetz – GemEntBG) v. 06.11.2012, BT-Drs. 17/11316, S. 16; Begründung zum Entwurf der Bundesregierung über ein Gesetz zur Entbürokratisierung des Gemeinnützigkeitsrechts (Gemeinnützigkeitsentbürokratisierungsgesetz – GemEntBG) v. 26.11.2012, BT-Drs. 17/11632, S. 7.

115 Siehe die Begründung zum Entwurf der Bundestagsfraktionen CDU/CSU und FDP über ein Gesetz zur Entbürokratisierung des Gemeinnützigkeitsrechts (Gemeinnützigkeitsentbürokratisierungsgesetz – GemEntBG) v. 06.11.2012, BT-Drs. 17/11316, S. 17; Begründung zum Entwurf der Bundesregierung über ein Gesetz zur Entbürokratisierung des Gemeinnützigkeitsrechts (Gemeinnützigkeitsentbürokratisierungsgesetz – GemEntBG) v. 26.11.2012, BT-Drs. 17/11632, S. 7.

116 Begründung zum Entwurf der Bundestagsfraktionen CDU/CSU und FDP über ein Gesetz zur Entbürokratisierung des Gemeinnützigkeitsrechts (Gemeinnützigkeitsentbürokratisierungsgesetz – GemEntBG) v. 06.11.2012, BT-Drs. 17/11316, S. 17; Begründung zum Entwurf der Bundesregierung über ein Gesetz zur Entbürokratisierung des Gemeinnützigkeitsrechts (Gemeinnützigkeitsentbürokratisierungsgesetz – GemEntBG) v. 26.11.2012, BT-Drs. 17/11632, S. 7.

117 Begründung zum Entwurf der Bundestagsfraktionen CDU/CSU und FDP über ein Gesetz zur Entbürokratisierung des Gemeinnützigkeitsrechts (Gemeinnützigkeitsentbürokratisierungsgesetz – GemEntBG) v. 06.11.2012, BT-Drs. 17/11316, S. 17; Begründung zum Entwurf der Bundesregierung über ein Gesetz zur Entbürokratisierung des Gemeinnützigkeitsrechts (Gemeinnützigkeitsentbürokratisierungsgesetz – GemEntBG) v. 26.11.2012, BT-Drs. 17/11632, S. 7.

die Vereinsmitglieder auf dieser Grundlage mit *Leuschner* aus dem Anwendungsbereich von § 31a BGB ausnehmen, so entstünde eine haftungsrechtliche Lücke, die weder auf die grammatikalische noch die teleologische noch die historische Auslegung gestützt werden kann.

c. Die Vergütungsgrenze von 720 Euro im Jahr

Nach der Ansicht des Gesetzgebers ist die Tätigkeit von Vorstandsmitgliedern und besonderen Vertretern bis zu einer gewissen Jahresvergütung als „quasi-ehrenamtliche" Tätigkeit zu bewerten, weil ein vergleichbares Missverhältnis zwischen dem Haftungsrisiko und der Höhe der jährlichen Vergütung angenommen wird.[118] Die Vergütungsgrenze von 720 Euro jährlich ist an § 3 Nr. 26a EStG angelehnt.[119] Danach sind Einnahmen aus einer nebenberuflichen Tätigkeit steuerfrei, die im Dienst oder Auftrag einer unter § 5 Abs. 1 Nr. 9 KStG fallenden Einrichtung zur Förderung gemeinnütziger, mildtätiger oder kirchlicher Zwecke erfolgt. Durch die angeglichenen Vergütungsgrenzen beabsichtigte der Gesetzgeber zu verhindern, dass die Organmitglieder und besonderen Vertreter aus dem Anwendungsbereich von § 31a BGB ausgeschlossen werden und eine für sie nachteilige Haftungssituation hinnehmen müssen, wenn sie den Steuerfreibetrag aus § 3 Nr. 26a EStG ausschöpfen.[120]

---

118 Beschlussempfehlung und Bericht des Rechtsausschusses zu dem Gesetzesentwurf des Bundesrates – Drucksache 16/10120 – v. 22.06.2009, BT-Drs. 16/13537, S. 4.

119 Siehe *Leuschner*, in: MüKo BGB Bd. I, § 31a BGB Rn. 7; *Schöpflin*, in: BeckOK BGB, § 31a BGB Rn. 6; *Klasen/Schäfer*, GWR 2013, 287 (290). Kritisch zur Erweiterung des finanziellen Rahmens die Empfehlungen der Ausschüsse zum Entwurf eines Gesetzes zur Entbürokratisierung des Gemeinnützigkeitsrechts (Gemeinnützigkeitsentbürokratisierungsgesetz – GemEntBG) v. 03.12.2012, BR-Drs. 663/1/12, S. 11.

120 Beschlussempfehlung und Bericht des Rechtsausschusses zum Gesetzesentwurf des Bundesrates – Drucksache 16/10120 – v. 22.06.2009, BT-Drs. 16/13537, S. 4.

d. Die Unentgeltlichkeit

Demgegenüber bedeutet unentgeltlich, dass der Verein überhaupt keine Zahlungen als Äquivalent für die erbrachte Arbeit leistet. Unerheblich ist, ob es sich um Geld- oder Naturalleistungen handelt.[121] So stellen auch geldwerte Vorteile wie die Beitragsbefreiung ein Entgelt i.S.v. § 31a BGB dar.[122] Eine Vergütung liegt insbesondere auch vor, wenn die Grenze zum zulässigen Aufwendungsersatz überschritten wird. Dies folgt aus den Regelungen des Auftragsrechts, die nach § 27 Abs. 3 S. 1 BGB auf die Geschäftsführung des Vorstands entsprechende Anwendung finden. Der Auftragnehmer kann nach § 670 BGB gegenüber dem Auftraggeber die Aufwendungen ersetzt verlangen, die er getätigt hat und den Umständen nach auch für erforderlich halten durfte. Dem liegt der Rechtsgedanke zugrunde, dass die Pflicht zur Erstattung entstandener Kosten dem Interesse an der Geschäftsbesorgung folgt.[123] Im Anwendungsbereich von § 31a BGB kann insoweit nichts anderes gelten.[124] Als Aufwendung gilt, mit Ausnahme der eigenen Arbeitszeit und Arbeitskraft, jedes Vermögensopfer, das zum Zwecke der Geschäftsführung freiwillig oder auf Weisung des Vereins oder aber als notwendige Folge der Geschäftsführung durch den Auftragnehmer erbracht wird.[125] Darunter fallen Auslagen wie Fahrt-, Schreib- oder Porto-[126] sowie Übernachtungs- und Verpflegungskosten. Ein pauschalisierter Aufwendungsersatz ist nach der Rechtsprechung zulässig, soweit die entsprechenden Kosten auch typischerweise mit der Tätigkeit verbunden und tatsächlich angefallen sind.[127] Das Tatbestands-

---

121 Siehe dazu *Schöpflin*, in: BeckOK BGB, § 31a BGB Rn. 6; *Wörle-Himmel/Endres*, DStR 2010, 759 (761).

122 *Schöpflin*, in: BeckOK BGB, § 31a BGB Rn. 6; vgl. *Mansel*, in: Jauernig BGB, § 31a BGB Rn. 1.

123 Siehe dazu BGH Urt. v. 30.05.1960 – II ZR 113/58 = BGH NJW 1960, 1568 (1569).

124 Im Ergebnis *Unger*, NJW 2009, 3269 (3271); *Orth*, SpuRt 2010, 2 (3); *Wörle-Himmel/Endres*, DStR 2010, 759 (761).

125 Allgemeiner formuliert BGH Urt. v. 14.12.1987 – II ZR 53/87 = BGH NJW-RR 1988, 745 (746).

126 Siehe exemplarisch *Orth*, SpuRt 2010, 2 (3); *Saenger/Al-Wraikat*, ZStV 2013, 128 (128).

127 Siehe BGH Urt. v. 14.12.1987 – II ZR 53/87 = BGH NJW-RR 1988, 745 (746).

merkmal der Unentgeltlichkeit führt in Verbindung mit § 27 Abs. 3 S. 2 BGB dazu, dass die privilegierte Haftung der Vorstandsmitglieder nunmehr den gesetzlichen Regelfall darstellt. Mit dem Ehrenamtsstärkungsgesetz wurde § 27 Abs. 3 BGB um den entscheidenden Satz 2 erweitert, nach dem die Mitglieder des Vorstands grundsätzlich unentgeltlich tätig sind.[128] Nach § 40 S. 1 BGB ist diese Regelung zwar satzungsdispositiv, sodass die Vereine den Vorstandsmitgliedern auch Vergütungen in unbegrenzter Höhe zahlen dürfen. Die gesetzliche Regelwertung geht aber dennoch davon aus, dass die Vorstandsmitglieder unentgeltlich tätig und damit regelmäßig einem nur noch begrenzten Haftungsrisiko nach Maßgabe von § 31a BGB ausgesetzt sind.

e. Der steuerprivilegierte Vereinszweck im Sinne der §§ 51ff. AO

Der Wortlaut von § 31a BGB schränkt den haftungsprivilegierenden Anwendungsbereich nicht auf einen spezifischen Vereinstyp ein.[129] Legt man die grammatikalische Auslegung zugrunde, umfasst § 31a BGB sowohl die Organmitglieder und besonderen Vertreter des eingetragenen Vereins i.S.v. § 21 BGB, den nicht eingetragenen Verein mit idealer Tendenz als auch den konzessionierten wirtschaftlichen Verein i.S.v. § 22 BGB.[130] Der nicht eingetragene Verein mit idealer Tendenz unterliegt nach § 54 S. 1 BGB den Vorschriften über die Gesellschaft bürgerlichen Rechts, doch beruht diese Verweisung auf den damaligen historischen Umständen.[131] Diese Verweisung gilt nun-

---

128 Gesetz zur Stärkung des Ehrenamtes („Ehrenamtsstärkungsgesetz") v. 21.03.2013, BGBl. 2013, S. 559.

129 Personenzusammenschlüsse, die sich als nicht-rechtsfähiger Verein mit wirtschaftlicher Zielsetzung organisieren, sind nach ganz allgemeiner Ansicht den gesellschaftsrechtlichen und gerade nicht den vereinsrechtlichen Regelungen unterworfen. Mit unterschiedlichen Ansätzen siehe nur *Hadding*, in: Soergel BGB Bd. I, § 54 BGB Rn. 3; *Grunewald*, Gesellschaftsrecht, § 9 Rn. 2; *K. Schmidt*, Gesellschaftsrecht, § 25 I 2b); *Stiebitz*, in: Baumann/Sikora Hdb. VereinsR, § 4 Rn. 213; *Flume*, ZHR 148 (1984), 503 (517, 518).

130 So noch zutreffend *Leuschner*, in: MüKo BGB Bd. I, § 31a BGB Rn. 2; *Mansel*, in: Jauernig BGB, § 31a BGB Rn. 2; *Schöpflin*, in: BeckOK BGB, § 31a BGB Rn. 2; *Reuter*, NZG 2009, 1368 (1369); *Leuschner*, NZG 2014, 281 (287).

131 Siehe zum rechtspolitischen Hintergrund und zur damaligen Gesetzeslage sehr anschaulich BGH Urt. v. 11.07.1968 – VII ZR 63/66 = BGHZ 50, 325 (328ff.).

mehr allgemein und insbesondere auch nach Ansicht der höchst- und obergerichtlichen Rechtsprechung als überholte Fehlkonzeption des historischen Gesetzgebers.[132] Deshalb finden die §§ 21ff. BGB auch Anwendung auf den nicht eingetragenen Verein mit idealer Tendenz, wenn die jeweilige Regelung eine Registereintragung nicht erfordert.[133]

Unter Berücksichtigung von Sinn und Zweck des § 31a BGB stellt sich jedoch die Frage, ob der Anwendungsbereich von § 31a BGB nicht vielmehr teleologisch dahingehend zu reduzieren ist, dass allein unentgeltlich tätige oder gering vergütete Organmitglieder und besondere Vertreter haftungsprivilegiert sind, soweit der betreffende Verein steuerbegünstigte Zwecke im Sinne der §§ 51ff. AO, insbesondere einen gemeinnützigen oder mildtätigen Zweck, verfolgt.

aa. Der Sinn und Zweck von § 31a BGB

Für eine dahingehende Begrenzung des Anwendungsbereichs spricht zunächst der Sinn und Zweck von § 31a BGB, der, wie in *Kapitel II B* aufgezeigt, insbesondere auch darin liegt, das bürgerschaftliche Engagement unentgeltlich Tätiger oder gering vergütet Engagierter und die damit verbundene gesellschaftliche Arbeit auch auf haftungsrechtlicher Ebene zu honorieren. Der Begriff des bürgerschaftlichen Engagements wird aber insbesondere synonym zur „Ehrenamtlichkeit" verwendet, der die freiwillige und unentgeltlich übernommene Tätigkeit im gemeinnützigen oder mildtätigen Bereich beschreibt.[134] Nach § 52 Abs. 1 S. 1 AO verfolgt eine Körperschaft aber nur dann gemeinnützige

132 Siehe BGH Urt. v. 02.04.1979 - II ZR 141/78 = BGH NJW 1979, 2304 (2305); OLG Frankfurt Urt. v. 19.12.1984 - 9 U 107/83 = OLG Frankfurt ZIP 1985, 213 (215); OLG Nürnberg Urt. v. 31.01.2011 - 4U 1639/10 = OLG Nürnberg openJur 2012, 113310 Rn. 38; *Schwennicke*, in: Staudinger BGB Buch 1, § 54 BGB Rn. 7; vgl. *K. Schmidt*, Gesellschaftsrecht, § 25 II 2a); wohl auch *Stiebitz*, in: Baumann/Sikora Hdb. VereinsR, § 4 Rn. 215.

133 OLG Frankfurt Urt. v. 19.12.1984 - 9 U 107/83 = OLG Frankfurt ZIP 1985, 213 (215).

134 Siehe dazu *Kern*, in: Schellhorn/Fischer/Mann/Kern SGB VIII, § 73 SGB VIII Rn. 3; *von Boetticher/Münder*, in: Frankfurter Kommentar SGB VIII, § 73 SGB VIII Rn. 2–4; *Wiesner*, in: Wiesner SGB VIII, § 73 SGB VIII Rn. 11; *Klasen/Schäfer*, GWR 2013, 287 (287).

Zwecke, wenn ihre Tätigkeit darauf gerichtet ist, die Allgemeinheit auf materiellem, geistigem oder sittlichem Gebiet selbstlos zu fördern. Nach § 52 Abs. 2 S. 1 AO umfasst dies insbesondere die Förderung von Wissenschaft und Forschung (Nr. 1), von Jugend- und Altenhilfe (Nr. 4), von Kunst und Kultur (Nr. 5), des Wohlfahrtswesens (Nr. 9) und des Sports (Nr. 21). Mildtätige Zwecke verfolgt eine Körperschaft, deren Tätigkeit hauptsächlich auf die selbstlose Unterstützung von Personen ausgerichtet ist, die infolge ihres körperlichen, geistigen oder seelischen Zustands (§ 53 Nr. 1 AO) oder aufgrund ihrer finanziellen Situation auf Hilfe angewiesen sind (§ 53 Nr. 2 AO). Die Haftungsprivilegierungen sollen gewährleisten, dass die Engagierten die gesellschaftliche, kulturelle und soziale Verantwortung auch in Zukunft übernehmen und dadurch das gesellschaftliche Miteinander weiter fördern. In diesem Sinne ist auch die jährliche Vergütungsgrenze an § 3 Nr. 26a EStG angelehnt, wonach Einnahmen aus nebenberuflichen Tätigkeiten steuerfrei sind, die im Dienst oder Auftrag einer unter § 5 Abs. 1 Nr. 9 KStG fallenden Einrichtung zur Förderung gemeinnütziger, mildtätiger oder kirchlicher Zwecke erfolgen.[135] In diesem Sinne sind aber nur Vereine von der Körperschaftsteuer befreit, wenn der Satzungszweck und die tatsächliche Geschäftsführung ausschließlich und unmittelbar auf gemeinnütziges, mildtätiges oder kirchliches Engagement zielen, § 5 Abs. 1 Nr. 9 KStG. Damit zielt der Sinn und Zweck von § 31a BGB nicht auf die Einbeziehung der Organmitglieder und besonderen Vertreter von Vereinen, die keine steuerbegünstigenden Zwecke i.S.v. §§ 51ff. AO verfolgen.

bb. Der Wille des historischen Gesetzgebers

Unter Bezugnahme auf den Willen des historischen Gesetzgebers steht diesem Normverständnis auch nicht entgegen, dass die Begründung zum Entwurf eines Gesetzes zur Begrenzung der Haftung von ehrenamtlich tätigen Vereinsvorständen ausdrücklich ausführt, dass die Haftungsprivilegierung nicht an die Verfolgung spezifischer Vereins-

135 Beschlussempfehlung und Bericht des Rechtsausschusses zum Gesetzesentwurf des Bundesrates – Drucksache 16/10120 – v. 22.06.2009, BT-Drs. 16/13537, S. 4.

zwecke gebunden sei und insbesondere auch zur Anwendung gelangen soll, wenn Vereine weder gemeinnützige noch mildtätige Zwecke verfolgen.[136]

Diese Erwägung fällt bereits ihrem Umfang nach nicht maßgeblich ins Gewicht und wird auch nicht näher begründet.[137] Vielmehr stellt diese Erwägung einen Fremdkörper innerhalb der Begründung des Gesetzesentwurfs dar und führt dazu, dass diese in sich unschlüssig wird. Schließlich ist es das allgemeine Ziel des Gesetzes, die Übernahme von ehrenamtlichen Vereinstätigkeiten zu fördern, um das bürgerschaftliche Engagement, insbesondere in sportlich, kulturell und sozial geprägten Bereichen zu stärken.[138] Dies intendiert aber insbesondere nicht die haftungsrechtliche Privilegierung der Vorstandsmitglieder von wirtschaftlich ausgerichteten Vereinen.

Zudem geben amtliche Gesetzesbegründungen nur Aufschluss über die Erwägungen zu den Gesetzesentwürfen, nicht aber zu den letztendlich verabschiedeten Gesetzen selbst.[139] Anhand der Plenarprotokolle lässt sich vielmehr nachvollziehen, dass die Redner der Bundestagsfraktionen im Rahmen der Gesetzesberatungen überwiegend davon ausgegangen sind, dass § 31a BGB lediglich die Haftung solcher Vorstandsmitglieder begrenzt, die einem Verein vorstehen, der steuerbegünstigte Zwecke i.S.v. §§ 51ff. AO verfolgt. Dies legt den Rückschluss nahe, dass die der Verabschiedung des Gesetzes zustimmenden Abgeordneten ihrer Zustimmung gerade das im Rahmen

136 Begründung zum Entwurf des Bundesrates über ein Gesetz zur Begrenzung der Haftung von ehrenamtlich tätigen Vereinsvorständen v. 13.08.2008, BT-Drs. 16/10120, S. 7; so auch bereits die Begründung zum Gesetzesentwurf der Länder Saarland und Baden-Württemberg über ein Gesetz zur Begrenzung der Haftung von ehrenamtlich tätigen Vereinsvorständen v. 22.06.2008, BR-Drs. 399/08, S. 8.

137 Begründung zum Entwurf des Bundesrates über ein Gesetz zur Begrenzung der Haftung von ehrenamtlich tätigen Vereinsvorständen v. 13.08.2008, BT-Drs. 16/10120, S. 7; so auch bereits die Begründung zum Gesetzesentwurf der Länder Saarland und Baden-Württemberg über ein Gesetz zur Begrenzung der Haftung von ehrenamtlich tätigen Vereinsvorständen v. 22.06.2008, BR-Drs. 399/08, S. 8.

138 Begründung zum Entwurf des Bundesrates über ein Gesetz zur Begrenzung der Haftung von ehrenamtlich tätigen Vereinsvorständen v. 13.08.2008, BT-Drs. 16/10120, S. 6.

139 Siehe dazu BVerfG Urt. v. 21.05.1952 – 2 BvH 2/52 = BVerfGE 1, 299 (312).

der Plenaraussprache zum Ausdruck gekommene Normverständnis zugrunde legten. Einzig *Ströbele* (Fraktion Bündnis 90/Die Grünen) gab zu bedenken, dass „nicht nur der nette, kleine Turnverein um die Ecke", sondern auch große Wirtschaftsunternehmen mit Umsätzen in Millionenhöhe als Verein organisiert seien und erhebliche finanzielle Schäden entstehen können, wenn die Vorstandsmitglieder in diesem Bereich auch nur fahrlässig handeln.[140] Demgegenüber verdeutlichte *Mayer* (Fraktion CDU/CSU) mit Nachdruck und Selbstverständlichkeit, dass § 31a BGB nur die Haftung für Ehrenamtliche in gemeinnützigen Vereinen begrenze.[141] Und auch die Ausführungen der übrigen Fraktionssprecher zielten auf den eingetragenen Verein i.S.v. § 21 BGB, der nach seinem gesetzlichen Leitbild insbesondere gemeinnützige, wohltätige, gesellige, wissenschaftliche und künstlerische Zwecke, also insbesondere steuerprivilegierte Zwecke i.S.v. §§ 51ff. AO verfolgt. In diesem Sinne sprach der damalige Parlamentarische Staatssekretär bei der Bundesministerin der Justiz *Hartenbach* von einem bürgerschaftlichen Engagement in Deutschland, dass „sich sehen lassen" könne, von einer vitalen Bürgergesellschaft, die für Ausgleich und Fürsorge eintrete, wenn der Staat nicht leistungsfähig ist,[142] und lobte die beispiellose gesellschaftliche Arbeit von den Vereinen.[143] Die Notwendigkeit der gesetzlichen Regelungen begründete er insbesondere damit, dass ein kleinerer Verein stärker von bürgerschaftlichem Engagement getragen werde als ein größerer Verein.[144] *Hartenbach* hielt es für einen „guten und richtigen Weg […], Freunden in Sportvereinen, anderen Vereinen, vor allen Dingen auch in sozialen Vereinen […] [anzubieten]: Ihr könnt Euch wieder engagieren, ohne dass ihr um euer Vermögen

140 Stenografischer Bericht der 230. Sitzung des Bundestages v. 02.07.2009, BT-PlPr. 16/230, S. 25791C.

141 Stenografischer Bericht der 230. Sitzung des Bundestages v. 02.07.2009, BT-PlPr. 16/230, S. 25790C.

142 Stenografischer Bericht der 205. Sitzung des Bundestages v. 12.02.2009, BT-PlPr. 16/205, S. 22191A.

143 Stenografischer Bericht der 205. Sitzung des Bundestages v. 12.02.2009, BT-PlPr. 16/205, S. 22191A; Stenografischer Bericht der 230. Sitzung des Bundestages v. 02.07.2009, BT-PlPr. 16/230, S. 25785D.

144 Stenografischer Bericht der 230. Sitzung des Bundestages v. 02.07.2009, BT-PlPr. 16/230, S. 25785D.

fürchten müsst."[145] *Dyckmans* (FDP-Fraktion) hob hervor, dass ein Bedürfnis bestehe die hauptberuflich tätigen Amtsträger, die regelmäßig ein gutes Gehalt beziehen (bezogen auf den GmbH-Geschäftsführer), und die ehrenamtlich tätigen Amtsträger, die neben ihrer beruflichen Tätigkeit in Sportvereinen, in sozialen Einrichtungen der Kulturpflege, beim Roten Kreuz oder der Freiwilligen Feuerwehr tätig werden, haftungsrechtlich gesondert zu erfassen.[146] Vor der Verabschiedung des Gesetzes zur Begrenzung der Haftung von ehrenamtlich tätigen Vereinsvorständen bekundete *Dyckmans* im Rahmen der zweiten Lesung: „Heute ist ein guter Tag für alle, die sich ehrenamtlich in Vereinen engagieren."[147] *Seifert* (SPD-Fraktion) führte zur Veranschaulichung der Haftungsrisiken ein Beispiel an, in dem es um einen Verein ging, der Spenden für die Opfer Tschernobyls sammelte,[148] und auch *Danckerts* (SPD-Fraktion) und *Mayers* (Fraktion CDU/CSU) Ausführungen zielten insbesondere auf den Bereich des Sports.[149] In diesem Sinne sprach auch *Müller* erneut von den vielen Frauen und Männern, die sich in kulturtreibenden Vereinen, Sportvereinen, sozialen Einrichtungen und Organisationen, beim Roten Kreuz und der Feuerwehr engagieren, und bezeichnete das bürgerschaftliche Engagement als „Kitt", der die Gesellschaft zusammenhalte.[150]

Im Rahmen der Beratungen über den Gesetzesentwurf zum Ehrenamtsstärkungsgesetz sprach *von Stetten* (Fraktion CDU/CSU) von einem guten „Tag für das Ehrenamt" und davon, dass bürgerschaftli-

145 Stenografischer Bericht der 230. Sitzung des Bundestages v. 02.07.2009, BT-PlPr. 16/230, S. 25786A.

146 Stenografischer Bericht der 205. Sitzung des Bundestages v. 12.02.2009, BT-PlPr. 16/205, S. 22192A.

147 Stenografischer Bericht der 230. Sitzung des Bundestages v. 02.07.2009, BT-PlPr. 16/230, S. 25789A.

148 Stenografischer Bericht der 205. Sitzung des Bundestages v. 12.02.2009, PlPr. 16/205, S. 22193D.

149 Stenografischer Bericht der 205. Sitzung des Bundestages v. 12.02.2009, PlPr. 16/205, S. 22194C (*Danckert*); Stenografischer Bericht der 230. Sitzung des Bundestages v. 02.07.2009, BT-PlPr. 16/230, S. 25790C (*Mayer*).

150 Stenografischer Bericht der 205. Sitzung des Bundestages v. 12.02.2009, BT-PlPr. 16/205, S. 22192C.

ches Engagement überwiegend auch in Vereinen verwurzelt sei.[151] Er hob die kulturelle und soziale Bedeutung von Vereinen und deren Integrationsleistungen hervor und sprach von einer spürbaren Wärme und fast familiären Atmosphäre in intakten Vereinen, die deshalb für zahlreiche Kinder zu einer Art Familienersatz werden.[152] Die Abgeordnete *Reinemund* (FDP-Fraktion) verwies auf die 23 Millionen Menschen, die sich in über 600.000 Vereinen und Stiftungen ehrenamtlich engagieren, Jugendmannschaften in Sportvereinen trainieren, Chöre leiten, Senioren und schwer erkrankte Kinder betreuen, Lernschwachen Nachhilfeunterricht erteilen oder politisch für die Demokratie eintreten.[153] Ohne diese Menschen, die sich organisieren und Verantwortung für ihre Mitmenschen übernehmen, sei das „bunte, vielfältige gesellschaftliche Leben unseres Landes schlicht nicht denkbar".[154] Deshalb sollen gerade diejenigen nicht unversehens für Pflichtverletzungen haften, die in ihrer Freizeit nur Gutes für die Gesellschaft leisten wollen.[155] *Höll* (Fraktion Die Linke) zielte in eine vergleichbare Richtung und sprach von Menschen, die Kinder zu Training und Turnier fahren, für die Freiwillige Feuerwehr in Bereitschaft und Einsatz sind oder Erkrankte in Selbsthilfegruppen stützen.[156] *Steffel* (Fraktion CDU/CSU) ergänzte die Aufzählung noch um die Menschen, die sich freiwillig in Musikschulen, Kirchen oder der Kommunalpolitik engagieren.[157] *Holmeier* (Fraktion CDU/CSU) umspannte diesen Personenkreis noch einmal allgemein und lobte das Engagement in

151 Stenografischer Bericht der 220. Sitzung des Bundestages v. 01.02.2013, BT-PlPr. 17/220, S. 27338B-27338C.

152 Stenografischer Bericht der 220. Sitzung des Bundestages v. 01.02.2013, BT-PlPr. 17/220, S. 27339A.

153 Stenografischer Bericht der 220. Sitzung des Bundestages v. 01.02.2013, BT-PlPr. 17/220, S. 27342A.

154 Stenografischer Bericht der 220. Sitzung des Bundestages v. 01.02.2013, BT-PlPr. 17/220, S. 27342A.

155 Stenografischer Bericht der 220. Sitzung des Bundestages v. 01.02.2013, BT-PlPr. 17/220, S. 27342A.

156 Stenografischer Bericht der 220. Sitzung des Bundestages v. 01.02.2013, BT-PlPr. 17/220, S. 27342D.

157 Stenografischer Bericht der 220. Sitzung des Bundestages v. 01.02.2013, BT-PlPr. 17/220, S. 27348C.

Kirchen, Sportvereinen, sonstigen sozialen Einrichtungen, Hilfsorganisationen, Parteien und Initiativen.[158] In diesem Sinne unterstrichen auch *Walsmann* und *Flach* die Bedeutung des Ehrenamtes im Rahmen der Bundesratsaussprache für den Sport, die Jugendarbeit, die Umwelt, die Sozialarbeit, für Kunst und Kultur, für die Heimatpflege, die Kirche, die Feuerwehr und für Hilfsorganisationen,[159] beziehungsweise die Leistungen der ehrenamtlich Tätigen in der Wohlfahrt.[160]

cc. Schlussfolgerung

Obwohl der Wortlaut von § 31a BGB den Begriff des Vereins in rechtlicher Hinsicht unspezifisch fasst, sprechen im Ergebnis der Sinn und Zweck von § 31a BGB und die Erwägungen des historischen Gesetzgebers für die teleologische Reduktion des Anwendungsbereichs von § 31a BGB.[161] Anhand der Plenardebatten zeigt sich, dass der Begriff des Vereins auch von dahingehend vorgebildeten Personen im Allgemeinen für Organisationen verwendet wird, die hauptsächlich steuerbegünstigte Zwecke im Sinne der §§ 51ff. AO verfolgen. Deshalb steht ein derartiges Normverständnis auch mit der Rechtsprechung des Bundesverfassungsgerichts in Einklang, wonach dem Willen des historischen Gesetzgebers im Rahmen der Auslegung nur dann maßgebliche Bedeutung beizumessen ist, wenn dieser in einer Vorschrift auch objektiviert zum Ausdruck kommt, also aus dem jeweiligen Wortlaut und dem Sinnzusammenhang folgt.[162]

---

158 Stenografischer Bericht der 220. Sitzung des Bundestages v. 01.02.2013, BT-PlPr. 17/220, S. 27352B.

159 Stenografischer Bericht der 907. Sitzung des Bundesrates v. 01.03.2013, BR-PlPr. 907, S. 98B-98C.

160 Stenografischer Bericht der 904. Sitzung des Bundesrates v. 14.12.2012, BR-PlPr. 904, S. 598B.

161 A.A. *Leuschner*, in: MüKo BGB Bd. I, § 31a BGB Rn. 2; *Mansel*, in: Jauernig BGB, § 31a BGB Rn. 2; *Schöpflin*, in: BeckOK BGB, § 31a BGB Rn. 2; *H.P Westermann*, in: Erman BGB Bd. I, § 31a BGB Rn. 1; *Reuter*, NZG 2009, 1368 (1369); *Leuschner*, NZG 2014, 281 (287). Die Anwendung von § 31a BGB auf gemeinnützig und mildtätig ausgerichtete Vereine ist ansonsten aber unstreitig.

162 BVerfG Urt. v. 21.05.1952 - 2 BvH 2/52 = BVerfGE 1, 299 (312); BVerfG Beschl. v. 12.11.1958 - 2 BvL 4, 26, 40/56, 1, 7/57 = BVerfGE 8, 274 (307); BVerfG Beschl. v. 15.12.1959 - 1 BvL 10/55 = BVerfGE 10, 234 (244); BVerfG Beschl. v. 17.05.1960

2. Der sachliche Anwendungsbereich von § 31a BGB

Darüber hinaus erfordert § 31a BGB in sachlicher Hinsicht, dass ein Organmitglied oder besonderer Vertreter den Verein, eines seiner Mitglieder oder einen anderen bei der Wahrnehmung seiner Pflichten geschädigt hat. Im Anwendungsbereich von § 31a Abs. 2 BGB darf das Organmitglied oder der besondere Vertreter weder vorsätzlich noch grob fahrlässig gehandelt haben.

a. Bei der Wahrnehmung ihrer Pflichten

Im Anwendungsbereich von § 31a BGB ist unerheblich, ob der Verein, das Vereinsmitglied oder ein anderer durch ein aktives Tun oder ein Unterlassen zu Schaden kommen.[163] Es ist insbesondere entscheidend, dass der Handelnde die Betreffenden schädigt, während er seine Amtspflichten wahrnimmt, der Schadenseintritt also die Folge der Amtsführung ist.[164] Handlungen in privater Eigenschaft sind deshalb nicht von § 31a BGB erfasst.[165] In systematischer Hinsicht ist das Merkmal der als „in Ausübung der ihm zustehenden Verrichtung" normierten Voraussetzung in § 31 BGB gleichzusetzen.[166] Es soll gleichermaßen sichergestellt werden, dass die Schädigung nicht bei Gelegenheit, sondern in Ausführung der obliegenden Pflichten erfolgt.[167] Die Haftungsprivilegierung greift deshalb allein im Fall eines spezifischen Zusammenhangs zwischen dem Schadenseintritt und der Ausführung der Tätigkeit.[168] Der spezifische Zusammenhang liegt grundsätzlich

– 2 BvL 11/59, 11/60 = BVerfGE 11, 126 (130); BVerfG Beschl. v. 11.01.1966 – 2 BvR 424/63 = BVerfGE 19, 354 (362); siehe auch BGH Urt. v. 30.06.1966 – KZR 5/65 = BGHZ 46, 74 (76).

163 *Schöpflin*, in: BeckOK BGB, § 31a BGB Rn. 7.

164 *Mansel*, in: Jauernig BGB, § 31a BGB Rn. 2; vgl. *Frings*, NWB 2009, 3662 (3664); *Orth*, SpuRt 2010, 2 (3).

165 Vgl. BGH Urt. v. 08.02.1952 – I ZR 92/51 = BGH NJW 1952, 537 (538); BGH Urt. v. 20.2.1979 – VI ZR 256/77 = NJW 1980, 115 (115).

166 *Ellenberger*, in: Palandt BGB, § 31a BGB Rn. 3; *Leuschner*, in: MüKo BGB Bd. I, § 31a BGB Rn. 8; *H.P. Westermann*, in: Erman BGB Bd. I, § 31a BGB Rn. 2.

167 *Westermann*, in: Erman BGB Bd. I, § 31a BGB Rn. 2.

168 Vgl. *Leuschner*, in: MüKo BGB Bd. I, § 31 Rn. 22; *Schwennicke*, in: Staudinger BGB Buch 1, § 31 BGB Rn. 51; *Westermann*, in: Erman BGB Bd. I, § 31 Rn. 5.

vor, wenn ein zeitlicher, örtlicher und sachlicher Zusammenhang zwischen der Amtsführung und dem eingetretenen Schaden besteht.[169] Der Gesetzgeber hielt eine besondere Haftungserleichterung für außerhalb der Amtsführung verursachte Schäden nämlich nicht für gerechtfertigt.[170]

b. Die Pflichten im Sinne von § 31a BGB

Der Gesetzgebungsprozess zur Einführung von § 31a BGB wirft die Frage auf, ob der haftungsbegrenzende Anwendungsbereich grundsätzlich sämtliche Pflichtverletzungen der Vorstandsmitglieder einschließt oder nur die Verletzung von zivilrechtlichen Pflichten umfasst. Die Äußerungen einiger Literaturstimmen suggerieren zumindest, dass § 31a BGB einen dahingehend begrenzten Anwendungsbereich habe, weil die Regelung weder das steuerrechtliche noch das sozialversicherungsrechtliche Haftungsrisiko begrenze.[171]

aa. Die grammatikalische Auslegung

Die sprachlich weite Fassung der Vorschrift spricht gegen einen dahingehend begrenzten Anwendungsbereich der Regelungen. § 31a Abs. 1 S. 1, Abs. 2 S. 1 BGB spricht allgemein von Pflichten, ohne eine Eingrenzung hinsichtlich bestimmter Regelungsmaterien zu treffen.

bb. Die systematische Auslegung

Die gesetzliche Systematik spricht ebenfalls gegen einen begrenzten Anwendungsbereich von § 31a BGB. Die haftungsprivilegierenden Regelungen sind in den gesetzlichen Rahmen der §§ 21ff. BGB eingefügt

---

169 Vgl. BGH Urt. v. 30.10.1967 – VII ZR 82/65 = BGHZ 49, 19 (23); BGH Urt. v. 08.07.1986 – VI ZR 47/85 = BGHZ 98, 148 (151, 152).

170 In diesem Sinne siehe bereits die Empfehlungen der Ausschüsse zum Entwurf eines Gesetzes zur Begrenzung der Haftung von ehrenamtlich tätigen Vereinsvorständen – Antrag der Länder Saarland und Baden-Württemberg – v. 20.06.2008, BR-Drs. 399/1/08, S. 2–3.

171 *Schöpflin*, in: BeckOK BGB, § 31a BGB Rn. 9, 10; *Piper*, WM 2011, 2211 (2212); *Bruschke*, SteuK 2013, 243 (243).

worden. Diese Vorschriften sind mit der amtlichen Überschrift „Allgemeine Vorschriften“ betitelt. Der Sinn und Zweck von allgemeinen Vorschriften liegt aber insbesondere darin, dass diese auch auf besonders geregelte Sachverhalte anwendbar sind. Dies schließt grundsätzlich Vorschriften ein, die spezifische Pflichten der Organmitglieder und besonderen Vertreter außerhalb des Bürgerlichen Gesetzbuches normieren.

cc. Die historische Auslegung

Demgegenüber bietet die historische Auslegung von § 31a BGB zumindest Anlass, die Begrenzung des Anwendungsbereichs zu erwägen. Der historische Gesetzgeber hat sich im Rahmen der Einführung von § 31a BGB ausdrücklich dagegen entschieden, auch die Haftung der Vorstandsmitglieder für die Verletzung spezifischer steuerrechtlicher, sozialrechtlicher und sozialversicherungsrechtlicher Pflichten zu mildern. Diese Entscheidung richtete sich konkret gegen eine Änderung von § 28e Abs. 1 SGB IV und §§ 34, 69 AO. Im Fall einer internen Ressortverteilung sollte nur noch das Vorstandsmitglied für eine Verletzung der in § 28e SGB IV normierten Pflicht zur Abführung des Gesamtsozialversicherungsbeitrags und für Ansprüche aus dem Steuerschuldverhältnis i.S.v. § 37 AO haften, dem die Wahrnehmung dieser Aufgaben zugewiesen war.[172] Für Ansprüche aus dem Steuerverhältnis sollten zusätzlich nur die Vorstandsmitglieder haften, denen die Nichterfüllung durch das zuständige Vorstandsmitglied bekannt war.[173]

Aus der bewussten Entscheidung gegen die Gesetzesänderung kann aber nicht der Rückschluss gezogen werden, dass der Anwendungsbereich von § 31a BGB begrenzt werden sollte. Der historische Gesetzgeber entschied sich gegen die Verabschiedung dieser Regelungen, weil

172 Begründung zum Entwurf der Länder Saarland und Baden-Württemberg über ein Gesetz zur Begrenzung der Haftung von ehrenamtlich tätigen Vereinsvorständen v. 02.06.2008, BR-Drs. 399/08, S. 5–6.

173 Begründung zum Entwurf der Länder Saarland und Baden-Württemberg über ein Gesetz zur Begrenzung der Haftung von ehrenamtlich tätigen Vereinsvorständen v. 02.06.2008, BR-Drs. 399/08, S. 5–6.

das ohnehin auf die reine Pflicht zur gegenseitigen Überwachung reduzierte Prinzip der Gesamtverantwortung ansonsten im sozialrechtlichen Kontext gänzlich ausgehebelt und im steuerrechtlichen Kontext auf ein Minimum reduziert worden wäre. Die Gesetzesmaterialien zeichnen insgesamt ein Bild, nach dem § 31a BGB Ausdruck der gesetzgeberischen Wertung ist, dass eine über das Maß der groben Fahrlässigkeit hinausgehende Haftungsbegrenzung generell unbillig ist, eine Begrenzung der Haftung auf Vorsatz und grobe Fahrlässigkeit aber durchaus angezeigt sein kann.[174] In diesem Sinne sollte „eine generelle Begrenzung der Haftung von ehrenamtlichen Vereinsvorständen - etwa auf Vorsatz und grobe Fahrlässigkeit - [von vornherein] nicht in Betracht [...]" kommen.[175] Insoweit erachtete der Gesetzgeber die Begrenzung der Haftung auf Vorsatz und grobe Fahrlässigkeit gegenüber dem Verein und seinen Mitgliedern als angemessen, die entsprechende Haftungsbegrenzung gegenüber Dritten hingegen für unbillig.[176]

dd. Die teleologische Auslegung

Zudem erreicht § 31a BGB auch seinen Zweck bestmöglich durch einen weitestgehend unbegrenzten Anwendungsbereich. Je weitreichender die Haftung für die Verletzung von Amtspflichten begrenzt wird, desto wahrscheinlicher ist es, dass Amtsanwärter ein Gefühl von haftungsrechtlicher Sicherheit entwickeln. Dies ist insbesondere auch dadurch bedingt, dass die Betreffenden mögliche Haftungsrisiken und Haftungsfallen umfassend überblicken können. Gerade dem läuft aber ein gesetzlich nicht ausdrücklich definierter, begrenzter An-

174 In diesem Sinne *von Stetten*, Stenografischer Bericht der 220. Sitzung des Bundestages v. 01.02.2013, BT-PlPr. 17/220, S. 27339A, B.

175 Begründung zum Entwurf des Bundesrates über ein Gesetz zur Begrenzung der Haftung von ehrenamtlich tätigen Vereinsvorständen v. 02.06.2008, BT-Drs. 16/10120, S. 6.

176 Begründung zum Entwurf des Bundesrates über ein Gesetz zur Begrenzung der Haftung von ehrenamtlich tätigen Vereinsvorständen v. 02.06.2008, BT-Drs. 16/10120, S. 7; in diesem Sinne auch *Hartenbach*, Stenografischer Bericht der 205. Sitzung des Bundestages v. 12.02.2009, BT-PlPr. 16/205, S. 22191A.

wendungsbereich von § 31a BGB zuwider, aus dem eine erhebliche Rechtsunsicherheit resultieren würde. Organmitglieder und besondere Vertreter oder solche, die es werden möchten, müssten eine dahingehende Rechtsberatung in Anspruch nehmen, um ihr Haftungsrisiko einschätzen zu können. Selbst dann würden aber Unwägbarkeiten bestehen bleiben, da die nicht definierte Begrenzung des Anwendungsbereichs allein unter Berücksichtigung einer höchstrichterlichen Rechtsprechung mit an Sicherheit grenzender Wahrscheinlichkeit beurteilt werden könnte. Mit einer solchen Ausgangslage wäre das übergeordnete intendierte Ziel von § 31a BGB, das Vereinswesen zu stärken, allerdings nicht erreichbar. Nach der Wertung des Gesetzes senken haftungsrechtliche Unwägbarkeiten schließlich die Bereitschaft zu einem unentgeltlichen oder gering vergüteten Engagement.

ee. Zwischenergebnis

In Anbetracht der vorstehenden Erwägungen schließt § 31a BGB grundsätzlich sämtliche Pflichten der Organmitglieder und besonderen Vertreter in seinen Anwendungsbereich ein. Die haftungsbegrenzenden Regelungen bleiben lediglich in bestimmten Bereichen wirkungslos, wenn das Gesetz bereits ein geringeres Haftungsniveau festlegt. So wirkt nach § 69 S. 1 AO erst grob fahrlässiges oder vorsätzliches Handeln haftungsbegründend, sodass § 31a BGB keine Anwendung finden kann, da die Regelungen nur bis zu dieser Schwelle haftungsprivilegierend wirken. Im Rahmen der Insolvenzverschleppung handelt es sich nach § 42 Abs. 2 S. 1 BGB hingegen um einen Fall der Außenhaftung, sodass gem. § 31a Abs. 2 S. 1 BGB lediglich ein Freistellungsanspruch des Handelnden in Betracht zu ziehen ist. Dieser setzt aber die finanzielle Leistungsfähigkeit des Vereins voraus, die im Fall der Insolvenzverschleppung wegen des finanziellen Unvermögens des Vereins gerade nicht vorliegt.[177]

177 So auch *Ehlers*, NJW 2011, 2689 (2693).

c. Der Schaden

Ein etwaiger Schaden bemisst sich nach Maßgabe der §§ 249ff. BGB, weil den haftungsprivilegierenden Regelungen kein eigenes, von den allgemeinen Vorschriften abweichendes Schadensverständnis zugrunde liegt. Nach der Differenzhypothese liegt ein Schaden vor, wenn die tatsächliche Vermögenslage von der ohne Eintritt des haftungsbegründenden Ereignisses bestehenden, hypothetischen Vermögenslage abweicht.[178]

d. Verein, Vereinsmitglied und der andere

Der Schaden kann mit Blick auf die Geschädigtenseite nach § 31a Abs. 1 S. 1 BGB auf Seiten des Vereins, nach § 31a Abs. 1 S. 2 BGB auf Seiten der Vereinsmitglieder und gem. § 31a Abs. 2 S. 1 BGB auch auf Seiten eines anderen eintreten.

aa. Der Verein im Sinne von § 31a Abs. 1 S. 1 BGB

Verein i.S.v. § 31a Abs. 1 S. 1 BGB ist die Körperschaft, für welche die Organmitglieder und besonderen Vertreter in dieser Funktion tätig werden, also nur die Körperschaft, mit welcher der Handelnde im haftungsrechtlichen Innenverhältnis verbunden ist.

bb. Das Vereinsmitglied im Sinne von § 31a Abs. 1 S. 2 BGB

Vereinsmitglied i.S.v. § 31a Abs. 1 S. 2 BGB ist zunächst einmal, wer eine gültige Vereinsmitgliedschaft innehat und formal die Stellung als Mitglied des Vereins einnimmt.

Die Mitgliedschaft bezeichnet das Rechtsverhältnis zwischen Verein und Vereinsmitglied[179] und umfasst dessen Rechte und Pflichten.[180] Das mitgliedschaftliche Rechtsverhältnis kann sowohl durch außerhalb

178 Siehe nur BGH Urt. v. 05.02.2015 – IX ZR 167/13 = BGH NJW 2015, 1373 (1374); *Flume*, in: BeckOK BGB, § 249 BGB Rn. 37.

179 Siehe BGH Urt. v. 12.03.1990 – II ZR 179/89 = BGHZ 110, 323 (334).

180 *Schöpflin*, in: BeckOK BGB, § 38 BGB Rn. 2.

des Vereins stehende Dritte als auch durch Vereinsorgane und ihre Mitglieder beeinträchtigt werden.[181] Nach der Rechtsprechung des Bundesgerichtshofs ist dies beispielsweise der Fall, wenn dem Vereinsmitglied die Teilnahme an einem Vereinswettbewerb ungerechtfertigt verweigert wird.[182] Ein Vereinsmitglied kann dem Verein aber auch als außerhalb der Vereinsorganisation stehender Dritter gegenüberstehen.[183] Das ist insbesondere der Fall, wenn Vereinsmitglieder von der Mitgliedschaft unabhängige Rechtsbeziehungen zum Verein eingehen.[184] In Betracht kommt insbesondere die Gewährung von Darlehen, die Vermietung von Räumlichkeiten oder die Verpachtung von Grundstücken.[185] Zudem ist denkbar, dass sich ein Vereinsmitglied auch unabhängig von seiner Mitgliedschaft auf dem Vereinsgelände oder bei Veranstaltungen aufhält. Beispielsweise um die Kinder vom Sporttraining abzuholen oder bei Wettkämpfen anzufeuern.

Die Haftungsbegrenzung erfordert deshalb, dass zwischen dem Schadenseintritt und der Vereinsmitgliedschaft ein spezifischer sachlicher Zusammenhang besteht.[186] Als Vereinsmitglied wird bereits dem allgemeinen Sprachgebrauch nach nur derjenige bezeichnet, welcher in formaler Hinsicht die Stellung eines Mitglieds innehat, und wenn der situative Kontext der Äußerung zudem einen vereinsspezifischen Bezug aufweist. Dies gilt auch hinsichtlich der Struktur von § 31a BGB. In struktureller Hinsicht ist § 31a BGB in zwei Absätze untergliedert, die einerseits die Haftung gegenüber dem Verein und den Vereinsmitgliedern im Innenverhältnis und andererseits die Haftung gegenüber anderen im Außenverhältnis regeln. Die Vereinsmitglieder werden

181 Siehe dazu *Kap. II B.*

182 BGH Urt. v. 12.03.1990 - II ZR 179/89 = BGHZ 110, 323–335 („Schärenkreuzer-Urteil").

183 Vgl. *Otto*, in: jurisPK-BGB, § 31a BGB Rn. 13; *Roth*, npoR 2010, 1 (3).

184 Davon kann aber nicht ausgegangen werden, wenn beispielsweise ein Darlehen nur deshalb gewährt wird, weil sich das Mitglied dadurch erhofft, die Bestandsfähigkeit seines Vereins für die Zukunft zu sichern.

185 Siehe *Waldner/Wörle-Himmel*, in: Sauter/Schweyer/Waldner Der eingetragene Verein, Rn. 346.

186 So auch *Otto*, in: jurisPK-BGB, § 31a BGB Rn. 13; *Sikora*, in: Baumann/Sikora, Hdb. VereinsR, § 12 Rn. 61; *Stöber/Otto*, Hdb. VereinsR, Rn. 624; *Roth*, npoR 2010, 1 (3).

dem Innenverhältnis zugerechnet, weil die Mitgliedschaft die organisationsrechtliche Eingliederung in den Verein begründet.[187] Ohne den sachlichen Bezug zur Mitgliedschaft ist dieser Zuweisung aber die Grundlage entzogen. Die haftungsrechtliche Ungleichbehandlung gegenüber Dritten wäre dann nicht zu rechtfertigen. In diesem Sinne entspricht es auch nicht dem Willen des historischen Gesetzgebers, dass die begrenzte Haftung der Organmitglieder und besonderen Vertreter zwingend auf Kosten der Vereinsmitglieder realisiert wird. So ist § 31a Abs. 1 S. 2 BGB als einzige Regelung von § 31a BGB in den Katalog der satzungsdispositiven Vorschriften von § 40 S. 1 BGB aufgenommen worden.[188] Der historische Gesetzgeber wollte dadurch gewährleisten, dass die begrenzte Haftung der Vorstandsmitglieder zum Schutz der Vereinsmitglieder durch die Vereinssatzung wieder verschärft werden kann.[189] Es liefe deshalb dem Willen des Gesetzgebers zuwider, allein an die formale Stellung des Geschädigten als Mitglied des Vereins anzuknüpfen und die Verantwortlichkeit des Handelnden in dem gesetzlichen Umfang von § 31a Abs. 1 S. 2 BGB zu begrenzen. Diesem Verständnis stünde selbst dann nicht der Sinn und Zweck von § 31a BGB entgegen, wenn die Haftungsbegrenzung ihrer selbst willen als maßgeblicher Regelungszweck zu begreifen wäre. Schließlich wird dem handelnden Organmitglied oder besonderen Vertreter die Haftungsprivilegierung nicht vollständig versagt, sondern es tritt lediglich die Rechtsfolge von § 31a Abs. 2 S. 1 BGB ein. Soweit der Geschädigte keinen mitgliedschaftsspezifischen Bezug aufweist, bleibt es dem Handelnden unbenommen, den Verein nach § 31a Abs. 2 S. 1 BGB auf Freistellung in Anspruch zu nehmen. Je nach Sachverhalt kann es also durchaus vorkommen, dass ein formal betrachtetes Vereinsmitglied durchaus als anderer im Sinne von § 31a Abs. 2 S. 1 BGB geschädigt wird.

---

187 Siehe dazu *Waldner/Wörle-Himmel*, in: Sauter/Schweyer/Waldner Der eingetragene Verein, Rn. 333; *Lutter*, AcP 180 (1980), 84 (88–89).

188 Siehe zum dispositiven Charakter *Kap. II D. I.*

189 Begründung zum Entwurf des Bundesrates über ein Gesetz zur Begrenzung der Haftung von ehrenamtlich tätigen Vereinsvorständen v. 13.08.2008, BT-Drs. 16/10120, S. 7.

cc. Anderer im Sinne von § 31a Abs. 2 S. 1 BGB

Anderer i.S.v. § 31a Abs. 2 S. 1 BGB ist damit, wer weder Verein i.S.v. § 31a Abs. 1 S. 1 BGB noch Vereinsmitglied i.S.v. § 31a Abs. 1 S. 2 BGB ist und dem Verein außerhalb der organisationsrechtlichen Einbindung gegenübersteht. Dies sind insbesondere die Vereinsgläubiger. Die Gesetzesbegründung spricht insoweit von einem Dritten, der das Vorstandsmitglied auf Ersatz eines in Wahrnehmung seiner Vorstandspflichten verursachten Schadens in Anspruch nimmt.[190]

e. Vorsatz und grobe Fahrlässigkeit im Sinne von § 31a Abs. 2 S. 2 BGB

Die Begriffe des Vorsatzes und der groben Fahrlässigkeit werden durch § 31a BGB nicht näher konkretisiert, sodass auf die gefestigte Auslegung abzustellen ist. Grob fahrlässig handelt, wer die im Verkehr erforderliche Sorgfalt in besonders hohem Maße außer Acht lässt, mithin einfachste, ganz naheliegende Überlegungen nicht anstellt und dasjenige unbeachtet lässt, was unter den gegebenen Umständen jedem einleuchten müsste.[191] Vorsatz ist die mit Wissen und Wollen erfolgende, bewusste Pflichtverletzung.[192]

II. Die Rechtsfolgenseite von § 31a BGB

Auf der Rechtsfolgenseite ist zwischen der Haftungsbegrenzung gegenüber dem Verein nach § 31a Abs. 1 S. 1 BGB, der Haftungsbegrenzung gegenüber den Vereinsmitgliedern nach § 31a Abs. 1 S. 2 BGB und dem Freistellungsanspruch gegenüber dem Verein nach § 31a Abs. 2 S. 1 BGB zu unterscheiden.

---

190 Begründung zum Entwurf des Bundesrates über ein Gesetz zur Begrenzung der Haftung von ehrenamtlich tätigen Vereinsvorständen v. 13.08.2008, BT-Drs. 16/10120, S. 7.

191 BGH Urt. v. 10.5.94 XI ZR 212/93 = BGH NJW 1994, 2093 (2094); *Stadler*, in: Jauernig BGB, § 276 BGB Rn. 33.

192 Siehe nur *Schöpflin*, Rpfleger 2010, 349 (354).

1. Die Rechtsfolgenseite von § 31a Abs. 1 BGB

So begrenzt § 31a Abs. 1 S. 1, S. 2 BGB die Haftung der Organmitglieder und besonderen Vertreter gegenüber dem Verein und seinen Mitgliedern bereits auf tatbestandlicher Ebene auf Vorsatz und grobe Fahrlässigkeit, soweit der jeweilige Haftungstatbestand keine verschuldensunabhängige Haftung normiert.

2. Die Rechtsfolgenseite von § 31a Abs. 2 BGB

Demgegenüber bleibt die Haftung des Handelnden im Anwendungsbereich von § 31a Abs. 2 BGB grundsätzlich unberührt, sodass der Geschädigte diesen grundsätzlich in Anspruch nehmen kann. Insoweit trägt also der Handelnde das Risiko, dass der Verein über die finanziellen Mittel verfügt, den Betreffenden von seiner Schadensersatzverpflichtung gegenüber dem anderen freizustellen. Unter Berücksichtigung des Schutzzwecks von § 31a BGB wandelt sich der Freistellungsanspruch in einen Erstattungsanspruch, wenn der privilegiert Haftende seine Ersatzverpflichtung bereits erfüllt hat.[193]

3. Anwendungsfall der gestörten Gesamtschuld

Mit Blick auf die Rechtsfolgenseite von § 31a Abs. 1 BGB führt die Haftungsprivilegierung gegenüber dem Verein und den Vereinsmitgliedern gegebenenfalls zu einem neuen Anwendungsbereich der gestörten Gesamtschuld.[194] Insoweit sei beispielhaft angenommen, dass ein Verein oder ein Vereinsmitglied durch ein nach § 31a Abs. 1 S. 1 BGB bzw. § 31a Abs. 1 S. 2 BGB haftungsprivilegiertes Vorstandsmitglied und ein nicht privilegiert haftendes Vorstandsmitglied fahrlässig geschädigt wird und dem Grunde nach beide zu gleichen Tei-

193 *Ellenberger*, in: Palandt BGB, § 31a BGB Rn. 5; *Westermann*, in: Erman BGB Bd. I, 31a BGB, Rn. 3.

194 Im Anwendungsbereich von § 31a Abs. 2 BGB stellt sich das Problem des gestörten Gesamtschuldverhältnisses nicht, weil die Haftung der Vorstandsmitglieder gegenüber Dritten im Außenverhältnis nicht durch § 31a Abs. 2 BGB tangiert wird und damit kein Gesamtschuldverhältnis gestört werden kann.

len als Gesamtschuldner haften würden.[195] In diesen Fällen räumt § 421 Abs. 1 S. 1 BGB dem Geschädigten die Möglichkeit ein, sowohl das eine als auch das andere Vorstandsmitglied auf volle Schadenskompensation in Anspruch zu nehmen. Grundsätzlich würde die Befriedigung des Geschädigten durch einen der Schädiger dazu führen, dass dieser das nicht leistende Vorstandsmitglied nach § 426 Abs. 2 S. 1 BGB in Höhe seines quotalen Schadensbeitrags (hier 50 %) in Regress nehmen könnte. Die gesetzlichen Haftungsprivilegierungen aus § 31a Abs. 1 S. 1, S. 2 BGB verhindern aber nunmehr, dass in derartigen Sachverhaltskonstellationen ein Gesamtschuldverhältnis überhaupt entsteht. Das privilegiert haftende Vorstandsmitglied hat leichte und einfache Fahrlässigkeit nicht mehr zu vertreten, sodass auf tatbestandlicher Ebene bereits keine Haftung gegenüber dem Verein oder dem Vereinsmitglied begründet wird.

a. Die Möglichkeiten zur Auflösung der gestörten Gesamtschuld

Die Konstellation der gestörten Gesamtschuld kann unter Berücksichtigung der Interessen der Beteiligten grundsätzlich auf drei unterschiedlichen Wegen aufgelöst werden.[196] So besteht die Möglichkeit, dem Wortlaut des Gesetzes zu folgen und das nicht privilegiert haftende Vorstandsmitglied gegenüber dem Geschädigten in voller Höhe haften zu lassen und diesem die Möglichkeit des Innenregresses zu verwehren. Daneben ist es möglich, die Gesamtschuld der Schädiger im Innenverhältnis zu fingieren, sodass sich der Geschädigte im Außenverhältnis allein an das nicht privilegiert haftende Vorstandsmitglied halten kann, dieses sodann aber nach der Wertung von § 426 Abs. 2 S. 1 BGB das privilegiert haftende Vorstandsmitglied in Höhe seines quotalen Beitrags in Regress nehmen kann. Weiter besteht die Möglichkeit, den Ersatzanspruch des Geschädigten im Außenverhältnis unmittelbar um den quotalen Schadensbeitrag des privilegiert haftenden Vorstandsmitglieds zu kürzen, sodass der nicht privilegiert Haftende

---

195 Siehe *Reschke*, DZWiR 2011, 403 (404).

196 Siehe dazu *Grüneberg*, in: Palandt BGB, § 426 BGB Rn. 18.

nur in Höhe seines Verursachungsbeitrags in Anspruch genommen werden kann.

b. Die Auflösung der gestörten Gesamtschuld im Rahmen von § 31a Abs. 1 BGB

Im Anwendungsbereich von § 31a Abs. 1 BGB entspricht es der gesetzlichen Wertung, die gestörte Gesamtschuld zulasten des Geschädigten aufzulösen, also den Ersatzanspruch im Außenverhältnis um die Schadensquote des privilegiert haftenden Vorstandsmitglieds zu kürzen.[197] Der historische Gesetzgeber hat sich bewusst dazu entschieden, die Haftung der Vorstandsmitglieder zulasten der Interessen des Vereins und der Vereinsmitglieder, nicht aber zulasten der Interessen der nicht privilegiert haftenden Vorstandsmitglieder zu begrenzen. Der Gesetzgeber hielt die Verlagerung des finanziellen Schadensrisikos auf die Geschädigten für sachgerecht, um das bürgerschaftliche Engagement zu fördern. Es entspricht dieser Wertung, dass die Haftung des privilegierten Personenkreises i.S.v. § 31a Abs. 1 BGB bereits auf Ebene des haftungsbegründenden Tatbestands begrenzt wird. Insoweit mangelt es an einem sachlichen Grund, von dieser Wertung abzuweichen, wenn ein Gesamtschuldverhältnis vorliegt. Dies gilt insbesondere im Hinblick auf die Vereinsmitglieder, die in Anbetracht des dispositiven Charakters von § 31a Abs. 1 S. 2 BGB nicht schutzwürdig sind. Schließlich sind sie als Mitglieder der Mitgliederversammlung nach § 40 S. 1 BGB zu der Normierung von haftungsverschärfenden Satzungsvorschriften befugt.[198] Die Vereinsmitglieder können also der Konstellation eines gestörten Gesamtschuldverhältnisses selbst entgegenwirken.

---

197 In Bezug auf die Haftung gegenüber dem Verein im Ergebnis auch *Leuschner*, in: MüKo BGB Bd. I, § 31a BGB Rn. 14; *Roth*, npoR 2010, 1 (4); *Reschke*, in: DZWiR 2011, 403 (406); *Segna*, ZIP 2015, 1561 (1569). In Bezug auf die Haftung gegenüber den Vereinsmitgliedern a.A. *Leuschner*, in: MüKo BGB Bd. I, § 31a BGB Rn. 16; *Roth*, npoR 2010, 1 (4).

198 Zum dispositiven Charakter siehe *Kap. II D. I.*

III. Die Beweislastregelung

In prozessualer Hinsicht realisiert § 31a Abs. 1 S. 3 BGB eine weitere Entlastung der Organmitglieder und besonderen Vertreter, indem die Beweislast dem Verein bzw. den Vereinsmitgliedern auferlegt wird. Diese Regelung war weder in dem ursprünglichen Entwurf der Koalitionsfraktionen noch in dem Entwurf der Bundesregierung über das Ehrenamtsstärkungsgesetz vorgesehen, sondern beruht auf einem Änderungs- bzw. Erweiterungsvorschlag des Bundesrates.[199] Im Anwendungsbereich von § 31a Abs. 1 BGB bestimmt dessen Satz 3, dass der geschädigte Verein oder das geschädigte Vereinsmitglied beweisen muss, dass der Handelnde seine Pflichten grob fahrlässig oder vorsätzlich verletzt hat.[200] Damit wird das Vertretenmüssen des haftungsprivilegierten Personenkreises nicht mehr nach § 280 Abs. 1 S. 2 BGB vermutet. Im Gegenteil vermutet § 31a Abs. 1 S. 3 BGB ein nur fahrlässiges Handeln der Organmitglieder und besonderen Vertreter, wenn der Geschädigte den Beweis vorsätzlichen oder grob fahrlässigen Handelns nicht führen kann.

Im Anwendungsbereich von § 31a Abs. 2 BGB ist dessen Satz 2 als Ausnahme zu der in Satz 1 normierten Regel formuliert. Insoweit besteht kein Anspruch auf Freistellung gegenüber dem Verein, wenn der Schaden vorsätzlich oder grob fahrlässig verursacht wurde. Das Gesetz gestaltet das Vorliegen von Vorsatz und grober Fahrlässigkeit damit als rechtshindernde Einwendung des Vereins aus, dem dahingehend die Darlegungs- und Beweislast obliegt.[201]

---

199 Empfehlung der Ausschüsse des Bundesrates v. 03.12.2012, BR-Drs. 663/1/2, S. 17–18; ferner die Unterrichtung durch die Bundesregierung über die Stellungnahme des Bundesrates und Gegenäußerung der Bundesregierung, BT-Drs. 17/12037, S. 5–6, 9.

200 *Leuschner*, in: MüKo BGB Bd. I, § 31a BGB Rn. 18; *Westermann*, in: Erman BGB Bd. I, § 31a BGB Rn. 4.

201 So ausdrücklich *Reuter*, NZG 2009, 1368 (1371).

D. Die weitestgehend zwingende Ausgestaltung von § 31a BGB

Rechtsprechung und Literatur beurteilen allerdings nicht einheitlich, ob die Regelungen von § 31a BGB zwingenden oder dispositiven Charakter haben. Dies wird dann relevant, wenn der Verein die Haftung seiner Vorstandsmitglieder, von § 31a BGB abweichend, in der Satzung regelt. Denkbar sind einerseits Regelungen, die unentgeltlich tätige oder gering vergütete und nicht haftungsprivilegierte Vorstandsmitglieder gleichstellen. Beispielsweise, damit die Vorstandsmitglieder einheitlich und vollumfänglich bereits leichteste Fahrlässigkeit zu verantworten und auch die finanziellen Folgen einer Drittschädigung zu tragen haben. Entsprechende Satzungsregelungen erscheinen für Vereine sinnvoll, die insbesondere die Vorstandsämter weitestgehend unproblematisch besetzen können. Die gesetzliche Haftungsprivilegierung liegt dann unter keinem Gesichtspunkt in dem Interesse eines Vereins, weil die finanzielle Mehrbelastung nicht erforderlich ist, um das von § 31a BGB intendierte Ziel zu erreichen. Demgegenüber sind haftungsbegrenzende Regelungen denkbar, die über das gesetzliche Maß hinausgehen und die Vorstandsmitglieder auch von einer Haftung für grobe Fahrlässigkeit freizeichnen. Solche Regelungen erscheinen sinnvoll, wenn es einem Verein, trotz der Einführung von § 31a BGB, weiterhin nicht gelingt, vakante Posten zu besetzen.

I. Die gesetzliche Ausgangslage nach § 40 S. 1 BGB

Der dispositive oder zwingende Charakter einer vereinsrechtlichen Regelung folgt grundsätzlich aus § 40 S. 1 BGB oder ist in der jeweiligen Regelung selbst angelegt, wie die §§ 26 Abs. 1 S. 3, 30, 37 Abs. 1, 39 Abs. 2, 41 BGB zeigen. § 40 S. 1 BGB soll das Spannungsverhältnis zwischen gesetzlicher Satzungsstrenge und autonomer Vereinsorganisation angemessen zum Ausgleich bringen.[202] Die Vereinsautonomie ist die in § 25 BGB normierte Gestaltungsfreiheit des Vereins zur

202 Siehe K. *Schmidt*, Gesellschaftsrecht, § 24 III 1 a); *Waldner/Wörle-Himmel*, in: Sauter/Schweyer/Waldner Der eingetragene Verein, Rn. 130.

eigenmächtigen Regelung seiner Angelegenheiten. Diese wird durch § 40 S. 1 BGB gleichermaßen bestätigt und begrenzt.[203] Die Vorschrift weist einen Katalog an nachgiebigen Vorschriften aus, von denen die Vereinssatzung abweichen darf.[204] Im Wege des Umkehrschlusses folgt daraus grundsätzlich, dass von § 40 S. 1 BGB nicht erfasste Vorschriften zwingenden Charakter haben und nicht zur Disposition des Vereins stehen.[205]

Der Katalog nachgiebiger Vorschriften ist mit dem Gesetz zur Begrenzung der Haftung von ehrenamtlich tätigen Vereinsvorständen um die Vorschrift des § 31a Abs. 1 S. 2 BGB erweitert worden.[206] Das Gesetz erklärt diese Teilregelung damit für satzungsdispositiv. Im Einzelfall soll der Verein die Haftung seiner Vorstandsmitglieder im Interesse seiner Mitglieder autonom verschärfen und durch eine entsprechende Regelung in der Satzung bestimmen können, dass die Vorstandsmitglieder gegenüber den Mitgliedern des Vereins bereits einfache und selbst leichte Fahrlässigkeit zu vertreten haben.[207]

II. Die Zulässigkeit haftungsverschärfender Satzungsregelungen

In Anbetracht dessen entspricht es auch der allgemeinen Ansicht, dass haftungsverschärfende Satzungsregelungen außerhalb des Anwendungsbereichs von § 31a Abs. 1 S. 2 BGB unzulässig sind.[208] An-

---

203 *Waldner/Wörle-Himmel*, in: Sauter/Schweyer/Waldner Der eingetragene Verein, Rn. 130.

204 *Leuschner*, in: MüKo BGB Bd. I, § 40 BGB Rn. 1; *Schöpflin*, in: BeckOK BGB, § 40 BGB Rn. 1.

205 *Dörner*, in: Schulze BGB, § 40 BGB Rn. 1; *Ellenberger*, in: Palandt BGB, § 40 BGB Rn. 1; *Leuschner*, in: MüKo BGB Bd. I, § 40 BGB Rn. 1; *Mansel*, in: Jauernig BGB, § 40 BGB Rn. 1; *Schöpflin*, in: BeckOK BGB, § 40 BGB Rn. 1.

206 Gesetz zur Begrenzung der Haftung von ehrenamtlich tätigen Vereinsvorständen v. 28.09.2009, BGBl. 2009, S. 3161.

207 Begründung zum Entwurf des Bundesrates über ein Gesetz zur Begrenzung der Haftung von ehrenamtlich tätigen Vereinsvorständen v. 13.08.2008, BT-Drs. 16/10120 S. 5.

208 Siehe nur OLG Nürnberg Beschl. v. 13.11.2015 – 12 W 1845/15 = OLG Nürnberg NZG 2016, 112 (113); *Schöpflin*, in: BeckOK BGB, § 31a BGB Rn. 5; *Hirte*, Kapitalgesellschaftsrecht, § 3 Rn. 3.83a; *Unger*, NJW 2009, 3269 (3271); *Burgard*, ZIP

sonsten wäre die dahingehend ausdrückliche Ermächtigung des Satzungsgebers in § 40 S. 1 BGB überflüssig. Insoweit folgt aus § 31a Abs. 1 S. 1, Abs. 2 i.V.m. § 40 S. 1 BGB ein zwingendes Schutzniveau zugunsten der Haftungsprivilegierten. Dieses systematische Verständnis steht auch im Einklang mit dem Willen des historischen Gesetzgebers, der insbesondere die Haftungsrisiken der unentgeltlich tätigen und gering vergüteten Vorstandsmitglieder zwingend begrenzen wollte. Die haftungsrechtlichen Anreize zur Übernahme entsprechender Ämter würden nämlich nicht die durch den Gesetzgeber intendierte Wirkung entfalten, wenn es den Vereinen freigestellt wäre, vollumfänglich von den gesetzlichen Regelungen abzuweichen. Haftungsverschärfende Satzungsregelungen stünden deshalb grundsätzlich auch der dauerhaften Förderung des bürgerschaftlichen Engagements und der Stärkung des gemeinnützigen und mildtätigen Sektors entgegen.

III. Die Zulässigkeit haftungsprivilegierender Satzungsregelungen

Hingegen wird nicht einheitlich beurteilt, ob es zulässig ist, dass die Vereinssatzung die Haftungsrisiken über das gesetzlich normierte Maß hinaus begrenzt.

1. Die vertretenen Rechtsansichten in der Rechtsprechung

Diese Fragestellung beschäftigte bislang das Oberlandesgericht Nürnberg und das Registergericht Amberg in der Vorinstanz.[209] Nach Ansicht des Oberlandesgerichts folge aus der Intention des historischen Gesetzgebers und der Gesetzessystematik, dass der Verein befugt ist, die Haftung der Vorstandsmitglieder über das in § 31a BGB gesetzte Maß hinaus zu begrenzen.[210] Die haftungsbegrenzenden Regelungen

2010, 358 (358); *Schöpflin*, in: Rpfleger 2010, 349 (355); *Piper*, WM 2011, 2211 (2211); *Saenger/Al-Wraikat*, ZStV 2013, 128 (129).

209 OLG Nürnberg Beschl. v. 13.11.2015 - 12 W 1845/15 = OLG Nürnberg NZG 2016, 112–114; Zwischenverfügung des Registergerichts Amberg v. 05.08.2015.

210 OLG Nürnberg Beschl. v. 13.11.2015 - 12 W 1845/15 = OLG Nürnberg NZG 2016, 112 (113. 114).

vermittelten allein einen Mindestschutz, sodass sich § 31a BGB nur als weitestgehend zwingend erweise, soweit die Haftung über das gesetzliche Maß hinaus verschärft werden soll.[211] In diesem Sinne bringe § 31a BGB das Bedürfnis der Amtsträger nach einer weitreichenden Haftungsfreizeichnung und das Bedürfnis des Vereins nach einer umfassenden Schadenskompensation zum Ausgleich und verleihe dem Interesse der Vorstandsmitglieder in dieser Hinsicht ein Übergewicht.[212] Demgegenüber vertritt das Registergericht Amberg die Auffassung, dass die Vorstandsmitglieder dem Verein gegenüber grundsätzlich zwingend für Vorsatz und grobe Fahrlässigkeit haften und die weitergehende Haftungsbegrenzung der Dispositionsbefugnis des Vereins aus gesetzessystematischen Gründen entzogen sei.[213]

2. Die vertretenen Rechtsansichten im Schrifttum

Die Rechtsauffassung des Oberlandesgerichts findet im Schrifttum einige Befürworter.[214] Unter Ausklammerung von § 31a Abs. 1 S. 2 BGB wird § 31a BGB aber auch als zwingende Regelung verstanden, die der Dispositionsbefugnis des Vereins entzogen sei.[215] Insoweit bilden der Wortlaut von § 40 S. 1 BGB und der aus der Vorschrift zu ziehende Umkehrschluss die Basis der Argumentation, die teilweise auch auf teleologische Aspekte und Aspekte des Gläubigerschutzes gestützt wird.[216]

---

211 OLG Nürnberg Beschl. v. 13.11.2015 – 12 W 1845/15 = OLG Nürnberg NZG 2016, 112 (113).

212 OLG Nürnberg Beschl. v. 13.11.2015 – 12 W 1845/15 = OLG Nürnberg NZG 2016, 112 (114).

213 Zwischenverfügung des Registergerichts Amberg v. 05.08.2015, S. 1.

214 *Dörner*, in: Schulze BGB, § 31a BGB Rn. 3; *Ellenberger*, in: Palandt BGB, § 31a BGB Rn. 4; *Leuschner*, in: MüKo BGB Bd. I, § 31a BGB Rn. 21; *wohl* auch *Stöber/Otto*, Hdb. VereinsR, Rn. 623.

215 *Burgard*, ZIP 2010, 358 (364); *Saenger/Al-Wraikat*, ZStV 2013, 128 (129); *Fehrenbach*, ZWH 2016, 88 (88).

216 Siehe dazu *Fehrenbach*, ZWH 2016, 85 (89).

3. Stellungnahme zum weitestgehend zwingenden Charakter von § 31a BGB

Das Amtsgericht Amberg und die dahingehend vertretenen Ansichten im Schrifttum gehen zutreffend davon aus, dass § 31a BGB weitestgehend zwingendes Recht ist.

a. Die systematische Auslegung von § 31a BGB

Die Gesetzessystematik weist allein § 31a Abs. 1 S. 2 BGB als (begrenzt) satzungsdispositive Regelung aus, den Regelungsgehalt von § 31a BGB ansonsten aber als zwingendes Recht.[217] Entgegen der Ansicht des Oberlandesgerichts Nürnberg steht es nicht im Einklang mit den §§ 26 Abs. 1 S. 3, 30, 37 Abs. 1, 39 Abs. 2, 40, 41 BGB und der „wohlverstandenen Satzungsautonomie", den Vereinen eine anderweitige Dispositionsbefugnis zuzubilligen.[218] Die §§ 26 Abs. 1 S. 3, 30, 37 Abs. 1, 39 Abs. 2, 40, 41 BGB zeigen, dass satzungsdispositive Regelungen auch ausdrücklich als solche ausgewiesen sind und die gesetzlichen Vorschriften ansonsten nicht zur Disposition des Vereins stehen. Die gesetzliche Systematik weist zugleich darauf hin, dass § 31a BGB die Interessen der betroffenen Parteien abschließend austariert.[219] Das Haftungsrisiko der Vorstandsmitglieder wird im Anwendungsbereich von § 31a Abs. 1 S. 1, Abs. 2 BGB grundsätzlich ohne Rücksicht auf das (finanzielle) Interesse des Vereins begrenzt. Ausnahmsweise wird nur den Interessen der Vereinsmitglieder der Vorrang eingeräumt, wenn es um die fakultative Haftungsverschärfung zu ihren Gunsten geht, § 31a Abs. 1 S. 2 i.V.m. § 40 S. 1 BGB.[220] Seitdem der Katalog an satzungs-

---

217 Dieses Verständnis ist im Wege eines Umkehrschlusses zwingend: *Mansel*, in: Jauernig BGB, § 40 BGB Rn. 1; *Burgard*, ZIP 2010, 358 (364); *Saenger/Al-Wraikat*, ZStV 2013, 128 (129); *Fehrenbach*, ZWH 2016, 85 (88).

218 OLG Nürnberg Beschl. v. 13.11.2015 – 12 W 1845/15 = OLG Nürnberg NZG 2016, 112 (114).

219 A.A. OLG Nürnberg Beschl. v. 13.11.2015 – 12 W 1845/15 = OLG Nürnberg NZG 2016, 112 (114).

220 Entwurf des Bundesrates über ein Gesetz zur Begrenzung der Haftung von ehrenamtlich tätigen Vereinsvorständen v. 13.08.2008, BT-Drs. 16/10120, S. 7; *Sikora*, in: Baumann/Sikora Hdb. VereinsR, § 12 Rn. 61; *Stöber/Otto*, Hdb. VereinsR, Rn. 624.

dispositiven Vorschriften in § 40 S. 1 BGB um § 31a Abs. 1 S. 2 BGB erweitert worden ist, ist dieses Regel-Ausnahme-Verhältnis auch in objektiver Weise gesetzlich normiert. Sieht das Vereinsrecht eine Dispositionsbefugnis des Vereins nur für Sachverhalte vor, in denen die Haftung der von § 31a BGB Begünstigten gegenüber den Vereinsmitgliedern verschärft wird, ist nicht schlüssig begründbar, dass selbst von den zwingend ausgestalteten Regelungsbereichen abweichende Satzungsregelungen getroffen werden können, welche die Haftung über den gesetzlichen Regelungsgehalt hinaus begrenzen.[221]

b. Die historische Auslegung von § 31a BGB

Die gezogenen Rückschlüsse lassen sich auch auf die gesetzgeberischen Erwägungen zur Einführung von § 31a BGB stützen. Zunächst lässt sich den Gesetzesmaterialien ausdrücklich nur entnehmen, weshalb § 31a Abs. 1 S. 2 BGB begrenzt dispositiv ausgestaltet worden ist.[222] Die ansonsten zwingende Ausgestaltung von § 31a BGB ist nicht ausdrücklich begründet. In den Gesetzgebungsprozess sind aber kritische Erwägungen zum Umfang der Haftungsbegrenzung eingeflossen, die den Rückschluss nahelegen, dass sich der historische Gesetzgeber bewusst für eine zwingende Ausgestaltung von § 31a Abs. 1 S. 1, S. 2, Abs. 2 BGB entschieden hat. So sprach sich die damalige Bundesregierung zunächst gegen die Haftungsprivilegien aus, weil das Vereinswesen durch das verlagerte Schadensrisiko vielmehr geschwächt als gefördert werde.[223] Insoweit ist bereits die Haftungsbegrenzung für Fälle leichter und einfacher Fahrlässigkeit abgelehnt worden. Zudem erläutert die Begründung zum Gesetzesentwurf ausdrücklich, dass Vorstandsmitglieder nur dann von ihrer finanziellen Verantwortung freigestellt werden sollen, wenn der Schaden auf leichte und einfache

221 So auch *Fehrenbach*, ZWH 2016, 88 (89).

222 Begründung zum Entwurf des Bundesrates über ein Gesetz zur Begrenzung der Haftung von ehrenamtlich tätigen Vereinsvorständen v. 13.08.2008, BT-Drs. 16/10120, S. 5.

223 Stellungnahme der Bundesregierung zum Entwurf des Bundesrates über ein Gesetz zur Begrenzung der Haftung von ehrenamtlich tätigen Vereinsvorständen v. 13.08.2008, BT-Drs. 16/10120, S. 10.

Fahrlässigkeit zurückzuführen ist. Eine Freistellung von der Ersatzverpflichtung für grobe Fahrlässigkeit sei unbillig und komme deswegen nicht in Betracht.[224] Die Erwägung zum Freistellungsanspruch ist konsequenterweise auf den generellen Haftungsausschluss im Vorfeld zu übertragen. Im Fall der Drittschädigung tragen die Mitglieder des Vereinsvorstands das nicht unerhebliche Risiko, die finanziellen Folgen ihres Handelns selbst zu tragen, wenn der Verein nicht über ausreichende Mittel zur Schadenskompensation verfügt. Dagegen schließt § 31a Abs. 1 BGB ein Vertretenmüssen der Vorstandsmitglieder und damit eine Haftung derselben bereits generell aus, sodass der Verein die Vorstandsmitglieder weder in Anspruch noch in Regress nehmen kann. Die generelle Freizeichnung von grob fahrlässigem Handeln im Vorfeld ist im vorstehenden Sinne deshalb erst recht unbillig, weil dem Verein selbst im Fall der Zahlungsunfähigkeit Ansprüche gegenüber seinen Vorstandsmitgliedern versagt bleiben. Darüber hinaus kann festgestellt werden, dass sich der Gesetzgeber über die Tragweite seiner Entscheidung, dem Regelungskatalog von § 40 S. 1 BGB allein § 31a Abs. 1 S. 2 BGB als Teilregelung von § 31a BGB hinzuzufügen, bewusst gewesen ist. Dies zeigt sich mit Blick auf die Begründung des Gesetzesentwurfs zur Einführung von § 31b BGB, die mit der Novellierung von § 31a BGB einherging.[225] Die Regelungen über die Begrenzung des Haftungsrisikos der Vereinsmitglieder sollten dem Regelungskatalog nämlich ausdrücklich nicht hinzugefügt werden, weil die Vorschrift nicht der Disposition des Vereins unterliegen sollte.[226] Auf dieser Grundlage hätte § 40 S. 1 BGB zumindest im Zuge der Novellierung um die übrigen Regelungen von § 31a BGB erweitert

224 Begründung zum Entwurf des Bundesrates über ein Gesetz zur Begrenzung der Haftung von ehrenamtlich tätigen Vereinsvorständen v. 13.08.2008, BT-Drs. 16/10120, S. 7.

225 Gesetz zur Stärkung des Ehrenamtes (Ehrenamtsstärkungsgesetz) v. 21.03.2013, BGBl. 2013, S. 556.

226 Begründung zum Entwurf der Bundestagsfraktionen CDU/CSU und FDP über ein Gesetz zur Entbürokratisierung des Gemeinnützigkeitsrechts (Gemeinnützigkeitsentbürokratisierungsgesetz – GemEntBG) v. 06.11.2012, BT-Drs. 17/11316, S. 17; Begründung zum Entwurf der Bundesregierung über ein Gesetz zur Entbürokratisierung des Gemeinnützigkeitsrechts (Gemeinnützigkeitsentbürokratisierungsgesetz – GemEntBG) v. 26.11.2012, BT-Drs. 17/11632, S. 7.

werden müssen, wenn der Gesetzgeber ein weitestgehend satzungsdispositives Haftungsniveau hätte etablieren wollen.

c. Die teleologische Auslegung von § 31a BGB

Der weitestgehend zwingende Charakter steht auch im Einklang mit dem Sinn und Zweck von § 31a BGB.

aa. Die Kernfunktionen des Haftungsrechts

Die Begrenzung des Haftungsrisikos dient nämlich nicht einseitig der größtmöglichen Haftungsbegrenzung zugunsten der Organmitglieder und besonderen Vertreter, da sich diese nur bis zu einem gewissen Grad stabilisierend und fördernd auf deren Engagement zugunsten der Allgemeinheit auswirkt. Schließlich hat insbesondere die persönliche Verantwortung der Vorstandsmitglieder eine schadenspräventive und eine schadenskompensierende Zielrichtung.[227] Das Risiko der persönlichen finanziellen Inanspruchnahme soll den Handelnden zu sorgfältigem Handeln anhalten. Im Sinne der Präventionsfunktion soll das potenzielle Haftungsrisiko im Vorfeld der Geschäftsführungsmaßnahme dazu führen, dass insbesondere die Geschäftsleiter die erforderliche Sorgfalt anwenden, um für etwaige Pflichtverletzungen nicht mit ihrem Privatvermögen einstehen zu müssen. Die Kompensationsfunktion knüpft in zeitlicher Hinsicht hingegen nach dem Eintritt eines Schadensfalls an und soll gewährleisten, dass der entstandene Vermögensschaden durch denjenigen ausgeglichen wird, der den Schadenseintritt verursacht hat.[228] Je weitreichender die persönliche Verantwortlichkeit der Handelnden begrenzt wird, desto weniger effektiv greifen aber die Präventions- und Kompensationsziele des Haf-

227 Vgl. dazu *Fleischer*, in: Spindler/Stilz AktG Bd. I, § 93 AktG Rn. 2; *Hölters*, in: Hölters AktG, § 93 AktG Rn. 8; *Hopt/Roth*, in: Großkommentar AktG Bd. IV/2, § 93 AktG Rn. 28; *Koch*, in: Hüffer/Koch AktG, § 93 AktG Rn. 1; *Wiedemann*, Organverantwortung und Gesellschafterklagen in der Aktiengesellschaft, S. 10; *Jaeger/Trölitzsch*, ZIP 1995, 1157 (1158); *Fehrenbach*, ZWH 2016, 85 (89).

228 Vgl. dazu *Koch*, in: Hüffer/Koch AktG, § 93 AktG Rn. 1; *Mertens/Cahn*, in: Kölner Kommentar AktG Bd. II/1, § 93 Rn. 6; *Hopt*, ZIP 2013, 1793 (1795).

tungsrechts.[229] Daraus resultiert insbesondere die Gefahr, dass das Vereinswesen in seinem Bestand gefährdet wird. Wird den Vereinen die Möglichkeit genommen, die Vorstandsmitglieder in Anspruch oder Regress zu nehmen, kann dies im Extremfall auch zur Zahlungsunfähigkeit von finanzstarken Vereinen führen. Die Haftungsbegrenzung soll hingegen dazu führen, die zukünftige Bestandsfähigkeit des Vereinswesens zu gewährleisten. Es ist aber insbesondere auch die finanzielle Leistungsfähigkeit des einzelnen Vereins, die ein gestärktes Vereinskollektiv erfordert. Hinzu tritt, dass auch die präventive Steuerungsfunktion des Haftungsrechts weitestgehend leerliefe, wenn die Vorstandsmitglieder die im Verkehr erforderliche Sorgfalt selbst leichtfertig außer Acht lassen könnten, ohne dies vertreten zu müssen. Bestünde keine dahingehende Einstandspflicht, so hätte der Handelnde zumindest einen nur untergeordneten finanziellen Anreiz zu einer sorgfältigen Amtsführung, da die Anwendung der erforderlichen Sorgfalt dann nämlich allein aus persönlich motivierten Bestrebungen resultieren würde. Ein zu unsorgfältigem und leichtfertigem Handeln neigender Amtsträger würde in Anbetracht einer derartigen Haftungsprivilegierung keine unmittelbare Notwendigkeit zu sorgfältigerem Handeln sehen, sofern er für etwaige Schäden nicht persönlich zur Verantwortung gezogen werden kann. Dies gilt umso mehr, wenn die Vorstandsmitglieder unentgeltlich oder gering vergütet tätig werden, die jeweiligen Ämter also nicht zur Bestreitung ihres Lebensunterhalts übernehmen und auch eine Entlassung wegen wiederholter Leichtfertigkeit zumindest keine unmittelbaren Auswirkungen auf die finanzielle Situation des Betroffenen hat.

bb. Der Gläubigerschutz

In dieser Hinsicht sprechen auch Gesichtspunkte des Gläubigerschutzes dagegen, dass die Haftungsmasse des Vereins selbst durch leichtfertiges Handeln des privilegierten Personenkreises geschmälert werden könne. Schließlich bedarf es zur Realisierung des gesellschaftlichen

229 Vgl. *Bürgers*, in: Bürgers/Körber AktG, § 93 AktG, Rn. 1; *Burgard*, ZIP 2010, 358 (362); *Wagner*, ZHR 178 (2014), 227 (251).

Werts des jeweiligen Vereinsengagements insbesondere auch einer überwiegenden Bereitschaft der (potenziellen) Vereinsgläubiger die Vereine als Schuldner zu akzeptieren. Vereine benötigen nämlich regelmäßig Grundstücke oder Räumlichkeiten, eine Infrastruktur und auch qualifizierte Mitarbeiter, um ihre Zwecke zu verwirklichen. Die Bereitschaft der potenziellen Gläubiger, mit Vereinen Vertragsverhältnisse einzugehen, sinkt allerdings, wenn Vereine infolge der gesetzlichen Änderung der Haftungsverfassung nicht mehr als verlässliche Vertragspartner gelten. Dies gilt insbesondere vor dem Hintergrund, dass der Gläubigerschutz im Vereinsrecht nur rudimentär ausgestaltet ist. Dieser begrenzt sich auf die in § 42 BGB normierte Konkursantragspflicht und die Regelungen der §§ 51 bis 55 BGB über die Liquidation des Vereins.[230] Dahinter steht die gesetzliche Wertung, dass der vereinsrechtliche Gläubigerschutz hauptsächlich durch eine nicht wirtschaftliche Betätigung des Vereins erzielt werde.[231] Insoweit nimmt das Gesetz eine beachtliche Beeinträchtigung der Gläubigerinteressen lediglich für den Fall einer wirtschaftlichen Zwecksetzung des Vereins an,[232] sodass den bürgerlich-rechtlichen Regelungen über den Verein ein dem Kapitalgesellschaftsrecht vergleichbares Gläubigerschutzniveau fremd ist.[233] Anregungen zur entsprechenden Anwendung der diesbezüglichen Regelungen des GmbH-, Aktien- und Genossenschaftsrechts hat die höchstrichterliche Rechtsprechung aber bereits für unzulässig erklärt und insoweit auf die bewusste gesetzgeberische Grundwertung und das mit der Einführung von § 31a BGB bezweckte Ziel der Haftungsbegrenzung verwiesen.[234] Wegen dieser gesetzli-

230 BGH Beschl. v. 16.05.2017 – II ZB 7/16 = BGH NJW 2017, 1943 (1945); BVerwG Urt. v. 06.11.1997 – BVerwG 1 C 18.95 = BVerwGE 105, 313 (315, 316).

231 Siehe BGH Beschl. v. 16.05.2017 – II ZB 7/16 = BGH NJW 2017, 1943 (1945); BVerwG Urt. v. 06.11.1997 – BVerwG 1 C 18.95 = BVerwGE 105, 313 (315, 316); OLG Karlsruhe Urt. v. 19.06.2009 – 14 U 137/07 = OLG Karlsruhe NZG 2009, 995 (996, 997); *Leuschner*, npoR 2016, 99 (99, 100).

232 BGH Beschl. v. 16.05.2017 – II ZB 7/16 = BGH NJW 2017, 1943 (1945); BVerwG Urt. v. 06.11.1997 – 1 C 18.95 = BVerwGE 105, 313 (315, 316).

233 RG Beschl. v. 30.10.1913 – IV B. 3/13 = RGZ 83, 231 (237); BVerwG Urt. v. 06.11.1997 – 1 C 18.95 = BVerwGE 105, 313 (315, 316).

234 BGH Hinweisbeschl. v. 08.02.2010 – II ZR 156/09 = BGH NZG 2010, 711 (712); BGH Beschl. v. 08.02.2010 – II ZR 54/09, NZG 2010 625 (625); ebenso OLG

chen Ausgangslage erhalten wirtschaftliche Vereine ihre Rechtsfähigkeit auch nur ausnahmsweise durch einen staatlichen Verleihungsakt, soweit die Handelsvereine als (vorrangig) körperschaftliche Organisationsform wegen atypischer Umstände des jeweiligen Einzelfalls ausscheiden.[235] In Anbetracht der jüngst bekräftigten Rechtsprechung des Bundesgerichtshofs zum Nebenzweckprivileg ist die nicht wirtschaftliche Betätigung eines Vereins aber bereits im Ausgangspunkt nicht absolut, sondern lediglich relativ zu verstehen.[236] Zulässig ist danach nämlich eine wirtschaftliche Betätigung des Vereins, soweit die unternehmerische Betätigung der ideellen Zweckverfolgung lediglich zu- und untergeordnet, also reine Notwendigkeit zur Zweckverwirklichung und nicht Hauptzweck des Vereins ist.[237] Insoweit gelten auch Faktoren wie Größe und Umfang des Geschäftsbetriebs als unerheblich, soweit die erwirtschafteten Mittel der Verfolgung oder Förderung des (ideellen) Vereinszwecks dienen.[238] Die Rechtsprechung ermöglicht so das Auftreten von Konstellationen, innerhalb derer eingetragene Vereine wirtschaftlich umfangreicher agieren als Kapitalgesellschaften, mithin die von der Rechtsordnung für wirtschaftliche Betätigungen vorgesehenen Organisationsformen.[239] In diesem Rahmen ist es einem Verein sogar möglich, Kapitalgesellschaften zu beherrschen.[240] Das Vereinsrecht lässt die Interessen der Vereinsgläubiger deshalb in einem nicht unerheblichen Umfang ungeschützt.[241] In Anbetracht

---

Karlsruhe Urt. v. 19.06.2009 – 14 U 137/07 = OLG Karlsruhe NZG 2009, 995 (996, 997); OLG Hamburg Urt. v. 05.02.2009 – 6 U 216/07 = NZG 2009, 1036 (1037).

235 RG Beschl. v. 30.10.1913 – IV B. 3/13 = RGZ 83, 231 (237); BVerwG Urt. v. 06.11.1997 – 1 C 18.95 = BVerwGE 105, 313 (315, 316).

236 BGH Beschl. v. 16.05.2017 – II ZB 7/16 = BGH NJW 2017, 1943–1946.

237 RG Beschl. v. 30.10.1913 – IV B. 3/13 = RGZ 83, 231 (237); RG Beschl. v. 29.06.1931 – II B 12/31 = RGZ 133, 170 (176, 177); RG Beschl. v. 26.04.1937 – IV B 9/37 = RGZ 154, 343 (354); BGH Urt. v. 30.11.1954 – I ZR 147/53 = BGHZ 15, 315 (319, 320); BGH Urt. v. 29.09.1982 – I ZR 88/80 = BGHZ 85, 84 (89); BGH Beschl. v. 16.05.2017 – II ZB 7/16 = BGH NJW 2017, 1943 (1944).

238 BGH Beschl. v. 16.05.2017 – II ZB 7/16 = BGH NJW 2017, 1943 (1945); so auch *Schauhoff/Kirchhain*, ZIP 2016, 1857 (1865).

239 So auch *Nitschke*, Die körperschaftlich strukturierte Personengesellschaft, S. 124.

240 BGH Urt. v. 29.09.1982 – I ZR 88/80 (ADAC) = BGHZ 85, 84 (90, 91).

241 In diesem Sinne auch *Schultze-von Lasaulx*, in: FS Schultze 1934, S. 31 Fn. 98. Ebenso überzeugt im konzernrechtlichen Kontext nicht, dass die fehlende Min-

dessen wäre es weder sach- noch interessengerecht, den Gläubigern zusätzlich die Schmälerung des Vereinsvermögens durch leichtfertige Pflichtverletzungen der Organmitglieder und besonderen Vertreter zuzumuten.

cc. Die Wertung von § 93 Abs. 5 S. 1, S. 2 AktG

Mit Blick auf das Verbandsrecht stützt auch § 93 Abs. 5 S. 2 AktG die vorstehende Wertung.[242] Die aus § 93 Abs. 2 S. 1 AktG bzw. § 93 Abs. 3 AktG folgende Schadensersatzverpflichtung der Vorstandsmitglieder ist grundsätzlich als Anspruch der Gesellschaft ausgestaltet.[243] Für den Fall des Verstoßes gegen unmittelbar gläubigerschützende Vorschriften i.S.v. § 93 Abs. 3 AktG ermöglicht § 93 Abs. 5 S. 1, S. 2 AktG den Gesellschaftsgläubigern allerdings die eigenmächtige Anspruchsverfolgung, wenn diese von der Gesellschaft keine Befriedigung erlangen können. Ansonsten schützt das Aktienrecht die Interessen der Gesellschaftsgläubiger im Anwendungsbereich von § 93 Abs. 2 S. 1 AktG nur reflexartig, wertet deren Interessenbeeinträchtigung gem. § 93 Abs. 5 S. 1, S. 2 AktG aber selbst in diesem Rahmen als unbillig, wenn die Vorstandsmitglieder ihre Pflichten gröblich verletzen. Im Fall der groben Fahrlässigkeit der Vorstandsmitglieder steht den Gesellschaftsgläubigern damit auch im Rahmen ihrer lediglich reflexiv geschützten Interessen das Recht zur eigenmächtigen Anspruchsverfolgung zu.[244]

---

destkapitalausstattung des Vereins kein Potenzial haben soll, sich negativ auf die Gläubigerinteressen auszuwirken, soweit jenen im Anwendungsbereich von § 317 AktG i.V.m. § 309 Abs. 4 AktG auch Ersatzansprüche gegen den Verein als herrschendes Unternehmen zustehen, weil in derartigen Konstellationen die Vorstandsmitglieder gegenüber den Gläubigern persönlich und gesamtschuldnerisch haften (so aber BGH Urt. v. 29.09.1982 – I ZR 88/80 = BGHZ 85, 84 (91).

242 So auch *Fehrenbach*, ZWH 2016, 88 (89).

243 Siehe dazu insgesamt *Kap. IV A. II. 1. b.*

244 So auch *Fehrenbach*, ZWH 2016, 88 (89).

E. Abschließende Betrachtung

Die Einführung und Novellierung von § 31a BGB hat mithin zu einer weitreichenden Begrenzung der Haftungsrisiken von unentgeltlich tätigen und gering vergüteten Organmitgliedern und besonderen Vertretern geführt. Der historische Gesetzgeber hat sich bewusst für eine weitestgehend zwingend ausgestaltete Vorschrift entschieden, um ein gewisses Schutzniveau zugunsten der Haftungsprivilegierten gesetzlich zu verankern. § 31a BGB räumt dem Interesse der Vorstandsmitglieder an einer weitreichenden Haftungsfreizeichnung grundsätzlich den Vorrang vor dem Interesse des Vereins und seinen Mitgliedern an einer umfassenden Schadenskompensation ein, um bürgerschaftliches Engagement zu fördern und aufrechtzuerhalten. Nach Ansicht des Gesetzgebers rechtfertigt insbesondere die gemeinnützige und mildtätige Zwecksetzung eines Vereins auch die Beeinträchtigung der Gläubigerinteressen an einer möglichst geringen Schmälerung des Vereinsvermögens durch Pflichtverletzungen, insbesondere von Vorstandsmitgliedern. In rechtspolitischer Hinsicht kann die Rechtfertigung von § 31a BGB durchaus hinterfragt werden. Sind es tatsächlich überwiegend die Haftungsrisiken, die gegen die Übernahme entsprechender Vereinsämter sprechen? Oftmals werden insbesondere auch Faktoren wie die Vereinbarkeit der Amtsübernahme mit Beruf, Familie und Sozialleben und die grundlegende Bereitschaft zu der Übernahme eines unentgeltlichen oder gering vergüteten Engagements nicht unerhebliche und zu berücksichtigende Aspekte sein. Nichtsdestotrotz mag die nunmehr gesetzlich verankerte Haftungsbegrenzung den entscheidenden Ausschlag geben und der Förderung der Übernahme entsprechender Vereinsämter zumindest nicht abträglich sein. In Anbetracht der nicht unerheblichen Interessenbeeinträchtigung wäre es allerdings wünschenswert gewesen, hätte sich der historische Gesetzgeber eingehender mit den widerstreitenden Interessen und den finanziellen Folgen seiner Gesetzgebung auseinandergesetzt und diese nicht mit pauschalisierten Billigkeits- und Gerechtigkeitserwägungen gerechtfertigt. In diesem Rahmen ist die Rechtfertigung der weitreichenden Haftungsprivilegierung insbesondere in sich nicht schlüssig, wenn diese damit begründet wird, dass die Bereitschaft zur Übernahme von ehrenamtlichen Vorstandstätigkeiten wegen weitreichender Haftungsrisiken zurückgehe.[245] Dazu stehen die prognostizierten Kosten der Gesetzesänderung in Widerspruch. Laut des Entwurfs des Gesetzes zur Begrenzung der Haftung von ehrenamtlich tätigen Vereinsvorständen müssten die Vereine eine nur als geringfügig ausgewiesene finanzielle Mehrbelastung tragen, weil zahlreiche Vereinssatzungen bereits dem § 31a BGB-E entsprechende Regelungen zur internen Haftungsbegrenzung vorsehen.[246] In diesem Fall erklärt es sich aber nicht, dass die Bereitschaft zur Übernahme entsprechender Ämter wegen der Sorge der Anwärter vor einer persönlichen finanziellen Verantwortung schwinden soll. Schließlich müssten dem doch gerade die haftungsrechtlichen Begünstigungen durch die Vereinsstatuten entgegenwirken. In diesem Rahmen ist auch die weitere Begründung *Hartenbachs* nicht schlüssig, der die gesetzliche Haftungsbegrenzung damit begründet, dass Vorstandsmitglieder und Vorstandsanwärter regelmäßig nicht um die Möglichkeit entsprechender Haftungsbegrenzungen wüssten.[247] Begrenzen die überwiegenden Vereinssatzungen die Haftungsrisiken der Vorstandsmitglieder bereits entsprechend der

245 Begründung zum Entwurf des Bundesrates über ein Gesetz zur Begrenzung der Haftung von ehrenamtlich tätigen Vereinsvorständen v. 13.08.2008, BT-Drs. 16/10120, S. 6; so auch bereits die Begründung zum Entwurf der Länder Saarland und Baden-Württemberg über ein Gesetz zur Begrenzung der Haftung von ehrenamtlich tätigen Vereinsvorständen v. 02.06.2008, BR-Drs. 399/08, S. 6; in diesem Sinne auch die Stellungnahme der Bundesregierung zum Entwurf des Bundesrates über ein Gesetz zur Begrenzung der Haftung von ehrenamtlich tätigen Vereinsvorständen v. 13.08.2008, BT-Drs. 16/10120, S. 10; Stenografischer Bericht der 205. Sitzung des Bundestages v. 12.02.2009, BT-PlPr. 16/205, S. 22191A (*Hartenbach*), S. 22194D (*Danckert*), S. 22245C (*Ströbele*); Stenografischer Bericht der 230. Sitzung des Bundestages v. 02.07.2009, BT-PlPr. 16/230, S. 25785D (*Hartenbach*), S. 25790B (*Mayer*); ebenso bereits Stenografischer Bericht der 845. Sitzung des Bundesrates v. 13.06.2008, BR-PlPr. 845, S. 172D-173A (*Müller*).

246 Entwurf des Bundesrates über ein Gesetz zur Begrenzung der Haftung von ehrenamtlich tätigen Vereinsvorständen v. 13.08.2008, BT-Drs. 16/10120, S. 2; Gesetzesantrag der Länder Saarland und Baden-Württemberg über den Entwurf eines Gesetzes zur Begrenzung der Haftung von ehrenamtlich tätigen Vereinsvorständen v. 02.06.2008, BR-Drs. 399/08, S. 3.

247 Stenografischer Bericht der 205. Sitzung des Bundestages v. 12.02.2009, BT-PlPr. 16/205, S. 22191A-22191B.

gesetzlichen Regelung, so ist eine etwaige Unkenntnis über die Möglichkeit entsprechender Satzungsregelungen nämlich unschädlich. Die haftungsrechtliche Begünstigung tritt insoweit auch ohne die Kenntnis der Handelnden von der jeweiligen Beschränkung ein. Darüber hinaus ist auch nicht nachvollziehbar, dass der Gesetzesentwurf davon ausgeht, dass die Anwärter über sämtliche Haftungsrisiken, aber nicht um die Möglichkeiten der Haftungsbegrenzung wüssten. Die diesbezüglich umfassende Kenntnis geht doch vielmehr mit der Kenntnis über die Möglichkeiten der Haftungsbegrenzung einher. Lebensnah ist davon auszugehen, dass die Haftungsrisiken und die Möglichkeit ihrer Begrenzung gleichermaßen im Vereinssektor kommuniziert werden. Die Bestrebungen des historischen Gesetzgebers zur Förderung und zum Schutz des bürgerschaftlichen Engagements sind gleichwohl anzuerkennen, da insbesondere die Anstrengungen der ehrenamtlich und unentgeltlich Engagierten im mildtätigen und gemeinnützigen Sektor einen wesentlichen Beitrag zu einer aktiven und solidarischen Zivilgesellschaft leisten.

Kapitel III – Einführende Erwägungen zum Analogieschluss

Unter Berücksichtigung des unmittelbaren Anwendungsbereichs von § 31a BGB ist einerseits in Betracht zu ziehen, § 31a BGB mit haftungsbegrenzender Zielsetzung entsprechend anzuwenden, um die Geschäftsleiter von Kapitalgesellschaften den Vorstandsmitgliedern von Vereinen gleichzustellen. Andererseits ist zu erwägen, die Dispositionsbefugnis über den Haftungsmaßstab der Geschäftsleiter analog § 31a BGB zu begrenzen, damit die Vorstandsmitglieder und Geschäftsführer der Gesellschaften ebenfalls zwingend für Vorsatz und grobe Fahrlässigkeit haften. Im Rahmen von *Kapitel III* werden zunächst die Zulässigkeitsvoraussetzungen eines Analogieschlusses dargestellt (***A.***) und sodann die Gesichtspunkte thematisiert, die gleichermaßen hinsichtlich der entsprechenden Anwendung von § 31a BGB im Aktien- und GmbH-Recht gelten (***B.***).

A. Die Zulässigkeitsvoraussetzungen des Analogieschlusses

Die Zulässigkeitsvoraussetzungen eines Analogieschlusses sind gesetzlich nicht normiert. Anders formuliert beispielsweise das österreichische ABGB in § 7: „Läßt sich ein Rechtsfall weder aus den Worten noch aus dem natürlichen Sinne eines Gesetzes entscheiden, so muß auf ähnliche, in den Gesetzen bestimmt entschiedene Fälle und auf die Gründe anderer damit verwandten Gesetze Rücksicht genommen werden. Bleibt der Rechtsfall noch zweifelhaft, so muß solcher mit Hinsicht auf die sorgfältig gesammelten und reiflich erwogenen Umstände nach den natürlichen Rechtsgrundsätzen entschieden werden." In diesem Sinne lautete auch § 1 im ersten Entwurf eines Bürgerlichen Gesetzbuches für das Deutsche Reich von 1888: „Auf Verhältnisse, für welche das Gesetz keine Vorschrift enthält, finden die für rechtsähnliche Verhältnisse gegebenen Vorschriften entsprechende Anwendung. In Ermangelung solcher Vorschriften sind die aus dem Geiste der Rechtsordnung sich ergebenden Grundsätze massgebend." Die Regelung wurde nur ersatzlos gestrichen, weil die Zulässigkeit eines Analogieschlusses allgemein als zulässig und ihre gesetzliche Normierung als überflüssig erachtet wurde.[248] Rechtsprechung und Schrifttum gehen deshalb gleichermaßen von der Zulässigkeit der analogen Normanwendung als Instrument der richterlichen Rechtsfortbildung aus.[249] Der Grat zwischen Rechtsfortbildung und Rechtsneuschöpfung ist aber schmal.[250] Die Analogie unterliegt engen Zulässigkeitsvoraussetzungen in Gestalt der planwidrigen Regelungslücke und der vergleichbaren Interessenlage.[251]

I. Die planwidrige Regelungslücke

Die Rechtsordnung ist nicht abschließend konzipiert.[252] Abstrakt-generelle Regelungen haben nicht die Qualität, alle denkbaren Sachver-

---

248 Protokolle zum Allgemeinen Theile, in: Mugdan Bd. I, S. 568.

249 Siehe BVerfG Beschl. v. 29.01.1969 – 1 BvR 26/66 = BVerfGE 25, 167 (183); BVerfG Beschl. v. 03.04.1990 – 1 BvR 1186/89 = BVerfGE 82, 6 (11); BGH Urt. v. 30.10.1951 – I ZR 117/50 = BGHZ 3, 308 (315); *Bovensiepen*, Analogie und per argumentum e contrario, in: Stier-Somlo, Handwörterbuch der Rechtswissenschaft Bd. I, S. 134; *Enneccerus/Nipperdey*, BGB AT Bd. I, S. 341; *Larenz*, Methodenlehre der Rechtswissenschaft, S. 371; *Pawlowski*, Methodenlehre für Juristen, Rn. 454; *Röhl/Röhl*, Allgemeine Rechtslehre, § 80 II; *Stein*, NJW 1964, 1745 (1748).

250 Die Rechtsprechung ist von Verfassungs wegen an Recht und Gesetz gebunden (siehe *Herberger/Simon*, Wissenschaftstheorie für Juristen, S. 172; *Larenz*, Methodenlehre der Rechtswissenschaft, S. 368; *Diederichsen*, AcP 198 (1998), 171 (190); *Würdinger*, AcP 206 (2006), 946 (951)) und die Legislative zur Gesetzgebung berufen (siehe BVerfG Beschl. v. 17.06.1953 – 1 BvR 668/52 = BVerfGE 2, 336 (340/341)).

251 Siehe dazu BGH Beschl. v. 29.04.1997 – X ZB 19/96 = BGHZ 135, 298 (300); BGH Urt. v. 16.07.2003 – VIII ZR 274/02 = BGHZ 155, 380 (389); *Herberger/Simon*, Wissenschaftstheorie für Juristen, S. 172; *Röhl/Röhl*, Allgemeine Rechtslehre, S. 635; *Würdinger*, AcP 206 (2006), 946 (949); *Danwerth*, ZfPW 2017, 230 (233).

252 *Würdinger*, AcP 206 (2006), 946 (950).

halte abzubilden.[253] Zwangsläufig können Rechtsfragen aufgeworfen sein, die durch die Rechtsordnung nicht ausdrücklich beantwortet werden.[254] Die Rechtsprechung ist insoweit aber nicht von einer gerechten Entscheidungsfindung entbunden,[255] sondern vielmehr gehalten, die streitgegenständliche Frage auch im Wege der entsprechenden Normanwendung gerecht zu entscheiden.[256]

1. Die Regelungslücke

Regelungslücken werden auch plakativ als „Löcher im Normgewebe" beschrieben.[257] Sie sind Unvollständigkeiten der Rechtsordnung[258] – mit den Worten *Larenz*' mithin die „[…] in den Gesetzen und im Gewohnheitsrecht sowie in ständiger Rechtsprechung bereits ausgeformten, zur unmittelbaren Anwendung geeigneten Rechtssätze […]."[259] Insoweit bemisst sich die Unvollständigkeit nach Maßgabe des Rechtsganzen.[260] Als Lücke wird allgemein eine „offene Stelle", eine „Stelle,

253 *Rüthers/Fischer/Birk*, Rechtstheorie, Rn. 822; *Sauer*, Juristische Methodenlehre, S. 282.

254 *Engisch*, Einführung in das juristische Denken, S. 240; *Sauer*, Juristische Methodenlehre, S. 281; *Zitelmann*, Lücken im Recht, S. 5; *Danwerth*, ZfPW 2017, 230 (234).

255 BGH Urt. v. 30.10.1951 – I ZR 117/50 = BGHZ 3, 308 (315); siehe *Germann*, Probleme und Methoden der Rechtsfindung, S. 116; *Larenz*, Methodenlehre der Rechtswissenschaft, S. 367; *Rüthers/Fischer/Birk*, Rechtstheorie, Rn. 823; *Zitelmann*, Lücken im Recht, S. 6; *Stein*, NJW 1964, 1745 (1748).

256 *Engisch*, Einführung in das juristische Denken, S. 240; die Analogie als wichtigstes Instrument zur Rechtsfortbildung im Zivilrecht begreifend *Raisch*, Juristische Methoden, S. 151; *Würdinger*, AcP 206 (2006), 946 (947).

257 So ausdrücklich *Röhl/Röhl*, Allgemeine Rechtslehre, S. 633.

258 Siehe *Larenz*, Methodenlehre der Rechtswissenschaft, S. 370; *Möllers*, Juristische Methodenlehre, § 6 Rn. 82; *Rüthers/Fischer/Birk*, Rechtstheorie, Rn. 822; den Begriff der Lücke kritisch betrachtend: *Pawlowski*, Methodenlehre für Juristen, Rn. 475; den Begriff der Lücke ablehnend *Röhl/Röhl*, Allgemeine Rechtslehre, S. 635; *Engisch*, Einführung in das juristische Denken, S. 235 bezeichnet die „Lücke" auch als „Mangel".

259 *Larenz*, Methodenlehre der Rechtswissenschaft, S. 307; zustimmend *Stein*, NJW 1964, 1745 (1752); vgl. auch *Engisch*, Einführung in das juristische Denken, S. 239; *Sauer*, Juristische Methodenlehre, S. 281.

260 *Engisch*, Einführung in das juristische Denken, S. 236; *Möllers*, Juristische Methodenlehre, § 6 III 1 a) S. 216; *Würdinger*, AcP 206 (2006), 946 (950/951)

an der in einem zusammenhängenden Ganzen etwas fehlt", oder auch eine „Stelle, durch die etwas unvollständig erscheint" bezeichnet. *Engisch* führt beispielhaft die Lücke im Zaun, *Canaris* die Lücke im Gedächtnis an.[261] Dabei ist zwischen „bewussten" und „unbewussten" Lücken zu unterscheiden, wenn die Zielsetzung des Gesetzgebers als Bezugspunkt gewählt wird.[262] Der Gesetzgeber kann sich bewusst dazu entschließen, eine Rechtsfrage nicht gesetzlich zu regeln, sondern die Entscheidungsfindung Rechtsprechung und Lehre zu überlassen.[263] Andererseits kann die Regelungsbedürftigkeit eines Sachverhalts auch einfach übersehen werden.[264] Primäre Lücken[265] sind Unvollständigkeiten, die der betreffenden Vorschrift seit ihrem Erlass anhaften. Sekundäre Lücken[266] zeigen sich erst nachträglich durch die Wandlung rechtlicher oder tatsächlicher Verhältnisse.[267] Normlücken beschreiben Unvollständigkeiten innerhalb einer Vorschrift,[268] Regelungslücken sind hingegen Unvollständigkeiten innerhalb eines zusammenhängenden Normensystems.[269]

---

261 *Canaris*, Die Feststellung von Lücken im Gesetz, S. 16; *Engisch*, Einführung in das juristische Denken, S. 236.

262 *Canaris*, Die Feststellung von Lücken im Gesetz, S. 137.

263 Vgl. *Engisch*, in: FS Sauer 1949, 85 (89); *Rüthers/Fischer/Birk*, Rechtstheorie, Rn. 835.

264 Siehe *Canaris*, Die Feststellung von Lücken im Gesetz, S. 135; *Sauer*, Juristische Methodenlehre, S. 284, 285.

265 *Canaris*, Die Feststellung von Lücken im Gesetz, S. 135; *Engisch*, Einführung in das juristische Denken, S. 246; *Röhl/Röhl*, Allgemeine Rechtslehre, S. 634; siehe *Sauer*, Juristische Methodenlehre, S. 284–286, der von „Irrtums- oder Fahrlässigkeitslücken", „Lücken der Rechtslogik", „juristisch-wissenschaftlichen Lücken" und „inneren Lücken" spricht.

266 *Canaris*, Die Feststellung von Lücken im Gesetz, S. 135; *Engisch*, Einführung in das juristische Denken, S. 246; *Röhl/Röhl*, Allgemeine Rechtslehre, S. 634; siehe die beispielhafte Aufzählung bei *Sauer*, Juristische Methodenlehre, S. 284 der insoweit von „Anschauungslücken" spricht.

267 *Engisch*, Einführung in das juristische Denken, S. 246; *Röhl/Röhl*, Allgemeine Rechtslehre, S. 634; vgl. *Canaris*, Die Feststellung von Lücken im Gesetz, S. 135, der diese als „anfängliche" bzw. „nachträgliche" Lücken bezeichnet.

268 *Canaris*, Die Feststellung von Lücken im Gesetz, S. 137; *Rüthers/Fischer/Birk*, Rechtstheorie, Rn. 843. 847.

269 *Röhl/Röhl*, Allgemeine Rechtslehre, S. 633.

2. Die Planwidrigkeit

Die Unvollständigkeit muss aber auch planwidrig sein.[270] Die Planwidrigkeit bemisst sich nach Maßgabe des dem Gesetz zugrunde liegenden Regelungsplans unter Beachtung der historischen und teleologischen Auslegung.[271] Als Gesetzgebungsmaterialien im historischen Sinne gelten alle herkömmlichen amtlichen Materialien, insbesondere also die Gesetzesentwürfe samt Begründungen, die Protokolle der Gesetzesberatungen und die Parlamentsberichte.[272] Die Rechtsfortbildung darf in diesem Rahmen nicht dem ausdrücklichen Regelungsplan des Gesetzes entgegenlaufen. Planwidrig bedeutet im allgemeinen Sprachgebrauch „nicht ordnungsgemäß vorgesehen" und beschreibt auch im rechtlichen Sinne die ungewollte Regelungsunvollständigkeit.[273] Diese liegt nicht vor, wenn der Gesetzgeber bewusst ein Regelungssystem etabliert hat, das alle Sachverhalte des betreffenden Rechtsbereichs abschließend regeln soll.[274] Selbiges gilt, wenn ein Sachverhalt bewusst ungeregelt bleibt[275] und spezifische Fälle bewusst nicht in den Anwendungsbereich einer gesetzlichen Regelung einbezogen werden.

270 BGH Urt. v. 13.04.2006 IX ZR 22/05 = BGHZ 167, 178 (185); BGH Hinweisbeschl. v. 08.02.2010 - II ZR 156/09 = BGH NZG 2010, 711 (712); OLG Hamburg Urt. v. 05.02.2009 - 6 U 216/07 = OLG Hamburg NZG 2009, 1036 (1037); OLG Karlsruhe Urt. vom 19.06.2009 - 14 U 137/07 = NZG 2009, 995 (996).

271 BGH Urt. v. 13.11.2001 X ZR 134/00 = BGHZ 149, 166 (174); BGH Urt. v. 14.12.2006 - IX ZR 92/05 = BGH NJW 2007, 992 (993). Ebenso OLG Hamburg Urt. v. 05.02.2009 - 6 U 216/07 = OLG Hamburg NZG 2009, 1036 (1037).

272 BGH Urt. v. 21.10.1954 - IV ZR 171/52 = BGHZ 15, 87 (89). Siehe auch *Larenz*, Methodenlehre der Rechtswissenschaft, S. 330; *Wank*, Die Auslegung von Gesetzen, S. 68; vgl. umfassend *Heck*, AcP 112 (1914), 1 (106).

273 Siehe *Engisch*, Einführung in das juristische Denken, S. 241; *Danwerth*, ZfPW 2017, 230 (235).

274 BVerfG Beschl. v. 19.10.1983 - 2 BvR 485, 486/80 = BVerfGE 65, 182 (194); BGH Urt. v. 12.12.1991 - IX ZR 178/91 = BGHZ 116, 319 (325).

275 Vgl. *Herberger/Simon*, Wissenschaftstheorie für Juristen, S. 172; *Würdinger*, AcP 206 (2006), 946 (951).

II. Die vergleichbare Interessenlage

Eine vergleichbare Interessenlage besteht, wenn davon auszugehen ist, dass der historische Gesetzgeber den nicht gesetzlich geregelten Sachverhalt entsprechend dem ausdrücklich geregelten Sachverhalt gewürdigt hätte, sich im Rahmen der Interessenabwägung also von den gleichen Grundsätzen hätte leiten lassen, die zum Erlass der normierten Regelung geführt haben.[276] Als Synonyme für die „Analogie" gelten „Entsprechung", „Ähnlichkeit", „Gleichheit von Verhältnissen", „Gleichartigkeit" und „Parallele". In diesem Sinne wird eine Regelung auf einen tatbestandlich nicht erfassten Sachverhalt angewendet, weil er dem geregelten Fall rechtsähnlich ist.[277] Die Analogie ist insoweit Ausfluss des Gleichheitssatzes.[278] Die betreffenden Sachverhalte müssen sich deshalb insbesondere in den maßgeblichen Aspekten erheblich ähneln,[279] nach der Wertung des Gesetzes also gleich zu bewerten sein.[280]

---

276 BGH Urt. v. 13.07.1988 - IVa ZR 55/87 = BGHZ 105, 140 (143); BGH Urt. v. 20.11.1992 - V ZR 82/91 = BGHZ 120, 239 (252); BGH Urt. v. 14.12.2006 - IX ZR 92/05 = BGHZ 170, 187 (191); OLG Hamburg Urt. v. 05.02.2009 - 6 U 216/07 = OLG Hamburg NZG 2009, 1036 (1037).

277 *Bovensiepen*, Analogie und per argumentum e contrario, in: Stier-Somlo, Handwörterbuch der Rechtswissenschaft Bd. I, S. 133; *Klug*, Juristische Logik, S. 109, 110. Zur Rechts- oder Gesamtanalogie siehe *Röhl/Röhl*, Allgemeine Rechtslehre, S. 634; *Schnapp*, Logik für Juristen, S. 154. Zur Gesetzes- bzw. Einzelanalogie siehe *Klug*, Juristische Logik, S. 110; *Möllers*, Juristische Methodenlehre, § 6 Rn. 87; *Röhl/Röhl*, Allgemeine Rechtslehre, S. 634; *Rüthers/Fischer/Birk*, Rechtstheorie, Rn. 892; *Sauer*, Juristische Methodenlehre, S. 308; *Würdinger*, AcP 206 (2006) 946 (953); *Danwerth*, ZfPW 2017, 230 (234).

278 Vgl. *Canaris*, Die Feststellung von Lücken im Gesetz, S. 25, 183; *Pawlowski*, Methodenlehre für Juristen, Rn. 453; *Rüthers/Fischer/Birk*, Rechtstheorie, Rn. 889; *Tiedtke*, Teleologische Reduktion und analoge Anwendung des § 181 BGB, S. 38; *Würdinger*, AcP 206 (2006), 946 (962).

279 BGH Urt. v. 15.11.1973 - VII ZR 56/73 = BGHZ 61, 394 (399); BGH Urt. v. 31.01.1990 - VIII ZR 280/88 = BGHZ 110, 183 (193); *Larenz*, Methodenlehre der Rechtswissenschaft, S. 381; *Kallwass/Abels*, Privatrecht, S. 12; *Diederichsen*, AcP 198 (1998), 171 (192).

280 BGH Urt. v. 13.04.2006 – IX ZR 22/05 = BGHZ 167, 178 (185, 186).

B. Allgemeine Erwägungen zum Analogieschluss

Für die Untersuchung der entsprechenden Anwendung von § 31a BGB gilt für das Aktien- und GmbH-Recht gleichermaßen, dass es sich bei § 31a BGB um eine grundsätzlich analogiefähige Vorschrift handelt (***I.***). Danach folgen Ausführungen zur Unvollständigkeit der Rechtsordnung (***II.***) und im Anschluss wird aufgezeigt, dass dem durch die Gesellschaft verfolgten Zweck je nach Zielrichtung der analogen Anwendung eine unterschiedliche Bedeutung zukommt (***III.***). Abschließend gilt es unter ***IV.*** auf die gesetzgeberischen Erwägungen zu § 34 Abs. 2 S. 3 GenG einzugehen.

I. Die Analogiefähigkeit von § 31a BGB

Vereinzelt wird die Ansicht vertreten, dass Ausnahmevorschriften einer entsprechenden Anwendung nicht zugänglich, mithin generell nicht analogiefähig seien.[281] Insoweit bleibt aber bereits unklar, unter welchen Voraussetzungen eine Ausnahmevorschrift vorliegt. So kann § 31a BGB, je nach Betrachtungsweise, sowohl als Ausnahme als auch als Regel verstanden werden. Im Kontext des gesamten Bürgerlichen Rechts stellt § 276 Abs. 1 BGB die Regel dar, von der § 31a BGB abweicht. Hingegen folgt aus § 27 Abs. 3 S. 2 BGB, dass § 31a BGB für den vereinsrechtlichen Kontext die haftungsrechtliche Regel aufstellt. Ungeachtet dessen ist es mit dem Sinn und Zweck des Analogieschlusses nicht vereinbar, eine Ausnahmevorschrift generell als analogiefeindlich zu bewerten.[282] Die hinter dem Analogieschluss stehenden, verfassungsrechtlich gewährleisteten Gleichheitserwägungen werden nur angemessen berücksichtigt, wenn die Zulässigkeit der ent-

281 Siehe beispielsweise RG Urt. v. 08.02.1907 – III 363/06 = RGZ 65, 175 (176) (Sondervorschrift); RG Urt. v. 20.03.1907 – V 634/06 = RGZ 65, 362 (364) (Ausnahmevorschrift); *Friedrichs*, in: Stier-Somlo, Handwörterbuch der Rechtswissenschaft Bd. I, S. 453–454.

282 Im Ergebnis BGH Beschl. v. 29.04.1997 – X ZB 19/96 = BGHZ 135, 298 (300); *Larenz*, Methodenlehre der Rechtswissenschaft, S. 340; *Würdinger*, AcP 206 (2006), 946 (960); *Danwerth*, ZfPW 2017, 230 (235–236).

sprechenden Anwendung einer Vorschrift unabhängig eines Regel- beziehungsweise Ausnahmecharakters der betreffenden Norm für jeden Einzelfall gesondert geprüft wird.[283]

II. Die Unvollständigkeit der Rechtsordnung

Im Ausgangspunkt wirkt die Rechtsordnung sowohl im Hinblick auf die Geschäftsführerhaftung als auch im Hinblick auf die Haftung der Vorstandsmitglieder unvollständig.

Die Vorstandsmitglieder haften der Aktiengesellschaft gegenüber für objektiv pflichtwidrige und verschuldete Pflichtverstöße, § 93 Abs. 2 S. 1 AktG. Für die GmbH-Geschäftsführer folgt Entsprechendes aus § 43 Abs. 2 GmbHG. In diesem Rahmen sind die Pflichten gleichermaßen breit gefächert und das Risiko, sich haftungsbegründend zu verhalten, ist hoch. Dies wird dadurch verstärkt, dass die Vorstandsmitglieder nach § 93 Abs. 1 S. 1 AktG stets die Sorgfalt eines ordentlichen und gewissenhaften Geschäftsleiters und die Geschäftsführer nach § 43 Abs. 1 GmbHG stets die Sorgfalt eines ordentlichen Geschäftsmannes anzuwenden haben. Insoweit unterliegen Vorstandsmitglieder und Geschäftsführer einem objektiv-typisierten Verschuldensmaßstab, der an die Aufgabe der Unternehmensleitung anknüpft.[284] Die Vorstandsmitglieder und Geschäftsführer haften aber grundsätzlich nur für eigenes Verschulden.[285] Das Verschulden von eingeschalteten Hilfspersonen

283 Im Ergebnis BGH Urt. v. 08.06.1978 - VII ZR 54/76 = BGHZ 72, 23 (28); BGH Urt. v. 12.12.1980 - V ZR 115/79 = BGHZ 79, 163 (168); BGH Beschl. v. 29.04.1997 - X ZB 19/96 = BGHZ 135, 298 (300); *Säcker*, in MüKo BGB Bd. I, Einl. Rn. 121; *Heck*, AcP 112 (1914), 1 (186, 187); *Larenz*, Methodenlehre der Rechtswissenschaft, S. 339; *Pawlowski*, Methodenlehre für Juristen, Rn. 489a; *Würdinger*, AcP 206 (2006), 946 (960).

284 AG: OLG Düsseldorf Urt. v. 28.11.1996 6 U 11/95 = BeckRS 1997, 00514 Rn. 92. GmbH: *Fleischer*, in: MüKo GmbHG Bd. II, § 43 GmbHG Rn. 10; *Oetker*, in: Henssler/Strohn Gesellschaftsrecht, § 43 GmbHG Rn. 14; *Wicke*, GmbHG, § 43 GmbHG Rn. 4; *Ziemons*, in: Michalski GmbHG Bd. II, § 43 GmbHG Rn. 5, 49; *Beurskens*, in: Baumbach/Hueck GmbHG, § 43 GmbHG Rn. 8, 9.

285 AG: BGH Urt. v. 20.09.2011 - II ZR 234/09 = BGH, NZG 2011, 1271 (1273); *Hölters*, in: Hölters AktG, § 93 AktG Rn. 251; *Hopt/Roth*, in: Großkommentar

wird diesen regelmäßig nicht zuzurechnen sein und damit in der Regel nicht haftungsbegründend wirken können.[286] Dies käme nur ausnahmsweise in Betracht, wenn die Hilfspersonen im eigenen Pflichtenkreis des betreffenden Geschäftsleiters und nicht im Pflichtenkreis der Gesellschaft tätig werden.[287] Deshalb kommt eine dahingehende Haftung regelmäßig nur wegen der ordnungswidrigen Auswahl, Einweisung, Information oder Überwachung von Mitarbeitern in Betracht.[288] Das Verschulden bemisst sich in diesem Rahmen grundsätzlich unabhängig von der persönlichen Eignung oder Erfahrung der Geschäftsleiter.[289] Im genossenschaftlichen Kontext hat diesbezüglich bereits das Reichsgericht entschieden, dass der Bildungsgrad, die Höhe der Vergütung und sogar eine ehrenamtliche Tätigkeit bei der Beurteilung des Verschuldens unberücksichtigt bleiben.[290] Es ist die Sorgfalt geschuldet, die ein ordentlicher Geschäftsmann bzw. ein pflichtbewusst und selbstständig tätiger Unternehmensleiter, der nicht mit den eigenen Mitteln wirtschaftet, sondern – einem Treuhänder vergleichbar – fremde Vermögensinteressen wahrnimmt, in der konkreten Situation

AktG Bd. IV/2, § 93 AktG Rn. 384; *Krieger/Sailer-Coceani*, in: Schmidt/Lutter AktG Bd. I, § 93 AktG Rn. 35. GmbH: *Altmeppen*, in: Roth/Altmeppen, § 43 GmbHG Rn. 21; *Ziemons/Pöschke*, in: BeckOK GmbHG, § 43 GmbHG Rn. 248; *Ziemons*, in: Michalski GmbHG Bd. II, § 43 GmbHG Rn. 369.

286 Siehe/Vgl. BGH Urt. v. 13.04.1994 – II ZR 16/93 = BGHZ 125, 366 (375) (AG); BGH Urt. v. 07.11.1994 – II ZR 270/93 = BGHZ 127, 336 (347) (GmbH); BGH Urt. v. 20.09.2011 – II ZR 234/09 = BGH, NZG 2011, 1271 (1273) (AG); *Hopt/Roth*, in: Großkommentar AktG Bd. IV/2, § 93 AktG Rn. 384.

287 Siehe/Vgl. zur AG: BGH Urt. v. 31.03.1954 – II ZR 57/53 = BGHZ 13, 61 (65); BGH Urt. v. 20.09.2011 – II ZR 234/09 = BGH, NZG 2011, 1271 (1273).

288 AG: BGH Urt. v. 07.11.1994 – II ZR 270/93 = BGHZ 127, 336 (347); *Hölters*, in: Hölters AktG, § 93 AktG Rn. 251. GmbH: BGH Urt. v. 20.03.1986 – II ZR 114/85 = BGH NJW-RR 1986, 1293 (1293) (Überwachung); BGH Urt. v. 15.10.1996 – VI ZR 319/95 = BGHZ 133, 370 (377) (zur Erfüllung öffentlich-rechtlicher Pflichten der Gesellschaft); BGH Urt. v. 24.11.2003 – II ZR 171/01 = BGHZ 157, 72 (77, 78); *Altmeppen*, in: Roth/Altmeppen GmbHG, § 43 GmbHG Rn. 21 – 24.

289 AG: *Hölters*, in: Hölters AktG, § 93 AktG Rn. 248; *Hopt/Roth*, in: Großkommentar AktG Bd. IV/2, § 93 AktG Rn. 392; *Krieger/Sailer-Coceani*, in: Schmidt/Lutter AktG Bd. I, § 93 AktG Rn. 34. GmbH: BGH Urt. v. 20.02.1995 – II ZR 143/93 = BGHZ 129, 30 (34); *Oetker*, in: Henssler/Strohn Gesellschaftsrecht, § 43 GmbHG Rn. 15; *Wicke*, GmbHG, § 43 GmbHG Rn. 4; *Beurskens*, in: Baumbach/Hueck GmbHG, § 43 GmbHG Rn. 9.

290 RG Urt. v. 28.02.1940 – II 115/39 = RGZ 163, 200 (208).

an den Tag legen würde.[291] Als verschuldet gelten deshalb bereits leicht fahrlässige Pflichtverletzungen.[292] Allein objektive Gesichtspunkte, also Art, Größe und wirtschaftliche Lage des Unternehmens, bedingen die jeweiligen Sorgfaltsanforderungen im Einzelfall.[293] Zusätzlich verschärft § 93 Abs. 2 S. 2 AktG die Darlegungs- und Beweislast zulasten der Vorstandsmitglieder. Die allgemeinen Regeln bestimmen, dass rechtsbegründende Tatsachen grundsätzlich vom Anspruchsteller und rechtshindernde, rechtshemmende und rechtsvernichtende Tatsachen grundsätzlich vom Anspruchsgegner dargelegt und bewiesen werden müssen.[294] Nach § 93 Abs. 2 S. 2 AktG müssen aber die Vorstandsmitglieder darlegen und gegebenenfalls beweisen, dass ihr Handeln der Sorgfalt eines ordentlichen und gewissenhaften Geschäftsleiters entsprochen hat.[295] Die Gesellschaft muss gegebenenfalls nur darlegen, dass ein pflichtwidriges Handeln des Vorstandsmitglieds und der Eintritt eines Schadens in geltend gemachter Höhe möglich ist.[296] Ent-

---

291 AG: *Böttcher*, NZG 2009, 1047 (1049). GmbH: OLG Celle Urt. v. 15.03.2000 – 9 U 209/99 = OLG Celle, NZG 2000, 1178 (1179); OLG Zweibrücken Urt. v. 22.12.1998 – 8 U 98/98 = OLG Zweibrücken NZG 1999, 506 (506, 507); *Altmeppen*, in: Roth/Altmeppen GmbHG, § 43 GmbHG Rn. 3.

292 *Frodermann/von Eiff*, in: Frodermann/Jannott Hdb. Aktienrecht, Kap. 7 Rn. 219; *Hölters*, in: Hölters AktG, § 93 AktG Rn. 251; *Hopt/Roth*, in: Großkommentar AktG Bd. IV/2, § 93 AktG Rn. 392; *Krieger/Sailer-Coceani*, in: Schmidt/Lutter AktG Bd. I, § 93 AktG Rn. 34; *Mertens/Cahn*, in: Kölner Kommentar AktG Bd. II/1, § 93 AktG Rn. 136; *Wiesner*, in: Münch. Hdb. GesR Bd. IV, § 26 Rn. 2; *Schöne/Petersen*, AG 2012, 700 (701, 702).

293 Siehe zur GmbH *Oetker*, in: Henssler/Strohn Gesellschaftsrecht, § 43 GmbHG Rn. 15.

294 BGH Urt. v. 13.11.1998 – V ZR 386/97 = BGH NJW 1999, 352 (353); *Foerste*, in: Musielak/Voit ZPO, § 286 ZPO Rn. 35; *Prütting*, in: MüKo ZPO Bd. I, § 286 ZPO Rn. 114.

295 BGH Urt. v. 04.11.2002 – II ZR 224/00 = BGHZ 152, 280 (284); BGH Urt. v. 08.07.2014 – II ZR 174/13 = BGH NZG 2014, 1058 (1061); OLG Stuttgart Urt. v. 25.11.2009 – 20 U 5/09 = OLG Stuttgart NZG 2010, 141 (142); *Fleischer*, in: Spindler/Stilz AktG Bd. I, § 93 AktG Rn. 220, 222; *Fest*, NZG 2011, 540 (541).

296 BGH Urt. v. 04.11.2002 – II ZR 224/00 = BGHZ 152, 280 (284); BGH Beschl. v. 18.02.2008 – II ZR 62/07 = BGH NZG 2008, 314 (315); BGH Urt. v. 16.03.2009 – II ZR 280/07 = BGH NZG 2009, 550 (553); BGH Urt. v. 22.02.2011 – II ZR 146/09 = BGH NZG 2011, 549 (550); *Dauner-Lieb*, in: Henssler/Strohn Gesellschaftsrecht, § 93 AktG Rn. 36; *Spindler*, in: MüKo AktG Bd. II, § 93 AktG Rn. 221; *Fest*, NZG 2011, 540 (541).

sprechendes gilt im Rahmen der Geschäftsführerhaftung, auf die § 93 Abs. 2 S. 2 AktG analog angewandt wird.[297]

In Anbetracht dessen erweist sich die Rechtsordnung seit der Einführung von § 31a BGB zumindest dahingehend als unvollständig, dass die Haftungsrisiken der Geschäftsleiter weder im Aktien- noch im GmbH-Recht an die Höhe ihrer jährlichen Vergütung anknüpfen. Dies folgt aus der systematischen Verbundenheit des Vereins-, GmbH- und Aktienrechts, da es lückenhaft wirkt, dass insbesondere unentgeltlich tätige und gering vergütete Vorstandsmitglieder eines gemeinnützigen oder mildtätigen Vereins grundsätzlich haftungsprivilegiert sind, die Geschäftsführer und Vorstandsmitglieder im Aktien- und GmbH-Recht hingegen stets für Fahrlässigkeit haften.[298]

III. Die Relevanz des Gesellschaftszwecks

Der von der Gesellschaft verfolgte Zweck hat je nach Zielrichtung der analogen Anwendung einen unterschiedlichen Stellenwert. Die Begrenzung der Geschäftsleiterhaftung setzt nach Maßgabe von § 31a BGB analog voraus, dass die betreffende Gesellschaft steuerprivilegierte Zwecke i.S.v. §§ 51ff. AO verfolgt (*1.*). Demgegenüber ist der Gesellschaftszweck im Hinblick auf die Dispositionsbefugnis der Gesellschaft über den aktien- und GmbH-rechtlichen Verschuldensmaßstab unerheblich (**2.**).

297 Siehe nur BGH Urt. v. 04.11.2002 – II ZR 224/00 = BGHZ 152, 280 (284); *Fleischer*, in: MüKo GmbHG Bd. II, § 43 GmbHG Rn. 270; *Ziemons/Pöschke*, in: BeckOK GmbHG, § 43 GmbHG Rn. 315; *Oetker*, in: Henssler/Strohn Gesellschaftsrecht, § 43 GmbHG Rn. 57; *Paefgen*, in: Großkommentar GmbHG Bd. II, § 43 GmbHG Rn. 205; *Ziemons*, in: Michalski GmbHG Bd. II, § 43 GmbHG Rn. 484.

298 Siehe zur systematischen Verbundenheit *Einleitung*.

1. Die Begrenzung der Vorstands- und Geschäftsführerhaftung analog § 31a BGB

In den unmittelbaren Anwendungsbereich von § 31a BGB sind nur solche Vorstandsmitglieder einbezogen, die insbesondere gemeinnützigen oder mildtätigen Vereinen vorstehen.[299] Auf dieser Grundlage kommt auch die Begrenzung der Vorstands- und Geschäftsführerhaftung analog § 31a BGB nur in Betracht, soweit die betreffende Kapitalgesellschaft steuerprivilegierte Zwecke i.S.v. §§ 51ff. AO verfolgt. Der unmittelbare Anwendungsbereich von § 31a BGB zieht insoweit die äußere Grenze eines zulässigen Analogieschlusses, da die entsprechende Anwendung einer Vorschrift allein gewährleisten soll, dass rechtsähnliche Sachverhalte vergleichbar gewürdigt werden.

Im Schrifttum wird hingegen überwiegend die Auffassung vertreten, dass es für die Beurteilung der Zulässigkeit der entsprechenden Anwendung unerheblich sei, ob die Kapitalgesellschaft gemeinnützige oder mildtätige Zwecke verfolgt.[300] Diese Ansicht beruht allerdings auf der unzutreffenden Annahme, dass § 31a BGB die unentgeltlich tätigen und gering vergüteten Vorstandsmitglieder aller Vereinsformen begünstige, es also bereits im unmittelbaren Anwendungsbereich der Vorschrift insbesondere nicht auf eine gemeinnützige oder mildtätige Zwecksetzung des Vereins ankomme.[301] Die Verfolgung steuerprivilegierter Zwecke i.S.v. §§ 51ff. AO ist aber vielmehr das entscheidende Kriterium, das die Haftungsprivilegierung nach dem Willen des historischen Gesetzgebers und dem Sinn und Zweck von § 31a BGB im Vereinswesen rechtfertigt.[302]

---

299 Siehe dazu *Kap. II C. I. 1. e.*

300 *Leuschner*, in: MüKo BGB Bd. I, § 31a BGB Rn. 2; *Reuter*, NZG 2009, 1368 (1370); *Noack*, GmbHR 2010, R81; *Schöpflin*, Rpfleger 2010, 349 (354); *Piper*, WM 2011, 2211 (2214); *Leuschner*, NZG 2014, 281 (287).

301 *Leuschner*, in: MüKo BGB Bd. I, § 31a BGB Rn. 2; *Reuter*, NZG 2009, 1368 (1370); *Noack*, GmbHR 2010, R81; *Schöpflin*, Rpfleger 2010, 349 (354); *Leuschner*, NZG 2014, 281 (287).

302 Siehe dazu *Kap. II C. I. 1. e.*

2. Die Begrenzung der Dispositionsbefugnis analog § 31a BGB

Ob die Dispositionsbefugnis der jeweiligen Gesellschaft über den aktien- und GmbH-rechtlichen Verschuldensmaßstab in entsprechender Anwendung von § 31a BGB eingeschränkt ist, bemisst sich hingegen unabhängig des von der Gesellschaft verfolgten Zwecks. In seinem unmittelbaren Anwendungsbereich schränkt § 31a BGB die Dispositionsbefugnis jeglicher Vereine ein. Es ist nunmehr unabhängig des Vereinszwecks und der Höhe der jährlichen Vergütung unzulässig, dass die Haftung der Vorstandsmitglieder über das Maß der groben Fahrlässigkeit hinaus begrenzt wird. Im Wege eines Erst-Recht-Schlusses gilt die eingeschränkte Dispositionsbefugnis für sämtliche Vereine, da bereits die weitergehende Haftungsbegrenzung zugunsten unentgeltlich und gering vergütet Engagierter in Vereinen mit steuerprivilegierter Zwecksetzung für unbillig befunden wurde.[303] Diese Wertung ist deshalb zwingend auf Sachverhalte zu übertragen, in denen die gesetzliche Haftungsprivilegierung nicht anwendbar ist. Insoweit muss die gesetzliche Wertung deshalb auch im Rahmen der entsprechenden Anwendung von § 31a BGB berücksichtigt werden.

IV. Die Wertung von § 34 Abs. 2 S. 3 GenG

Der entsprechenden Anwendung von § 31a BGB steht auch nicht der § 34 Abs. 2 S. 3 GenG zugrunde liegende Plan entgegen. Mit dem Gesetz zum Bürokratieabbau und zur Förderung der Transparenz bei Genossenschaften vom 17. Juli 2017 fügte der Gesetzgeber § 34 Abs. 2 S. 3 neu in das Genossenschaftsgesetz ein.[304] Nunmehr ist bei der Beurteilung der Sorgfalt eines Vorstandsmitglieds zu seinen Gunsten zu berücksichtigen, dass es im Wesentlichen unentgeltlich tätig ist. Insoweit wird der in § 34 Abs. 1 S. 1 GenG normierte Sorgfaltsmaßstab modifiziert, wonach im Rahmen der Geschäftsführung grundsätzlich

303 Siehe dazu *Kap. II D. III. 3. b.*

304 Gesetz zum Bürokratieabbau und zur Förderung der Transparenz bei Genossenschaften v. 17.07.2017, BGBl. 2017, S. 2435.

die Sorgfalt eines ordentlichen und gewissenhaften Geschäftsleiters anzuwenden ist. Der Gesetzgeber hat die Regelung ausdrücklich an den Regelungsgehalt von § 31a Abs. 1 S. 1 BGB angepasst, allerdings die vollständige Übertragung der Regelung für unangemessen gehalten.[305] Diese Entscheidung wurde damit begründet, dass es sich bei der Genossenschaft um einen Formkaufmann handele und es regelmäßig auch nebenberuflich tätige Vorstandsmitglieder mit einer nur geringfügig höheren Vergütung als 720 Euro im Jahr gebe.[306] In dieser Hinsicht sei es nach der Wertung des historischen Gesetzgebers „kaum vermittelbar", dass die Haftung des einen weitreichend begrenzt werde und die Haftung des anderen vollumfänglich bestehen bleibe, obwohl die jährlichen Vergütungen nur geringfügig voneinander abweichen.[307] Mit der Regelung hat der Gesetzgeber angestrebt, dass für den Einzelfall ein angemessenes Ergebnis gefunden werde.[308]

Daraus lässt sich aber nicht die planmäßige Wertung ableiten, dass § 31a BGB keine entsprechende Anwendung im Aktien- und GmbH-Recht finden soll. Bei den Kapitalgesellschaften handelt es sich zwar auch um Formkaufleute, §§ 3 Abs. 1 AktG, 13 Abs. 3 GmbHG i.V.m. § 6 Abs. 2 GmbHG. Die Begründung des Gesetzesentwurfs äußert sich aber nicht dahingehend, ob die entsprechende Anwendung von § 31a BGB für alle Formkaufleute ausscheiden soll. Die Erwägungen des Gesetzgebers richten sich nämlich an spezifisch genossenschaftsbezogenen Gesichtspunkten aus. Schließlich hielt es der Gesetzgeber im vereinsrechtlichen Kontext für angemessen, dass Vorstandsmitglieder mit einer Jahresvergütung von 720 Euro denen gegenüber privile-

305 Begründung zum Entwurf eines Gesetzes zur Erleichterung unternehmerischer Initiativen aus bürgerschaftlichem Engagement und zum Bürokratieabbau bei Genossenschaften v. 13.03.2017, BT-Drs. 18/11508, S. 28.

306 Begründung zum Entwurf eines Gesetzes zur Erleichterung unternehmerischer Initiativen aus bürgerschaftlichem Engagement und zum Bürokratieabbau bei Genossenschaften v. 13.03.2017, BT-Drs. 18/11508, S. 28.

307 Begründung zum Entwurf eines Gesetzes zur Erleichterung unternehmerischer Initiativen aus bürgerschaftlichem Engagement und zum Bürokratieabbau bei Genossenschaften v. 13.03.2017, BT-Drs. 18/11508, S. 28.

308 Begründung zum Entwurf eines Gesetzes zur Erleichterung unternehmerischer Initiativen aus bürgerschaftlichem Engagement und zum Bürokratieabbau bei Genossenschaften v. 13.03.2017, BT-Drs. 18/11508, S. 28.

giert haften, die eine nur geringfügig höhere Vergütung erhalten. Im Genossenschaftsrecht soll dies allerdings „kaum vermittelbar" sein, sodass § 34 Abs. 2 S. 3 BGB keine für das Kapitalgesellschaftsrecht allgemeingültige Aussage zu entnehmen ist.

Kapitel IV – Die entsprechende Anwendung von § 31a BGB

Inwieweit sich die Haftung von unentgeltlich tätigen und gering vergüteten Geschäftsleitern steuerprivilegierter Kapitalgesellschaften i.S.v. §§ 51ff. AO in entsprechender Anwendung von § 31a BGB bemisst, ist für das Aktien- und GmbH-Recht unter Berücksichtigung der spezifischen organisationsrechtlichen Besonderheiten gesondert zu untersuchen (***A.*** und ***B.***). Der jeweiligen Untersuchung ist eine Übersicht der im Schrifttum vertretenen Auffassungen vorangestellt (jeweils ***I.***).[309] Im Rahmen der Untersuchung im engeren Sinne wird sodann zwischen der Haftung gegenüber der Gesellschaft analog § 31a Abs. 1 S. 1, S. 3 BGB (jeweils ***II.***), der Haftung gegenüber den Aktionären bzw. Gesellschaftern analog § 31a Abs. 1 S. 2, S. 3 BGB (jeweils ***III.***) und der Haftung gegenüber Dritten analog § 31a Abs. 2 S. 1, S. 2 BGB (jeweils ***IV.***) unterschieden. Dabei ist stets die Frage aufgeworfen, ob die Rechtsordnung planwidrig unvollständig ist (jeweils ***1.***) und der historische Gesetzgeber die Haftungsrisiken der Geschäftsleiter in entsprechender Weise begrenzt hätte, die jeweilige Interessenlage also vergleichbar ist (jeweils ***2.***).

A. Die Haftung der Vorstandsmitglieder analog § 31a BGB

I. Die Übersicht der im Schrifttum vertretenen Auffassungen

Im Schrifttum finden sich zur Zulässigkeit der entsprechenden Anwendung von § 31a BGB überwiegend pauschale und zu kurz gegrif-

309 Die Rechtsprechung hat sich nach aktuellem Stand noch nicht mit der Frage etwaiger Haftungsbegrenzungen in analoger Anwendung von § 31a BGB befasst.

fene Ansichten, denen es an substanzieller Begründung fehlt. Die vertretenen Auffassungen reichen im aktienrechtlichen Kontext von der Annahme der generellen Unzulässigkeit (*1.* und *2.*) über die lediglich in Erwägung gezogene Möglichkeit (*3.*) bis hin zu der Zulässigkeit der entsprechenden Normanwendung (*4.*).

1. Herrschende Meinung: Die analoge Anwendung von § 31a BGB ist unzulässig

Die herrschende Meinung vertritt die Ansicht, dass die analoge Anwendung von § 31a BGB im Aktienrecht unzulässig sei.[310] Mit unterschiedlichen Ansichten wird teilweise die planwidrige Unvollständigkeit der Rechtsordnung oder die vergleichbare Interessenlage verneint. So ist § 93 AktG laut *Roth* als spezialgesetzliche Sonderregelung zu begreifen, welche die Haftung der Vorstandsmitglieder plangemäß abschließend regele und keinen Raum für die analoge Anwendung von § 31a BGB lasse.[311] Nach *Orth* bestehe bereits im Ausgangspunkt keine Notwendigkeit der analogen Anwendung.[312] Zudem habe der Gesetzgeber mit dem Gesetz zur Begrenzung der Haftung von ehrenamtlich tätigen Vereinsvorständen allein die vereinsrechtliche, nicht aber auch die aktienrechtliche Haftung der Vorstandsmitglieder in den Blick genommen.[313] *Leuschner* argumentiert hingegen mit dem System des körperschaftlichen Gläubigerschutzes: Ein Verein dürfe sich entgegen einer Aktiengesellschaft nicht wirtschaftlich betätigen, sodass das Risiko der Zahlungsunfähigkeit von Vereinen grundsätzlich erheblich geringer sei als das von Aktiengesellschaften. Im Vereinsrecht sei es deshalb zumutbar, das finanzielle Risiko von pflichtwidrigem Vorstandshandeln auf den Verein zu verlagern und den Gläubigern so das

310 *Schwennicke*, in: Staudinger BGB Buch 1, § 31a BGB Rn. 28; *Roth*, npoR 2010, 1 (2); *Leuschner*, NZG 2014, 281 (287); *Paefgen*, AG 2014, 554 (571).

311 *Roth*, npoR 2010, 1 (2), der sich allein auf die gemeinnützige Aktiengesellschaft bezieht.

312 *Orth*, SpuRt 2010, 2 (3).

313 *Orth*, SpuRt 2010, 2 (3), der davon spricht, dass das Änderungsgesetz allein Vereinsvorstände in den Blick genommen habe, wohl aber den Gesetzgeber gemeint hat.

Risiko der Zahlungsunfähigkeit aufzubürden.[314] *Vetter* meint hingegen, dass die Interessenlagen nicht vergleichbar seien, weil der Gesetzgeber die Haftungsmilderung im Vereinsrecht an Gemeinwohlaspekte geknüpft habe, eine entsprechende Normanwendung also wertungswidersprüchlich sei.[315]

2. Teilweise vertretene Ansicht: Die Haftungsbegrenzung de lege ferenda

Auch *Bachmann* hält den Analogieschluss in seinem umfassenden Gutachten zur Reform der Organhaftung für den 70. Deutschen Juristentag für unzulässig, erwägt aber zugleich die Haftung der Vorstandsmitglieder de lege ferenda vergleichbar zu regeln.[316] Nach seiner Ansicht sei die Schwächung der haftungsrechtlichen Verhaltenssteuerungsfunktion hinzunehmen, wenn dadurch die Bereitschaft zur Übernahme von Ehrenämtern gesteigert werden kann. Die gesetzlichen Haftungsbeschränkungen müssten aber dispositiv ausgestaltet und an die Gemeinnützigkeit der Gesellschaft i.S.v. §§ 51ff. AO gebunden werden, um den Schutz der Gesellschaftsgläubiger durch kapitalerhaltende Vorschriften weiterhin zu gewährleisten und die Etablierung haftungsbegünstigter Nenngeschäftsführer von Konzerntöchtern zu verhindern. In einem ähnlichen Sinn spricht sich auch *Paefgen* für eine gesetzliche Ermächtigung von gemeinnützigen Aktiengesellschaften aus, damit diese haftungsbegrenzende Regelungen in ihre Satzungen aufnehmen können.[317]

314 *Leuschner*, NZG 2014, 281 (287), der zudem (nicht verständlich) anführt, dass auch eine gemeinnützige Ausrichtung der AG den Aspekt des Gläubigerschutzes nicht kompensieren könne, da die Wertverteilung (Gemeinnützigkeit) und die Wertschöpfung (wirtschaftliche Betätigung) nicht zwingend in Zusammenhang stünden. Im Ergebnis auch *Paefgen*, AG 2014, 554 (570, 571).

315 *Vetter*, NZG 2014, 921 (922), der die Zulässigkeit der analogen Anwendung von § 31a BGB auf unentgeltlich tätige Vorstandsmitglieder unberücksichtigt lässt.

316 Siehe dazu *Bachmann*, Verhandlungen des 70. Deutschen Juristentages Hannover 2014 Bd. I, E30, E31.

317 *Paefgen*, AG 2014, 551 (571), für den das entscheidende Kriterium der Haftungsbegünstigung wohl in der Gemeinnützigkeit liegt.

3. Teilweise vertretene Ansicht: Die analoge Anwendung von § 31a BGB ist denkbar

Von anderen wird die Zulässigkeit der entsprechenden Anwendung von § 31a BGB zumindest in Betracht gezogen.[318] So stützt *Hirte* seine Ansicht darauf, dass es sich bei § 31a BGB als Regelung des Vereinsrechts um eine Vorschrift des „Allgemeinen Teils" des Verbandsrecht handele.[319] Seiner Ansicht nach habe § 93 AktG zumindest insoweit keinen spezialgesetzlichen Charakter, als dieser keine gesonderte Regelung über die Haftung unentgeltlich tätiger oder gering vergüteter Vorstandsmitglieder treffe.[320] *Fleischer* spricht sich für eine weitergehende Untersuchung aus, um beurteilen zu können, ob die Haftung ehrenamtlicher Vorstandsmitglieder bereits de lege lata gem. § 31a BGB begrenzt werde oder entsprechende Regelungen de lege ferenda zu erwägen seien.[321]

4. Teilweise vertretene Ansicht: Die analoge Anwendung von § 31a BGB ist zulässig

Nach *Piper* werde die Haftung der ehrenamtlich tätigen Vorstandsmitglieder bereits nach § 31a BGB (analog) begrenzt.[322] Die Regelungen von § 93 AktG stünden dem Analogieschluss nicht entgegen, weil diesen kein abschließender Charakter zukomme. Dies folge daraus, dass § 93 Abs. 5 AktG auch nicht näher ausgestalte, unter welchen Voraussetzungen die Verjährung der Ersatzansprüche gehemmt oder unterbrochen werde, sodass insoweit auf die allgemeinen Regelungen der §§ 204ff. BGB zurückzugreifen sei. Nach *Pipers* Ansicht sei dem Gesetzgeber im Rahmen des Gesetzgebungsprozesses zu § 31a BGB

318 *Fleischer*, in: Spindler/Stilz AktG, § 93 AktG Rn. 206a; *Hirte*, Kapitalgesellschaftsrecht, Rn. 3.83a.

319 *Hirte*, Kapitalgesellschaftsrecht, Rn. 3.83a.

320 *Hirte*, Kapitalgesellschaftsrecht, Rn. 3.83a.

321 *Fleischer*, in: Spindler/Stilz AktG, § 93 AktG Rn. 206a.

322 Siehe dazu insgesamt *Piper*, WM 2011, 2211 (2214). Ob sich *Piper* für eine entsprechende Anwendung von § 31a BGB oder eine unmittelbare Anwendung von § 31a BGB ausspricht, lässt sich anhand der insoweit widersprüchlichen Formulierungen der gesamten Textpassage nicht eindeutig ausmachen.

auch nicht bewusst geworden, dass zuweilen selbst die Vorstandsmitglieder von Aktiengesellschaften unentgeltlich tätig sind.

II. Stellungnahme: Die analoge Anwendung von § 31a Abs. 1 S. 1, S. 3 BGB

In Bezug auf die Begrenzung des Binnenhaftungsrisikos analog § 31a Abs. 1 S. 1, S. 3 BGB ist *Hirte* und *Fleischer* dahingehend zuzustimmen, dass der Analogieschluss grundsätzlich in Betracht zu ziehen und nicht bereits per se unzulässig ist.

1. Die planwidrige Unvollständigkeit der Rechtsordnung

Die Planwidrigkeit der unvollständigen Rechtsordnung beurteilt sich nach Maßgabe von § 31a BGB und § 93 AktG. Insoweit ist maßgeblich, ob die Haftungsbegrenzung zugunsten der Vorstandsmitglieder dem Plan von § 31a BGB entspricht und die aktienrechtliche Binnenhaftung von § 93 AktG abschließend geregelt wird.

a. Der Regelungsplan von § 31 BGB

Unter besonderer Berücksichtigung der teleologischen und historischen Aspekte lässt sich feststellen, dass insbesondere die Haftungsbegrenzung zugunsten der unentgeltlich tätigen und gering vergüteten Vorstandsmitglieder von gemeinnützigen und mildtätigen Aktiengesellschaften dem Regelungsplan von § 31a BGB entspricht.

aa. Teleologische Erwägungen

In Bezug auf den in *Kap. II B.* dargestellten Sinn und Zweck von § 31a BGB ist nämlich nicht die körperschaftliche Organisationsform, sondern der Mehrwert entscheidend, der durch das jeweilige Engagement im gemeinnützigen und mildtätigen Sektor für die Allgemeinheit erbracht wird. In diesem Sinne privilegiert auch § 51 Abs. 1 S. 1 AO i.V.m. § 1 Abs. 1 Nr. 1 KStG gleichermaßen das gemeinnützige und mildtätige Engagement von Vereinen und Aktiengesellschaften Dagegen spricht auch nicht die systematische Stellung von § 31a BGB im Vereinsrecht. Die Regelungen sind in die §§ 21ff. BGB eingefügt worden, weil in der Regel Vereine ideelle, insbesondere gemeinnützige und mildtätige Zwecke und Aktiengesellschaften in der Regel wirtschaftliche Interessen verfolgen. Verfolgt eine Aktiengesellschaft aber ausnahmsweise steuerprivilegierte Zwecke i.S.v. §§ 51ff. AO, so lässt sich das Engagement der Gesellschaft und der unentgeltlich tätigen und gering vergüteten Vorstandsmitglieder mit dem der entsprechenden Vereine und der dort Engagierten vergleichen. Die Stärkung des gemeinnützigen und mildtätigen Sektors wird durch die entsprechende Anwendung von § 31a BGB weiter gefördert, sodass ein auf das Vereinswesen beschränkter Anwendungsbereich nicht mit der von § 31a BGB intendierten Zielsetzung vereinbar ist.

bb. Die Erwägungen des historischen Gesetzgebers

Die vorstehende Schlussfolgerung wird durch die Erwägungen und Zielsetzungen des historischen Gesetzgebers bestätigt.[323]

Entgegen der Ansicht von *Orth* spricht es vielmehr für eine planwidrige Unvollständigkeit der Rechtsordnung, dass der Gesetzgeber im Rahmen der Einführung von § 31a BGB hauptsächlich die Haftung der Vorstandsmitglieder von Vereinen berücksichtigt hat. Zur umfassenden Stärkung des gemeinnützigen und mildtätigen Sektors hat der Gesetzgeber die haftungsbegrenzenden Regelungen für die Organisationsform implementiert, in der sich bürgerschaftliches Engagement hauptsächlich und in der Regel vollzieht. Insoweit ist aber unberücksichtigt geblieben, dass dieses Engagement zumindest auch im Gewand der gemeinnützig und mildtätig ausgerichteten Aktiengesellschaft erfolgt, die Rechtsordnung mithin unbewusst unvollständig ist. Die am Gesetzgebungsprozess beteiligten Personen und Organe haben in dieser Hinsicht nämlich kein dahingehendes Bewusstsein entwickelt, dass sich die unentgeltlich tätigen und gering vergüteten Vorstands-

323 Siehe grundlegend dazu *Kap. II A. I.-III., C. I. 1. e. bb.*

mitglieder solcher Gesellschaften einem ebenso großen Missverhältnis zwischen Vergütung und Haftungsrisiko ausgesetzt sehen, obwohl sie sich, den Vorstandsmitgliedern von Vereinen vergleichbar, für die Allgemeinheit engagieren. Dies zeigt sich insbesondere daran, dass sich der Gesetzesentwurf des Bundesrates zunächst nur auf die Haftungsbegrenzung zugunsten der Vorstandsmitglieder des Vereins beschränkte und eine Ausdehnung des Anwendungsbereichs nicht thematisiert wurde.[324] Erst die Stellungnahme der Bundesregierung regte an, auch die Haftungsrisiken von Pflegern, Betreuern, Vormündern und Stiftungsvorstandsmitgliedern zu begrenzen.[325] Nach Ansicht der Bundesregierung sei es nicht zu rechtfertigen, die Mitglieder der Vereinsvorstände gegenüber den benannten Gruppen haftungsrechtlich besser zu stellen, obwohl auch diese überwiegend unentgeltlich fremde Geschäfte führen und gegenüber dem Geschäftsherrn uneingeschränkt haften.[326] *Hartenbach* sprach sich sodann dafür aus, § 31a BGB zumindest analog auf die Mitglieder des Stiftungsvorstands anzuwenden, weil auch die gesellschaftliche Arbeit von Stiftungen beispielhaft sei.[327]

324 Gesetzesentwurf des Bundesrates über ein Gesetz zur Begrenzung der Haftung von ehrenamtlich tätigen Vereinsvorständen v. 13.08.2008, BT-Drs. 16/10120; Gesetzesantrag der Länder Saarland und Baden-Württemberg über ein Gesetz zur Begrenzung der Haftung von ehrenamtlich tätigen Vereinsvorständen v. 02.06.2008, BR-Drs. 399/08; Stenografischer Bericht der 845. Bundesratssitzung v. 13.06.2008, BR-PlPr. 845, S. 172B-173A; Stenografischer Bericht der 846. Bundesratssitzung v. 04.07.2008, BR-PlPr. 846, S. 209D-210A; Stenografischer Bericht der 861. Bundesratssitzung v. 18.09.2009, BR-PlPr. 861, S. 366B.

325 Stellungnahme der Bundesregierung zum Entwurf des Bundesrates über ein Gesetz zur Begrenzung der Haftung von ehrenamtlich tätigen Vereinsvorständen, BT-Drs. 16/10120, S. 10. Diese Anregung wurde durch *Danckert* (Stenografischer Bericht zur 205. Sitzung des Bundestages v. 12.02.2009, BT-PlPr. 16/205, S. 22194C-22195B und *Mayer* (Stenografischer Bericht des Bundestages v. 02.07.2009, BT-PlPr. 16/230, S. 25789D-25791A) überhaupt nicht aufgegriffen. *Müller* sprach sich bereits frühzeitig gegen die Ausdehnung des Anwendungsbereichs aus (Stenografischer Bericht zur 205. Sitzung des Bundestages v. 12.02.2009, BT-PlPr. 16/205, S. 22193B).

326 Stellungnahme der Bundesregierung zum Entwurf des Bundesrates über ein Gesetz zur Begrenzung der Haftung von ehrenamtlich tätigen Vereinsvorständen, BT-Drs. 16/10120, S. 10.

327 Stenografischer Bericht der 205. Sitzung des Bundestages v. 12.02.2009, BT-PlPr. 16/205, S. 22191A; Stenografischer Bericht der 230. Sitzung des Bundestages v. 02.07.2009, BT-PlPr. 16/230, S. 25785D.

Im Anschluss daran befürworteten auch *Dyckmans*,[328] *Danckert*[329] und der Rechtsausschuss des Bundestages[330] die entsprechende Erweiterung des Anwendungsbereichs, sodass mit dem Gesetz zur Begrenzung der Haftung von ehrenamtlich tätigen Vereinsvorständen auch § 86 S. 1 BGB entsprechend geändert wurde und § 31a BGB nunmehr entsprechende Anwendung im Stiftungsrecht findet.[331]

Aus der Entscheidung des Gesetzgebers lässt sich aber nur ableiten, dass Betreuer, Vormünder und Pfleger den Mitgliedern des Vereinsvorstands nicht gleichgestellt werden sollten. Damit hat der Gesetzgeber aber keine Entscheidung über die entsprechende Anwendung von § 31a BGB im Aktienrecht getroffen, weil sich die Tätigkeit als Betreuer, Vormund oder Pfleger nicht mit der Tätigkeit eines Vorstandsmitglieds vergleichen lässt. Der Vorstand einer gemeinnützig oder mildtätig ausgerichteten Körperschaft führt die Geschäfte der Gesellschaft nach Maßgabe der statuarischen Zielsetzung, wohingegen Betreuer, Pfleger und Vormund auf die Sorge des Einzelnen abzielen. Schließlich werden Betreuer gem. § 1896 Abs. 1 S. 1 BGB auf Antrag des Betroffenen oder von Amts wegen durch das Betreuungsgericht bestellt, wenn ein Volljähriger aufgrund einer psychischen Krankheit oder einer körperlichen, geistigen oder seelischen Behinderung seine Angelegenheiten ganz oder teilweise nicht besorgen kann. Daneben besorgt ein Pfleger nach § 1909 Abs. 1 S. 1 BGB die Angelegenheiten einer unter elterlicher Sorge oder Vormundschaft stehenden Person, wenn die Eltern oder der Vormund diesbezüglich verhindert sind, was insbesondere auch für die Vermögensverwaltung gilt. Der Vormund vertritt minderjährige Personen, die nicht unter elterlicher Sorge stehen oder die von ihren Eltern weder in persönlichen noch ver-

328 Stenografischer Bericht der 230. Sitzung des Bundestages v. 02.07.2009, BT-PlPr. 16/230, S. 25789C; Stenografischer Bericht der 205. Sitzung des Bundestages v. 12.02.2009, BT-PlPr. 16/205, S. 22192A-22192B.

329 Stenografischer Bericht der 230. Sitzung des Bundestages v. 02.07.2009, BT-PlPr. 16/230, S. 25792D.

330 Beschlussempfehlung und Bericht des Rechtsausschusses (BT) zu dem Gesetzesentwurf des Bundesrates – Drucksache 16/10120 –, BT-Drs. 16/13537, S. 3–4.

331 Gesetz zur Begrenzung der Haftung von ehrenamtlich tätigen Vereinsvorständen v. 28.09.2009, BGBl. 2009, S. 3161.

mögensrechtlichen Angelegenheiten vertreten werden dürfen, § 1773 Abs. 1 BGB.

b. Der Regelungsplan von § 93 AktG

In Bezug auf den Regelungsplan von § 93 AktG ist *Roth* zunächst zuzustimmen, dass die aktienrechtliche Haftung der Vorstandsmitglieder generell zwingend ausgestaltet ist, insbesondere auch der in § 93 Abs. 1 S. 1 AktG normierte Verschuldensmaßstab und die begrenzte Möglichkeit der Haftungsbegrenzung.[332] Nach § 23 Abs. 5 S. 1 AktG darf die Satzung von den Vorschriften des Aktiengesetzes nur abweichen, wenn das Gesetz die Gesellschaft zum Erlass von abweichenden Regelungen ermächtigt. Der nunmehr in § 23 Abs. 5 AktG normierte Grundsatz der Satzungsstrenge geht auf § 23 Abs. 4 AktG (1965) zurück, durch den der historische Gesetzgeber das Aktiengesetz bewusst als weitestgehend zwingenden Regelungsrahmen ausgestalten wollte.[333] Eine solche Ermächtigung sieht § 93 AktG aber nicht vor. Zudem entspricht die zwingende Ausgestaltung des Verschuldensmaßstabs auch dem ausdrücklichen Willen des historischen Gesetzgebers. Insoweit geht § 93 AktG im weitesten Sinne auf Art. 241 des Allgemeinen Deutschen Handelsgesetzbuches aus dem Jahr 1861 zurück und erhielt seine wesentliche Prägung durch Art. 241 HGB in der Fassung des Gesetzes betreffend die Kommanditgesellschaften auf Aktien

---

332 *Dauner-Lieb*, in: Henssler/Strohn Gesellschaftsrecht, § 93 AktG Rn. 3; *Grigoleit/Tomasic*, in: Grigoleit AktG, § 93 AktG Rn. 77; *Hölters*, in: Hölters AktG, § 93 AktG Rn. 12; *Hopt/Roth*, in: Großkommentar AktG Bd. IV/2, § 93 AktG Rn. 393; *Krieger/Sailer-Coceani*, in: Schmidt/Lutter AktG Bd. I, § 93 AktG Rn. 3; *Mertens/Cahn*, in: Kölner Kommentar AktG Bd. II/1, § 93 AktG Rn. 8; *Spindler*, in: MüKo AktG Bd. II, § 93 AktG Rn. 3; *Ziemons*, in: Ziemons/Binnewies Hdb. AG Bd. I, Rn. 8.1004; *Schöne/Petersen*, AG 2012, 700 (704–705); *Grunewald*, AG 2013, 813 (815); *Habersack*, ZHR 177 (2013), 782 (794); *Hopt*, ZIP 2013, 1793 (1800); *Spindler*, AG 2013, 889 (894); *Fleischer*, ZIP 2014, 1305 (1305); *Vetter*, NZG 2014, 921 (922, 923); vgl. auch BGH Urt. v. 05.06.1975 – II ZR 156/73 = BGHZ 64, 325 (326, 327) zum Schweigegebot aus § 93 Abs. 1 S. 2 AktG; a.A. *Hoffmann*, NJW 2012, 1393 (1395).

333 Begründung zum Regierungsentwurf eines Aktiengesetzes (1965) abgedruckt bei *Kropff*, Aktiengesetz, S. 43, 44.

und die Aktiengesellschaften vom 18. Juli 1884.[334] Der Gesetzgeber erkannte den haftungsrechtlichen Reformbedarf und entschied sich dazu, die Haftung der Vorstandsmitglieder für die pflichtwidrige Führung der Gesellschaftsgeschäfte gesetzlich zu regeln.[335] Deshalb bestimmte Art. 241 Abs. 2 HGB (1884) bereits gegen Ende des 19. Jahrhunderts, dass die Vorstandsmitglieder die Geschäfte der Gesellschaft mit der Sorgfalt eines ordentlichen Geschäftsmannes führen.[336] Insoweit führt der Bericht der IX. Kommission über den Entwurf eines Gesetzes betreffend die Kommanditgesellschaft auf Aktien und die Aktiengesellschaft ausdrücklich aus, „[...] daß den Mitgliedern des Vorstands jedenfalls keine geringere Haftung auferlegt werden könne als den Mitgliedern des Aufsichtsraths, die für omnis culpa hafteten, und dass die Verpflichtung der Vorstandsmitglieder zu der Sorgfalt eines ordentlichen Geschäftsmannes gerechtfertigt sei, da, wer solche Sorgfalt nicht aufwenden wolle oder auch nur die Verantwortung scheue, von dem Posten eines Vorstandsmitgliedes am besten fern bleibe“.[337] Nach der Wertung des historischen Gesetzgebers ist es also zwingend notwendig, dass selbst leicht fahrlässige Pflichtverletzungen haftungsbegründend wirken.[338] In diesem Sinne seien die „[...] bezüglichen

334 So auch *Fleischer*, ZIP 2014, 1305 (1305). Gesetzestext von Art. 241 des Gesetzes betreffend die Kommanditgesellschaften auf Aktien und die Aktiengesellschaften v. 18.7.1884, abgedruckt bei *Schubert/Hommelhoff*, Hundert Jahre modernes Aktienrecht, ZGR Sonderheft 4, S. 599, 600.

335 Begründung zum Entwurf eines Gesetzes betreffend die Kommanditgesellschaften auf Aktien und die Aktiengesellschaften vom 07.03.1884, abgedruckt bei *Schubert/Hommelhoff*, Hundert Jahre modernes Aktienrecht, ZGR Sonderheft 4, S. 508.

336 Gesetzestext von Art. 241 des Gesetzes betreffend die Kommanditgesellschaften auf Aktien und die Aktiengesellschaften v. 18.7.1884, abgedruckt bei *Schubert/Hommelhoff*, Hundert Jahre modernes Aktienrecht, ZGR Sonderheft 4, S. 599, 600.

337 Bericht der IX. Kommission über den Entwurf eines Gesetzes betreffend die Kommanditgesellschaften auf Aktien und die Aktiengesellschaften – Nr. 21 der Drucksachen –, in: Stenographische Berichte über die Verhandlungen des Reichstages, 5. Legislaturperiode, IV. Session 1884, 4. Band, Anlage 128, S. 1022.

338 Begründung zum Entwurf eines Gesetzes betreffend die Kommanditgesellschaften auf Aktien und die Aktiengesellschaften vom 07.03.1884, abgedruckt bei *Schubert/Hommelhoff*, Hundert Jahre modernes Aktienrecht, ZGR Sonderheft 4, S. 508.

Vorschriften, welche auch das Interesse der Gläubiger berücksichtigten [...], derart öffentlichen Rechts, daß sie nicht gemindert werden könnten [...]".[339] Im Gesetzgebungsprozess wurde ausdrücklich darauf hingewiesen, dass § 93 AktG deshalb keine Dispositionsermächtigung zugunsten der Gesellschaft enthalte.[340] Der aktienrechtliche Verschuldensmaßstab und die diesbezüglichen Erwägungen des historischen Gesetzgebers wurden im Rahmen der weiteren aktienrechtlichen Entwicklung übernommen und gelten deshalb fort.[341]

Diese weitreichende persönliche Verantwortung soll das haftungsrechtliche Äquivalent zur organisationsrechtlichen Stellung des Vorstands als Geschäftsführungsorgan der Aktiengesellschaft bilden.[342] Diese zeichnet sich durch eine umfassende Leitungskompetenz aus, auf welche die Aktionäre keinen unmittelbaren Einfluss nehmen können.[343] Die Vorstandsmitglieder sollen durch das persönliche Haftungsrisiko zu sorgfältigem und gesellschaftsloyalem Verhalten angehalten und etwaige Vermögensschäden der Gesellschaft im Schadensfall kompensiert werden.[344] In dieser Hinsicht werden auch die Aktio-

339 Bericht der IX. Kommission über den Entwurf eines Gesetzes betreffend die Kommanditgesellschaften auf Aktien und die Aktiengesellschaften - Nr. 21 der Drucksachen -, in: Stenographische Berichte über die Verhandlungen des Reichstages, 5. Legislaturperiode, IV. Session 1884, 4. Band, Anlage 128, S. 1020.

340 Bericht der IX. Kommission über den Entwurf eines Gesetzes betreffend die Kommanditgesellschaften auf Aktien und die Aktiengesellschaften - Nr. 21 der Drucksachen -, in: Stenographische Berichte über die Verhandlungen des Reichstages, 5. Legislaturperiode, IV. Session 1884, 4. Band, Anlage 128, S. 1020.

341 § 84 Abs. 1 des Gesetzes über die Aktiengesellschaften und Kommanditgesellschaften auf Aktien (Aktiengesetz) v. 30.01.1937, RGBl. 1937, S. 122. § 93 Abs. 1 des Aktiengesetzes v. 06.09.1965, BGBl. 1965, S. 1109. Letztbezüglich ist dem Regierungsentwurf zu entnehmen, dass die Reformvorschläge in einigen Bereichen vom geltenden Recht abweichen sollten, sich diese Abweichungen aber nicht auf den in § 93 Abs. 1 S. 1 AktG normierten Sorgfaltsmaßstab bezogen (abgedruckt bei *Kropff*, Aktiengesetz, S. 122).

342 Siehe die amtliche Begründung zu § 84 AktG (1937) bei *Klausing*, Aktien-Gesetz, B S. 71.

343 *Ulmer*, in: FS Canaris 2007 Bd. II, 451 (451); siehe zur umfassenden Leitungsbefugnis *Fleischer*, in: Spindler/Stilz AktG Bd. I, § 76 AktG Rn. 56–60; *Kort*, in: Großkommentar AktG Bd. IV/1, § 76 AktG Rn. 1, 2; *Spindler*, in: MüKo AktG Bd. II, § 76 AktG Rn. 1.

344 *Dauner-Lieb*, in: Henssler/Strohn Gesellschaftsrecht, § 93 AktG Rn. 1; *Fleischer*, in: Spindler/Stilz AktG Bd. I, § 93 AktG Rn. 2; *Grigoleit/Tomasic*, in: Grigoleit

näre der Gesellschaft geschützt, denen das Vermögen wirtschaftlich zusteht.[345] Mittelbar werden auch Dritte geschützt, gegenüber denen die Gesellschaft finanzielle Verbindlichkeiten erfüllen muss, insbesondere also Gesellschaftsgläubiger und Arbeitnehmer.[346]

Der Sorgfaltsmaßstab wird auch nicht durch die in engen Grenzen zulässige und auf die gesetzlich geregelten Fälle begrenzte Möglichkeit der Haftungsbegrenzung modifiziert. So ist im Anwendungsbereich von § 93 Abs. 4 S. 1 AktG nur deshalb kein Raum für ein sorgfaltswidriges Handeln der Vorstandsmitglieder, weil der Vorstand nach § 83 Abs. 2 AktG gesetzlich dazu verpflichtet ist die gesetzmäßigen Beschlüsse der Hauptversammlung auszuführen.[347] Die enthaftende Wirkung von gesetzmäßigen Hauptversammlungsbeschlüssen trägt damit allein dem Umstand Rechnung, dass die Entschließungsfreiheit der Vorstandsmitglieder auf null reduziert wird und diese ansonsten für die Folgen einer verpflichtenden fremden Entscheidung haften würden.[348] Daneben sind die Vorstandsmitglieder auch im Fall des Verzichts auf oder des Vergleichs über etwaige Schadensersatzansprüche der Gesellschaft nach Maßgabe von § 93 Abs. 4 S. 3, S. 4 AktG weiterhin dazu angehalten, die Geschäfte der Gesellschaft mit der erforderlichen Sorgfalt zu führen. Dies folgt daraus, dass ein Verzicht oder ein Vergleich zeitlich erst nach Schadenseintritt möglich ist, die Vorstandsmitglieder also im Vorfeld ihrer Handlungen keine Gewiss-

---

AktG, § 93 AktG Rn. 1; *Hopt/Roth*, in: Großkommentar AktG Bd. IV/2, § 93 AktG Rn. 28; *Mertens/Cahn*, in: Kölner Kommentar AktG Bd. II/1, § 93 AktG Rn. 6.

345 *Hölters*, in: Hölters AktG, § 93 AktG Rn. 8; *Spindler*, in: MüKo AktG Bd. II, § 93 AktG Rn. 1.

346 *Fleischer*, in: Spindler/Stilz AktG Bd. I, § 93 AktG Rn. 2; *Hölters*, in: Hölters AktG, § 93 AktG Rn. 8; *Spindler*, in: MüKo AktG Bd. II, § 93 AktG Rn. 1.

347 Siehe dazu *Fleischer*, in: Spindler/Stilz AktG Bd. I, § 93 AktG Rn. 265; *Hölters*, in: Hölters AktG, § 93 AktG Rn. 294; *Hopt/Roth*, in: Großkommentar Aktienrecht Bd. IV/2, § 93 AktG Rn. 470; *Krieger/Sailer-Coceani*, in: Schmidt/Lutter AktG, § 93 AktG Rn. 59.

348 Zu der enthaftenden Wirkung eines gesetzmäßigen Hauptversammlungsbeschlusses siehe OLG München Urt. v. 27.08.2008 – 7 U 5678/07 = OLG München NJOZ 2010, 1099 (1101); *Dauner-Lieb*, in: Henssler/Strohn Gesellschaftsrecht, § 93 AktG Rn. 41; *Koch*, in: Hüffer/Koch AktG, § 93 AktG Rn. 73; *Dietz-Vellmer*, NZG 2014, 721 (722).

heit oder Sicherheit über eine nachträgliche Haftungsreduzierung haben. Zudem begrenzt auch eine D&O-Versicherung nur das finanzielle Haftungsrisiko in Bezug auf sorgfaltspflichtwidriges Handeln, schränkt also den Sorgfaltsmaßstab nicht unmittelbar ein.

§ 93 AktG ist trotzdem keine abschließende Regelung, soweit die Haftung unentgeltlich tätiger oder gering vergüteter Vorstandsmitglieder von Aktiengesellschaften mit steuerprivilegierter Zwecksetzung den Gegenstand der Diskussion bildet. Entgegen der Ansicht von *Hirte* kann § 93 AktG der abschließende Regelungscharakter aber nicht bereits deshalb abgesprochen werden, weil die Vorschrift keine ausdrückliche Regelung über die Haftung unentgeltlich tätiger oder gering vergüteter Vorstandsmitglieder trifft.[349] Andernfalls folgt der maßgebliche Plan des Gesetzes nicht aus sich selbst, sondern aus dem Rechtsempfinden des Einzelnen, der einen bestimmten Sachverhalt für regelungsbedürftig hält.[350] Das Schweigen eines Gesetzes zu einem bestimmten Sachverhalt kann nämlich auch darauf zurückzuführen sein, dass der Gesetzgeber diesbezüglich keine gesetzliche Regelung treffen wollte.[351] Ebenso geht es fehl, § 93 AktG den abschließenden Charakter mit *Piper* unter Verweis auf § 93 Abs. 5 AktG abzusprechen. Fehlt eine aktienrechtliche Regelung über Beginn, Hemmung oder Unterbrechung der Verjährung und wird insoweit auf die allgemeinen Regelungen des Bürgerliches Rechts zurückgegriffen, so vermag dieser Umstand nicht zu begründen, dass § 93 AktG nicht aber die Haftung der Vorstandsmitglieder und insbesondere die Möglichkeit der Haftungsbegrenzung abschließend regele. Es ist vielmehr in der Struktur komplexer Regelungen selbst angelegt, dass auch nur ein Teil einer Vorschrift abschließend ausgestaltet sein kann.

---

349 Vgl. in diesem Sinne OLG Karlsruhe Urt. v. 19.06.2009 - 14 U 137/07 = NZG 2009, 995 (996); *Germann*, Probleme und Methoden der Rechtsfindung, S. 116; *Larenz*, Methodenlehre der Rechtswissenschaft, S. 370, 371; *Schnapp*, Logik für Juristen, S. 153; *Danwerth*, ZfPW 2017, 230 (235).

350 *Herberger/Simon*, Wissenschaftstheorie für Juristen, S. 172; *Würdinger*, AcP 206 (2006), 946 (951).

351 BGH Urt. v. 13.04.2006 IX ZR 22/05 = BGHZ 167, 178 (185).

aa. Stellungnahme: § 93 Abs. 1 S. 1 AktG hat keinen abschließenden Charakter

Gegen den abschließenden Charakter von § 93 AktG lässt sich insbesondere anführen, dass die grundsätzlich vollumfängliche Haftung der Vorstandsmitglieder bereits durch das Aktiengesetz selbst, nämlich durch die in § 93 Abs. 1 S. 2 AktG normierte Business Judgment Rule eingeschränkt wird (*(1)*). Zudem sieht § 93 Abs. 2 S. 3 AktG die Möglichkeit der Aktiengesellschaft vor, die Mitglieder des Vorstands gegen Haftungsrisiken aus deren beruflicher Tätigkeit für die Gesellschaft zu versichern (*(2)*). Der entsprechenden Anwendung von § 31a Abs. 1 S. 1 AktG stehen in diesem Rahmen auch nicht der in § 23 Abs. 5 AktG verankerte Grundsatz der Satzungsstrenge (*(3)*) oder der Wille des historischen Gesetzgebers zum grundsätzlich zwingend ausgestalteten Haftungsmaßstab nach § 93 Abs. 1 S. 1 AktG entgegen (*(4)*).

(1) Die Business-Judgment-Rule

Nach § 93 Abs. 1 S. 2 AktG liegt eine Pflichtverletzung nicht vor, wenn das Vorstandsmitglied bei einer unternehmerischen Entscheidung vernünftigerweise annehmen durfte, auf der Grundlage angemessener Information zum Wohle der Gesellschaft zu handeln.[352] Unternehmerische Entscheidungen sind im Gegensatz zu den aus Treuepflichten, Informationspflichten oder sonstigen Gesetzes- und Satzungsregelungen folgenden gebundenen Entscheidungen durch eine prognostische und nicht justiziable Einschätzung geprägt und insoweit vom Anwendungsbereich des § 93 Abs. 1 S. 1 AktG ausgenommen.[353] Die gesetzliche Kodifizierung folgte der Rechtsprechung des Bundesgerichtshofes, der im ARAG/Garmenbeck-Urteil bereits ausdrücklich ausgeführt hat, „[...] daß dem Vorstand bei der Leitung der Geschäfte des Gesellschaftsunternehmens ein weiter Handlungsspielraum zugebilligt

352 Begründung zum Entwurf eines Gesetzes zur Unternehmensintegrität und Modernisierung des Anfechtungsrechts (UMAG) v. 14.03.2005, BT-Drs. 15/5092, S. 11.

353 Begründung zum Entwurf eines Gesetzes zur Unternehmensintegrität und Modernisierung des Anfechtungsrechts (UMAG) v. 14.03.2005, BT-Drs. 15/5092, S. 11.

werden muß, ohne den eine unternehmerische Tätigkeit schlechterdings nicht denkbar [...]" sei.[354] Nach Ansicht der Rechtsprechung komme eine Schadensersatzpflicht erst in Betracht, „[...] wenn die Grenzen, in denen sich ein vom Verantwortungsbewusstsein getragenes, ausschließlich am Unternehmenswohl orientiertes, auf sorgfältige Ermittlung der Entscheidungsgrundlagen beruhendes unternehmerisches Handeln bewegen muß, deutlich überschritten sind, die Bereitschaft, unternehmerische Risiken einzugehen, in unverantwortlicher Weise überspannt worden ist oder das Verhalten des Vorstands aus anderen Gründen als pflichtwidrig gelten muß".[355] Insoweit treten also die durch den aktienrechtlichen Sorgfaltsmaßstab verfolgten Ziele hinter die Gewährleistung eines unternehmerischen Handlungsspielraums zurück. Daraus folgt, dass bereits das Gesetz Abweichungen von § 93 Abs. 1 S. 1 AktG zulässt, soweit diese durch einen übergeordneten Zweck gerechtfertigt sind. Einen derartigen Zweck stellt aber nicht nur die Gewährleistung des unternehmerischen Handlungsspielraums dar, sondern nach dem nunmehr ausdrücklichen Willen des Gesetzgebers auch die Förderung des bürgerschaftlichen Engagements zum Wohle der Allgemeinheit und zur Aufrechterhaltung der Solidargemeinschaft. Da die diesbezüglichen Bestrebungen dem Wohl der Allgemeinheit dienen sollen, ist dem Schutz von gemeinnützig und mildtätig ausgerichteten Organisationen und den dort unentgeltlich und gering vergütet Engagierten auch rechtsformübergreifend im Rahmen von § 93 AktG Rechnung zu tragen.

(2) Die Möglichkeit des Abschlusses einer D&O-Versicherung

Sogenannte D&O-Versicherungen i.S.v. § 93 Abs. 2 S. 3 AktG dienen grundsätzlich einer weitreichenden, aber keiner vollumfassenden Begrenzung des Haftungsrisikos.[356] Dies folgt einerseits daraus, dass der-

354 BGH Urt. v. 21.04.1997 – II ZR 175/95 = BGHZ 135, 244 (253).

355 BGH Urt. v. 21.04.1997 – II ZR 175/95 = BGHZ 135, 244 (253, 254).

356 Zum Umfang der Begrenzung des finanziellen Risikos durch eine D&O-Versicherung *Koch*, in: Hüffer/Koch AktG, § 93 AktG Rn. 1; *Bayer/Scholz*, NZG 2014, 926 (927).

artige Versicherungen zwar regelmäßig Haftungssummen von 500.000 bis 25.000.000 Euro abdecken, je nach Größe und wirtschaftlichem Betätigungsfeld der Gesellschaft aber durchaus Fälle denkbar sind, in denen die Schadensersatzforderung die Deckungssumme der Versicherung übersteigt.[357] Zudem sieht § 93 Abs. 2 S. 3 AktG einen obligatorischen Selbstbehalt der Vorstandsmitglieder i.H.v. mindestens 10 Prozent der einzelnen Schadenssumme und in Höhe des mindestens Eineinhalbfachen der festen Jahresvergütung hinsichtlich des jährlichen Gesamtschadens vor.[358] Die Regelung geht auf das Gesetz zur Angemessenheit der Vorstandsvergütung (VorstAG) vom 31. Juli 2009 zurück,[359] das als gesetzgeberische Reaktion auf die Finanzmarktkrise allgemein das Ziel verfolgte, verhaltenssteuernde Impulse zu setzen. Der Selbstbehalt soll Vorstandsmitglieder davon abhalten, unverantwortliche Risiken einzugehen, und sie vielmehr dazu anhalten, die Gesellschaft nachhaltig und langfristig orientiert zu führen.[360] Insoweit ist die Begrenzung der Binnenhaftung analog § 31a Abs. 1 S. 1 BGB aber durchaus mit der gesetzlichen Wertung vereinbar, weil mit einer allgemeinen Haftungsbefreiung von einfacher und leichter Fahrlässigkeit nicht die Gefahr einhergeht, dass Vorstandsmitglieder nunmehr unverantwortliche Risiken i.S.d. VorstAG eingehen. Ein solches Risiko bestünde vielmehr nur im Falle einer generellen Freizeichnung von grober Fahrlässigkeit, da von einem unverantwortlichen Risiko zumindest nicht bereits dann ausgegangen werden kann, wenn die im Verkehr erforderliche Sorgfalt ohne erschwerende Umstände in nur leichtem oder einfachem Maß außer Acht gelassen wird. Zudem nimmt das Gesetz durch die Möglichkeit des Abschlusses einer D&O-Versiche-

---

357 *Koch*, in: *Hüffer/Koch* AktG, § 93 AktG Rn. 1; *Koch*, AG 2014, 513 (520, 521).

358 Unter Berufung auf den Willen des historischen Gesetzgebers *Fleischer*, in: Spindler/Stilz AktG Bd. I, § 93 AktG Rn. 247; *Hölters*, in: Hölters AktG, § 93 AktG Rn. 409.

359 Gesetz zur Angemessenheit der Vorstandsvergütung (VorstAG) v. 31.07.2009, BGBl. 2009, S. 2509.

360 Entwurf der Fraktionen CDU/CSU und FDP über ein Gesetz zur Angemessenheit der Vorstandsvergütung (VorstAG) v. 17.03.2009, BT-Drs. 16/12278, S. 1; Beschlussempfehlung und Bericht des Rechtsausschusses zu dem Gesetzesentwurf der Fraktionen CDU/CSU und SPD – Drucksache 16/12278 – v. 17.06.2009, BT-Drs. 16/13433, S. 11.

rung die Beeinträchtigung der haftungsrechtlichen Präventionsfunktion und in Verbindung mit dem in § 93 Abs. 1 S. 2 AktG zugebilligten Haftungsfreiraum im Rahmen unternehmerischer Entscheidungen auch eine Beeinträchtigung der haftungsrechtlichen Kompensationsfunktion hin. Damit ist die Beeinträchtigung der haftungsrechtlichen Kernfunktionen bereits unmittelbar in § 93 AktG selbst angelegt, sodass die mit der entsprechenden Anwendung von § 31a Abs. 1 S. 1, S. 3 BGB einhergehende Beeinträchtigung der Kompensations- und Präventionsfunktion dem Analogieschluss nicht entgegensteht.

(3) Der Grundsatz der Satzungsstrenge

Zudem wird durch die entsprechende Anwendung von § 31a Abs. 1 S. 1 BGB auch nicht der in § 23 Abs. 5 AktG verankerte Grundsatz der Satzungsstrenge durchbrochen. § 23 Abs. 5 S. 1 AktG verfolgt den Sinn und Zweck, die Verkehrsfähigkeit der Aktie zu gewährleisten, indem eine standardisierte Struktur der Aktiengesellschaften das Risiko der Anleger begrenzen soll, dass Gesellschaftssatzungen ungewöhnliche Bestimmungen enthalten.[361] Der Analogieschluss tangiert die mit § 23 Abs. 5 S. 1 AktG verfolgten Ziele aber nicht, da Aktionäre im Fall der analogen Gesetzesanwendung nicht dazu gezwungen sind, vor ihrer Investition die Satzung der Gesellschaft prüfen zu müssen. Schließlich haften die Vorstandsmitglieder nach Maßgabe von § 31a Abs. 1 S. 1 BGB analog standardisiert von Gesetzes wegen, sodass die Gefahr einer zukünftig heterogenen Satzungskultur nicht besteht. Insoweit verfolgt § 23 Abs. 5 AktG insbesondere nicht das Ziel, Aktionäre vor Änderungen der gesetzlichen Rahmenbedingungen zu schützen.

(4) Die Erwägungen des historischen Gesetzgebers

Der Analogieschluss läuft auch nicht den maßgeblichen Erwägungen des Gesetzgebers zur zwingenden Ausgestaltung von § 93 Abs. 1

361 In diesem Sinne *Limmer*, in: Spindler/Stilz AktG Bd. I, § 23 AktG Rn. 28; *Pentz*, in MüKo AktG Bd. I, § 23 AktG Rn. 158; *Solveen*, in: Hölters AktG, § 23 AktG Rn. 29; *Vedder*, in: Grigoleit AktG Bd. I, § 23 AktG Rn. 36.

S. 1 AktG zuwider.[362] Die in diesem Rahmen berücksichtigten Interessen der Gesellschaftsgläubiger nehmen einen nur untergeordneten Stellenwert ein, wenn die Gesellschaft hauptsächlich steuerbegünstigte, insbesondere gemeinnützige und mildtätige Zwecke verfolgt. Dies folgt aus dem Grundsatz der Einheitlichkeit der Rechtsordnung, weil auch das Vereinsrecht den Gläubigerschutz als nachrangig einstuft, wenn ein Verein keine wirtschaftlichen, sondern ideelle Zwecke verfolgt.[363] Verfolgt eine Aktiengesellschaft steuerbegünstigte Zwecke, so handelt auch diese Gesellschaft selbstlos i.S.v. §§ 52 Abs. 1 S. 1, 53 AO. Nach § 55 Abs. 1 AO geschieht eine Förderung oder Unterstützung selbstlos, wenn insbesondere keine eigenwirtschaftlichen, gewerblichen Hauptzwecke verfolgt werden. Dann geht eine wirtschaftliche Motivation der Gesellschaft aber auch nicht von den Aktionären aus, da insbesondere gemeinnützige oder mildtätige Aktiengesellschaften keine Gewinne ausschütten dürfen und die Aktionäre im Fall ihres Ausscheidens oder im Fall der Gesellschaftsauflösung nach § 55 Abs. 1 Nr. 1, Nr. 2 AO allein ihre eingezahlten Kapitalanteile erhalten.[364] Entgegen den Erwägungen des historischen Gesetzgebers stellt sich im Rahmen der unentgeltlichen oder gering vergüteten Tätigkeit regelmäßig auch nicht die Frage, ob die Betreffenden die grundsätzlich erforderliche Sorgfalt nicht aufwenden wollen oder die Verantwortung scheuen, die mit der Bekleidung eines Vorstandsamtes einhergeht. Im Anwendungsbereich von § 31a Abs. 1 S. 1 BGB analog stellt sich vielmehr die Frage des pflichtgemäßen Könnens, da die Betreffenden in der Regel nicht über die Kenntnisse und Qualifikationen verfügen, die nach der Rechtsordnung idealerweise an einen hauptberuflichen Geschäftsleiter gestellt werden. Insoweit ist auch zu berücksichtigen, dass dieses Kenntnis- und Qualifikationsdefizit regelmäßig auch nicht durch externe Beratungsmöglichkeiten kompensiert wird, weil die finanziellen Mittel für eine qualifizierte, dauerhafte oder bedarfsgerechte Rechtsberatung ins-

362 Siehe dazu *Kap. IV A. II. 1. b.*

363 Siehe dazu *Kap. II D. III. 3. c. bb.*

364 Siehe dazu *Gersch*, in: Klein AO, § 55 AO Rn. 4, 20; *Schauhoff*, in: Hdb. der Gemeinnützigkeit, § 9 Rn. 1.

besondere den Organisationen fehlen, deren Leitungsorgane mit unentgeltlich tätigen oder gering vergüteten Mitgliedern besetzt sind.

bb. Stellungnahme: § 93 Abs. 2 S. 2 AktG hat keinen abschließenden Charakter

Der entsprechenden Anwendung der Beweislastregelung aus § 31a Abs. 1 S. 3 BGB steht auch nicht entgegen, dass § 93 Abs. 2 S. 2 AktG die Beweislast grundsätzlich gegenläufig normiert. Obliegt es nach § 31a Abs. 1 S. 3 BGB dem geschädigten Verein, das vorsätzliche oder grob fahrlässige Verhalten seines Vorstandsmitglieds darzulegen und gegebenenfalls zu beweisen, trägt nach § 93 Abs. 2 S. 2 AktG das Vorstandsmitglied die Darlegungs- und Beweislast über die angewandte Sorgfalt eines ordentlichen und gewissenhaften Geschäftsleiters. Diese Regelung soll dem Umstand Rechnung tragen, dass die sachnäheren Vorstandsmitglieder in Kenntnis der Entscheidungsgrundlage den Beweis in der Regel leichter führen können als die Gesellschaft.[365] Der Regelung kommt insoweit aber kein abschließender Charakter zu, weil sie nicht auf spezifischen aktienrechtlichen Erwägungen beruht, sondern lediglich die in § 280 Abs. 1 S. 2 BGB normierte Beweislastumkehr spezialgesetzlich normiert. Damit folgt die Regelung aber allein der allgemeinen Wertung, dass es grundsätzlich Sache des Vertragspartners ist, darzulegen und gegebenenfalls zu beweisen, dass er seine Pflichten ordnungsgemäß erfüllt hat.[366]

cc. Stellungnahme: Der abschließende Charakter von § 93 Abs. 3 Nr. 1–9 AktG

Demgegenüber regelt das Aktienrecht die anzuwendende Sorgfalt der Vorstandsmitglieder abschließend, wenn diese im Anwendungsbereich von § 93 Abs. 3 Nr. 1–9 AktG gegen Kapitalerhaltungspflichten verstoßen. Derartige Pflichtverletzungen wiegen nach der Wertung des Gesetzes besonders schwer, weil die im Regelungskatalog normierten Handlungsgebote dem Erhalt der gesellschaftlichen Kapitalbasis die-

365 *Mertens/Cahn*, in: Kölner Kommentar AktG Bd. II/1, § 93 AktG Rn. 138.
366 *Mertens/Cahn*, in: Kölner Kommentar AktG Bd. II/1, § 93 AktG Rn. 138.

nen.[367] Der abschließende Regelungscharakter der Vorschrift folgt insbesondere aus der unmittelbar gläubigerschützenden Wirkung, die im Rahmen der allgemeinen Binnenhaftung grundsätzlich nur reflexiv ausgestaltet ist.

Der Schadensersatzanspruch aus § 93 Abs. 2 S. 1 AktG ist als Anspruch der Gesellschaft ausgestaltet, der in erster Linie durch den Aufsichtsrat und nicht die Gesellschaftsgläubiger geltend gemacht wird.[368] Durch die Haftungskonzentration soll gewährleistet werden, dass Aktionäre, Gläubiger und sonstige Dritte gleichermaßen von den Schadensersatzleistungen an die Gesellschaft profitieren.[369] Deshalb ermöglicht § 93 Abs. 5 S. 1, S. 2 AktG den Gläubigern auch nur ausnahmsweise, den Schadensersatzanspruch der Gesellschaft geltend zu machen, wenn von dieser keine Befriedigung zu erlangen ist und eine gröbliche Pflichtverletzung vorliegt.

Im Anwendungsbereich von § 93 Abs. 3 AktG haben die Gläubiger hingegen stets das Recht, die Schadensersatzansprüche der Gesellschaft selbst zu verfolgen, und zwar unabhängig von dem Grad des Verschuldens, § 93 Abs. 5 S. 1, S. 2 AktG.[370] Die Gesellschaftsgläubiger machen den Schadensersatzanspruch dann ausnahmsweise als eigenen, summenmäßig auf die Höhe ihrer Forderung begrenzten Anspruch geltend und sind berechtigt, Leistung an sich selbst zu fordern.[371]

---

367 *Koch*, in: Hüffer/Koch AktG, § 93 AktG Rn. 68.

368 Nach der höchstrichterlichen Rechtsprechung ist der Aufsichtsrat nicht nur zur Rechtsverfolgung berechtigt, sondern in der Regel auch dazu verpflichtet. Nur ausnahmsweise käme ein Verzicht der Anspruchsverfolgung in Betracht, soweit Gesellschaftsinteressen oder -belange vorliegen, welche die Gesichtspunkte der Anspruchsverfolgung überwiegen oder diesen zumindest annähernd gleichwertig sind. BGH Urt. v. 21.04.1997 – II ZR 175/95 = BGHZ 135, 245 (255, 256); jüngst bestätigt durch BGH Urt. v. 08.07.2014 – II ZR 174/13 = BGHZ 202, 26 (32).

369 *Fleischer*, in: Spindler/Stilz AktG Bd. I, § 93 AktG Rn. 307; *Grigoleit/Tomasic*, in: Grigoleit AktG, § 93 AktG Rn. 84, 85.

370 *Fleischer*, in: Spindler/Stilz AktG Bd. I, § 93 AktG Rn. 257.

371 *Fleischer*, in: Spindler/Stilz AktG Bd. I, § 93 AktG Rn. 294; *Grigoleit/Tomasic*, in: Grigoleit AktG, § 93 AktG Rn. 79; *Spindler*, in: MüKo AktG Bd. II, § 93 AktG Rn. 306; *Frodermann/von Eiff*, in: Frodermann/Jannott Hdb. Aktienrecht, Kap. 7 Rn. 194; *Ziemons*, in: Ziemons/Binnewies Hdb. AG Bd. I, Rn. 8.1033.

Der Ausnahmecharakter von § 93 Abs. 3 AktG zeigt sich auch daran, dass stets von einem Mindestschaden der Gesellschaft in Höhe des abgeflossenen oder vorenthaltenen Mittels ausgegangen wird.[372] Selbst vollwertige Leistungsansprüche auf Rückgewähr des Vorenthaltenen oder Abgeflossenen bleiben im Rahmen der Berechnung des Schadens außer Betracht.[373] Die Vorstandsmitglieder können sich insoweit allein durch den Beweis entlasten, der Gesellschaft die abgeflossenen oder vorenthaltenen Mittel wieder zugeführt zu haben.[374]

Soweit das Aktienrecht spezifische Rechtsfolgen an die „Todsünden" des Vorstandshandelns knüpft,[375] ist dies im Rahmen der Anwendung von § 31a Abs. 1 S. 1 BGB analog insbesondere deshalb zu berücksichtigen, weil dem Vereinsrecht ein entsprechender Kapitalschutz fremd ist und § 31a BGB diesbezügliche Interessen gerade nicht zum Ausgleich bringt. Die Verfolgung eines steuerbegünstigten Zwecks verändert schließlich nicht die aktienrechtliche Organisationsverfassung, sodass die organisationsrechtlichen Besonderheiten im Wege des Analogieschlusses nicht durchbrochen werden dürfen. Die vorstehende Argumentation wird durch den Umstand gestützt, dass die haftungsprivilegierenden Regelungen von § 31a BGB auch regelmäßig überhaupt nicht anwendbar wären, wenn entgegen § 93 Abs. 3 Nr. 1 AktG Einlagen zurückgewährt, entgegen § 93 Abs. 3 Nr. 2 AktG Zinsen oder Gewinnanteile an die Aktionäre ausbezahlt oder entgegen § 93 Abs. 3 Nr. 5 AktG das Gesellschaftsvermögen verteilt wird. Dies stünde bereits nach § 55 AO der Steuerprivilegierung der Gesellschaft entgegen, sodass der Anwendungsbereich von § 31a BGB nicht eröffnet wäre.

---

372 Siehe BGH Urt. v. 20.09.2011 – II ZR 234/09 = BGH NZG 2011, 1271 (1274) zu § 93 Abs. 3 Nr. 4 AktG; *Dauner-Lieb*, in: Henssler/Strohn Gesellschaftsrecht, § 93 AktG Rn. 40; *Spindler*, in: MüKo AktG Bd. II, § 93 AktG Rn. 263; vgl. bereits RG Urt. v. 30.11.1938 – II 39/38 = RGZ 159, 211 (230).

373 Siehe BGH Urt. v. 20.09.2010 – II ZR 78/09 = BGHZ 187, 60 (64, 65); *Koch*, in: Hüffer/Koch AktG, § 93 AktG Rn. 68; *Ziemons*, in: Ziemons/Binnewies Hdb. AG Bd. I, Rn. 8.1006; vgl. bereits RG Urt. v. 30.11.1938 – II 39/38 = RGZ 159, 211 (230).

374 *Fleischer*, in: Spindler/Stilz AktG, § 93 AktG Rn. 252; vgl. bereits RG Urt. v. 30.11.1938 – II 39/38 = RGZ 159, 211 (230).

375 So ausdrücklich *Koch*, in: Hüffer/Koch AktG, § 93 AktG Rn. 68.

dd. Zwischenergebnis

Im Ergebnis ist der in § 93 Abs. 1 S. 1 AktG normierte Sorgfaltsmaßstab damit grundsätzlich zwingend ausgestaltet, steht der entsprechenden Anwendung von § 31a Abs. 1 S. 1 BGB in Ermangelung eines abschließenden Charakters aber grundsätzlich nicht entgegen. Entsprechendes gilt auch für die in § 93 Abs. 2 S. 2 AktG normierte Beweislast. Etwas anderes gilt hingegen im Anwendungsbereich von § 93 Abs. 3 AktG, da sich das Aktiengesetz in Bezug auf die unmittelbar gläubigerschützenden Vorschriften als abschließend erweist, die Rechtsordnung also planmäßig unvollständig ist.

2. Die vergleichbare Interessenlage

Im Rahmen der vorstehend eingegrenzten planwidrigen Unvollständigkeit der Rechtsordnung ist davon auszugehen, dass der Gesetzgeber die aktienrechtliche Binnenhaftung entsprechend § 31a Abs. 1 S. 1, S. 3 BGB ausgestaltet hätte, wenn sich dieser im Rahmen einer dahingehenden Interessenabwägung von den Grundsätzen hätte leiten lassen, die auch der Begrenzung der vereinsrechtlichen Vorstandshaftung zugrunde gelegt wurden.[376] *Orth* verkennt diesbezüglich bereits im Ausgangspunkt, dass der Analogieschluss keine Frage der Notwendigkeit, sondern Ausfluss des Gleichheitssatzes ist und die Rechtsordnung eine vergleichbare Behandlung von Sachverhalten einfordert, die der von § 31a Abs. 1 S. 1, S. 3 BGB unmittelbar erfassten Konstellation im Wesentlichen gleichstehen.

a. Die Interessenabwägung im Kontext von § 31a BGB

Der historische Gesetzgeber hat sich im Hinblick auf die Einführung und Novellierung von § 31a BGB von der Kernerwägung leiten lassen,

376 Zu den Anforderungen an die vergleichbare Interessenlage BGH Urt. v. 13.07.1988 - IVa ZR 55/87 = BGHZ 105, 140 (143); BGH Urt. v. 20.11.1992 - V ZR 82/91 = BGHZ 120, 239 (252); BGH Urt. v. 14.12.2006 - IX ZR 92/05 = BGHZ 170, 187 (191); OLG Hamburg Urt. v. 05.02.2009 - 6 U 216/07 = OLG Hamburg NZG 2009, 1036 (1037).

dass bürgerschaftliches Engagement für das wirtschaftliche Wachstum, die gesellschaftliche Integration, den Wohlstand und stabile demokratische Strukturen in der Gesellschaft unverzichtbar sei. Da dieses Engagement in Zeiten konsolidierter Haushalte immer wesentlicher werde, wenn die öffentliche Hand ihre Ausgaben insbesondere auch im gemeinnützigen und mildtätigen Sektor auf das zwingend notwendige Maß reduzieren muss, solle das Haftungsrecht zumindest nicht kontraproduktiv wirken und Bereitwillige davon abhalten, sich wegen damit verbundener Haftungsrisiken zu engagieren. Der historische Gesetzgeber hat die mit der Haftungsbegrenzung einhergehende Beeinträchtigung von Vereins-, Mitglieder- und Gläubigerinteressen deshalb zum Wohle der Allgemeinheit in Kauf genommen.[377]

b. Die Übertragung der Abwägungsaspekte

Die vorstehenden Erwägungen lassen sich gleichermaßen in den aktienrechtlichen Kontext übertragen, da sich im gemeinnützigen und mildtätigen Sektor neben Vereinen auch entsprechend ausgerichtete Aktiengesellschaften für die Allgemeinheit engagieren können. Folglich leisten dann auch diese Gesellschaften und die dort Engagierten ihren Beitrag für die Solidargemeinschaft und den Fortbestand einer wirtschaftlich erfolgreichen, sozialen, solidarischen und politisch stabilen Gesellschaft. Da die Haftung der Vorstandsmitglieder im aktienrechtlichen Kontext generell nicht zur Disposition des Satzungsgebers steht, sehen sich die unentgeltlich tätigen und gering vergüteten Vorstandsmitglieder steuerprivilegierter Aktiengesellschaften einem weitaus größeren Missverhältnis von Vergütung und Haftungsrisiko ausgesetzt als die Vorstandsmitglieder von Vereinen, deren Haftungsrisiko bereits vor der Einführung von § 31a BGB zumindest durch die Satzung begrenzt werden konnte. Deshalb müssen die gesetzgeberischen Erwägungen gerade im aktienrechtlichen Kontext gelten, wenn der Gesetzgeber bereits eine gesetzliche Regelung im Rahmen der grund-

377 Siehe zum Vorstehenden insgesamt *Kap. II A. I.-III., C. I. 1. e. bb.*

sätzlich dispositiven Vorstandshaftung im Vereinsrecht für notwendig erachtete.

aa. Die organisationsrechtliche Stellung von Vereins- und Aktienvorstand

Gegen die Vergleichbarkeit der Interessenlage spricht auch nicht, dass der Vereinsvorstand im Gegensatz zum Vorstand einer Aktiengesellschaft eine schwächere Stellung innerhalb der körperschaftlichen Organisationsstruktur einnimmt. Der Gesetzgeber geht von weitreichenden Haftungsrisiken der Vereinsvorstandsmitglieder aus, obwohl der Vorstand nach § 26 Abs. 1 S. 2 BGB nur das zwingende Vertretungsorgan, nicht aber auch zwingend das Geschäftsführungsorgan des Vereins ist.[378] Und selbst die Vertretungsmacht ist nach § 26 Abs. 1 S. 3 BGB mit Wirkung für das Außenverhältnis beschränkbar,[379] sodass die Vornahme spezifischer Rechtsgeschäfte auch ganz untersagt und insbesondere auch von der Zustimmung der Mitgliederversammlung abhängig gemacht werden kann.[380] Der Umfang der Geschäftsführung kann insbesondere auch dadurch begrenzt werden, dass die Satzung besonderen Vertretern begrenzte Geschäftskreise zuweist,[381] zumal der Vorstand die Geschäfte des Vereins nicht zwingend in eigener Verantwortung führt, sondern der Mitgliederversammlung gegenüber nach § 27 Abs. 3 S. 1 i.V.m. § 665 BGB weisungsabhängig ist.[382] Demgegenüber leitet der Vorstand die Aktiengesellschaft eigenverantwortlich (§ 76 Abs. 1 AktG) und handelt insoweit autonom und grund-

378 BGH Beschl. v. 19.09.1977 – II ZB 9/76 = BGHZ 69, 250 (250, 252–254); *Leuschner*, in: MüKo BGB Bd. I, § 26 BGB Rn. 10; *Waldner/Wörle-Himmel*, in: Sauter/Schweyer/Waldner Der eingetragene Verein, Rn. 277.

379 Zu den Anforderungen an die inhaltlich eindeutige Ausgestaltung der Satzungsregelung siehe BGH Urt. v. 28.04.1980 – II ZR 193/79 = BGH NJW 1980, 2799 (2780).

380 BGH Urt. v. 22.04.1998 – II ZR 65/95 = BGH NJW-RR 1996, 866 (Zustimmung d. Mitgliederversammlung); *Hadding*, in: Soergel BGB Bd. I, § 26 Rn. 21a.

381 Siehe dazu *Achilles/Gebhard/Spahn*, Prot. I, S. 521.

382 BGH Urt. v. 12.10.1992 – II ZR 208/91 = BGHZ 119, 379 (385); *Dörner*, in: Schulze BGB, § 27 BGB Rn. 5; *K. Schmidt*, Gesellschaftsrecht, S. 691; *Waldner/Wörle-Himmel*, in: Sauter/Schweyer/Waldner Der eingetragene Verein, Rn. 277.

sätzlich, ohne an Weisungen gebunden zu sein.[383] Zudem unterliegt in der Regel auch die Vertretungsmacht keinen Einschränkungen (§ 82 Abs. 1 AktG),[384] sodass die Vorstandsmitglieder stets einem weitreichenden Haftungsrisiko unterliegen. Im Sinne der gesetzgeberischen Wertung folgt aus diesem Umstand erst recht die Schutzbedürftigkeit unentgeltlich tätiger und gering vergüteter Vorstandsmitglieder steuerprivilegierter Aktiengesellschaften.

bb. Der Aspekt des Gläubigerschutzes

Entgegen der Ansicht *Leuschners* spricht auch nicht das System des körperschaftlichen Gläubigerschutzes gegen eine vergleichbare Interessenlage, da das Aktiengesetz die Gesellschaftsgläubiger im Wesentlichen nur reflexiv schützt, soweit das Gesetz den Gläubigerschutz nicht hauptsächlich bezweckt. In diese Bereiche greift die entsprechende Anwendung von § 31a Abs. 1 S. 1 BGB aber nicht ein, weil der insoweit abschließende Charakter des Aktiengesetzes der Analogie die Grundlage entzieht. Im Allgemeinen zeigt die Regelung des § 93 Abs. 5 S. 2 AktG vielmehr, dass die Interessen der Gläubiger grundsätzlich erst vorrangig zu schützen sind, wenn die Vorstandsmitglieder der Gesellschaft einen Schaden durch die gröbliche Verletzung ihrer Pflichten zufügen. Dann entfaltet aber auch § 31a Abs. 1 S. 1 BGB keine haftungsbegrenzende Wirkung, weil die Vorstandsmitglieder selbst im unmittelbaren Anwendungsbereich der Norm stets für Vorsatz und grobe Fahrlässigkeit haften.

c. Zwischenergebnis

Im Ergebnis sind die im Rahmen der Einführung und Novellierung von § 31a BGB berücksichtigten Abwägungsaspekte auch auf den ak-

---

383 BGH Urt. v. 05.05.2008 – II ZR 108/07 = BGH NZG 2008, 507 (508); *Koch*, in: Hüffer/Koch AktG, § 76 AktG Rn. 25; *Wiesner*, in: Münch. Hdb. GesR Bd. IV, § 19 Rn. 32. Ausnahmen der Weisungsfreiheit sind allein in § 83 AktG (nur hinsichtlich Kompetenzen der HV) und den §§ 308, 323 AktG normiert.

384 Siehe zur Einschränkung beim Missbrauch der Vertretungsmacht wegen Kollusion oder Evidenz *Vedder*, in: Grigoleit AktG, § 82 AktG Rn. 6–9 m.w.N.

tienrechtlichen Kontext übertragbar, ohne dass dem die organisationsrechtliche Stellung des Vorstands oder Aspekte des Gläubigerschutzes entgegenstehen.

III. Stellungnahme: Die analoge Anwendung von § 31a Abs. 1 S. 2, S. 3 BGB

Die Aktionäre bilden das aktienrechtliche Pendant zu den Mitgliedern des Vereins, sodass in Bezug auf § 31a Abs. 1 S. 2, S. 3 BGB zu beurteilen ist, ob die Haftung der Vorstandsmitglieder auch diesen gegenüber in entsprechender Anwendung zu begrenzen ist.

1. Die planwidrige Unvollständigkeit der Rechtsordnung

Die planwidrige Unvollständigkeit der Rechtsordnung beurteilt sich nach Maßgabe von § 31a BGB und § 117 AktG. Die Vorstandsmitglieder haften den Aktionären gegenüber nämlich nicht aufgrund eines allgemeinen Haftungstatbestands, insbesondere nicht nach § 93 AktG, sondern nach Maßgabe von § 117 Abs. 2 S. 1 AktG und den allgemeinen Regelungen, insbesondere denen des Deliktsrechts.[385] Da die Vorschriften über die unerlaubten Handlungen aber einen allgemeinen Regelungscharakter haben und insoweit keine Aussage über aktienrechtliche Haftungsbegrenzungen treffen, bleiben insbesondere die §§ 823ff. BGB nachstehend unberücksichtigt.

a. Der Regelungsplan von § 31a BGB

Im Ausgangspunkt entspricht es durchaus dem Regelungsplan von § 31a BGB, die Haftung der Vorstandsmitglieder in entsprechender Anwendung von § 31a Abs. 1 S. 2 BGB auch gegenüber den Aktionären zu begrenzen. Die einzelnen Regelungen von § 31a BGB sind insoweit ein Gesamtkonzept zur umfassenden Begrenzung der Haftungsrisiken von unentgeltlich tätigen oder gering vergüteten Vorstandsmit-

385 BGH Urt. v. 25.02.1982 – II ZR 174/80 = BGHZ 83, 122 (134).

gliedern, um die in *Kap. II B.* dargelegten Ziele zu erreichen. Nach dieser Zielsetzung werden die mit der Begrenzung des Haftungsrisikos erstrebten Folgen umso besser erreicht, je weitreichender die Haftung der Vorstandsmitglieder begrenzt wird.[386]

b. Der Regelungsplan von § 117 AktG

Zudem kann auch § 117 AktG kein der entsprechenden Normanwendung entgegenstehender Regelungsplan entnommen werden. Der Regelung liegt die Ausgangssituation zugrunde, dass jemand durch seinen Einfluss auf die Gesellschaft vorsätzlich ein Mitglied des Vorstands dazu bestimmt, zum Schaden der Gesellschaft oder der Aktionäre zu handeln. Als Einflussnehmender kommt jedermann in Betracht, der eine faktische Machtstellung innehat, insbesondere also Aktionäre, Lieferanten und Kreditgeber.[387] Mit diesen haftet aber auch das Vorstandsmitglied nach § 117 Abs. 2 S. 1 AktG gesamtschuldnerisch, auf das Einfluss genommen wurde. Aspekte des Anlegerschutzes sind in diesem Rahmen zu vernachlässigen, weil die Ersatzverpflichtung nach § 117 Abs. 1 S. 1 AktG grundsätzlich als Anspruch der Gesellschaft ausgestaltet ist. Aktionären steht ein eigener Schadensersatzanspruch nur in Fällen zu, in denen ihre Vermögensinteressen unmittelbar im Rahmen ihrer Stellung als Gesellschafter beeinträchtigt werden.[388] Dies erfordert gem. § 117 Abs. 1 S. 2 AktG den Eintritt eines Schadens, der über den Schaden der Gesellschaft, also einen reinen Reflexschaden wie die Minderung des inneren Aktienwerts im Verhältnis der Höhe der Gesellschaftsschädigung, hinausgeht.[389] Dies ist beispielsweise der Fall, wenn ein Aktionär seine Aktien wegen einer unrichtigen

386 Vergleiche insoweit die Ausführungen *Kap. IV A. II. 1. a.*

387 *Grigoleit/Tomasic*, in: Grigoleit AktG, § 117 AktG Rn. 10; *Wiesner*, in: Münch. Hdb. GesR Bd. IV, § 27 Rn. 2.

388 BGH Urt. v. 22.06.1992 – II ZR 178/90 = BGH NJW 1992, 3167 (3171, 3172) mit umfassenden Nachweisen; *Kort*, in: Großkommentar AktG Bd. VI, § 117 AktG Rn. 184, 186; *Spindler*, in: MüKo AktG Bd. II, § 117 AktG Rn. 55; *Witt*, in: Schmidt/Lutter AktG Bd. I, § 117 AktG Rn. 24.

389 *Kort*, in: Großkommentar AktG Bd. VI, § 117 AktG Rn. 180, 181; *Spindler*, in: MüKo AktG Bd. II, § 117 AktG Rn. 52; *Witt*, in: Schmidt/Lutter AktG Bd. I, § 117 AktG Rn. 23.

Verlautbarung der Gesellschaft unter Wert verkauft[390] oder ein Großaktionär das Ziel verfolgt, die Aktionärsminderheit auszuhungern, und die Mitglieder von Vorstand und Aufsichtsrat deshalb dazu bestimmt, den Jahresabschluss sachgrundlos derart festzusetzen, dass eine Dividendenausschüttung nicht möglich ist.[391]

Der Anwendungsbereich von § 117 AktG ist damit begrenzt, sodass die Regelung bereits im Ausgangspunkt nicht geeignet ist, eine Aussage zum Umfang der Vorstandshaftung im Allgemeinen zu treffen. Es lässt sich sogar der Entstehungsgeschichte der Vorschrift, die auf § 101 AktG (1937) zurückgeht, keine Begründung zum Haftungsmaßstab entnehmen. Der historische Gesetzgeber erachtete den Schutz der Gesellschaft vor einer schädigenden Beeinflussung ihrer Verwaltungsträger durch die Regelungen über die vorsätzliche sittenwidrige Schädigung als unzureichend und etablierte zu diesem Zweck eine aktienrechtliche Sonderreglung.[392] Insoweit wurde das Augenmerk aber hauptsächlich auf den Schutz der Gesellschaft vor der Schädigung durch den Einflussnehmenden gelegt und die in § 101 Abs. 2 AktG (1937) geregelte Haftung der Vorstandsmitglieder und insbesondere der Haftungsmaßstab nicht näher begründet.[393] Dem entspricht die nur nachgeschaltete Haftung der Vorstandsmitglieder, die als Gesamtschuldner nur neben den Einflussnehmenden treten. Die Vorschrift zielt dabei zwar auch auf den Schutz des Aktionärsvermögens,[394] bezweckt aber insbesondere den Schutz der autonomen Willensbildung innerhalb der Gesellschaft.[395]

---

390 So *Spindler*, in: MüKo AktG Bd. II, § 117 AktG Rn. 117.

391 So *Kort*, in: Großkommentar AktG Bd. VI, § 117 AktG Rn. 190.

392 Siehe die amtliche Begründung zu § 101 AktG (1937) bei *Klausing*, Aktien-Gesetz, B S. 85, 86; so auch *Bergmann*, ZHR 105 (1938), 1 (6).

393 Siehe die amtliche Begründung zu § 101 AktG (1937) bei *Klausing*, Aktien-Gesetz, B S. 85–87.

394 *Grigoleit/Tomasic*, in: Grigoleit AktG, § 117 AktG Rn. 1; *Koch*, in: Hüffer/Koch AktG, § 117 AktG Rn. 1; *Leuering/Goertz*, in: Hölters AktG, § 117 AktG Rn. 1; *Schall*, in: Spindler/Stilz AktG Bd. I, § 117 AktG Rn. 1; Spindler, in: MüKo AktG Bd. II, § 117 AktG Rn. 1.

395 Siehe *Schall*, in: Spindler/Stilz AktG Bd. I, § 117 AktG Rn. 5; *Spindler*, in: MüKo AktG Bd. II, § 117 AktG Rn. 2; Begründung zum Entwurf der Bundesregierung

2. Die vergleichbare Interessenlage

In Bezug auf die vergleichbare Interessenlage sprechen die maßgeblichen Aspekte hingegen dafür, dass der historische Gesetzgeber die Haftung des unentgeltlich tätigen und gering vergüteten Vorstandsmitglieds einer steuerprivilegierten Aktiengesellschaft nur mit Einschränkungen analog § 31a Abs. 1 S. 2 BGB geregelt hätte. Diesbezüglich ist auch die gesetzliche Wertung im unmittelbaren Anwendungsbereich von § 31a Abs. 1 S. 2 BGB zu beachten, nach der dem Interesse der Vorstandsmitglieder an einer umfassenden Haftungsbegrenzung nicht zwingend der Vorrang gegenüber den Interessen der Vereinsmitglieder an einer umfassenden Schadenskompensation eingeräumt wird.[396] Deshalb fallen die beeinträchtigten Aktionärsinteressen nicht wesentlich ins Gewicht, da es sich bei § 31a Abs. 1 S. 2 BGB bereits in seinem unmittelbaren Anwendungsbereich um eine satzungsdispositive Vorschrift handelt, von der im Bedarfsfalle abgewichen werden kann.

a. Die Interessenabwägung im Kontext von § 31a BGB

Die Haftungsbegrenzung gegenüber den Vereinsmitgliedern folgt insbesondere auch dem Grundgedanken, dass nicht derjenige einem weitreichenden, nicht verhältnismäßigen Haftungsrisiko ausgesetzt werden soll, der sich stärker als andere im Verein engagiert.[397] Nach der Ansicht des Gesetzgebers rechtfertigt sich der geringere Schutz der Vereinsmitglieder gegenüber außenstehenden Dritten grundsätzlich dadurch, dass Vereinsmitglieder organisatorisch in den Verein eingegliedert sind und insoweit dem haftungsrechtlichen Innenverhältnis zugeordnet werden. Die Mitgliedschaft in einem Verein ist insbesondere auf Verwaltungsrechte, das Stimmrecht, das aktive und passive Wahl-

über ein Gesetz zur Unternehmensintegrität und Modernisierung des Anfechtungsrechts (UMAG) v. 14.03.2005, BT-Drs. 15/5092, S. 12.

396 Siehe dazu *Kap. II D. III. 3. a.*

397 Begründung zum Entwurf des Bundesrates über ein Gesetz zur Begrenzung der Haftung von ehrenamtlich tätigen Vereinsvorständen v. 13.08.2008, BT-Drs. 16/10120, S. 7. Siehe *Kap. IV A. II. 2., Kap. II A. I.-III., C. I. 1. e. bb.*

recht und die geldwerte Teilhabe ausgerichtet.[398] Letztere beschreibt maßgeblich die Nutzungsrechte an Vereinseinrichtungen, Teilnahmerechte an Vereinsveranstaltungen und das Recht zur Inanspruchnahme von Vereinsdienstleistungen.[399] Der Sinn und Zweck von § 31a Abs. 1 S. 2 BGB liegt darin, die Vorstandsmitglieder vor den typischen Haftungsrisiken zu schützen, die regelmäßig aus dem Vereinsbetrieb folgen, was insbesondere die Möglichkeit einer deliktischen Haftung wegen der Verletzung von Körper und Gesundheit einschließt.[400] Demgegenüber sind keine vermögensrechtlichen Interessen der Vereinsmitglieder als „Teilhaber" des Vereins berücksichtigt worden, weil den Vereinsmitgliedern gerade kein Anteil am Vereinsvermögen oder ein Gewinnbeteiligungsanspruch zusteht.[401]

b. Die Übertragung der Abwägungsaspekte

Die Stellung der Vereinsmitglieder ist aber nur begrenzt mit der „Mitgliedschaft" der Aktionäre einer Aktiengesellschaft vergleichbar. Aktionäre sind nämlich Teilhaber der Aktiengesellschaft, denen das Gesellschaftsvermögen wirtschaftlich zusteht und deren Teilhabe in ihrem Wert dem der Aktien folgt. Die Interessen der Aktionäre können deshalb auf vielfältigere Weise beeinträchtigt werden als die Interessen der Vereinsmitglieder.[402] Insoweit lagen sowohl dem Gesetz zur Begrenzung der Haftung von ehrenamtlich tätigen Vereinsvorständen als auch dem Ehrenamtsstärkungsgesetz keine vergleichbaren Abwägungsaspekte zugrunde, die der historische Gesetzgeber gegeneinander abgewogen hätte. Soweit die Vermögensinteressen der Aktionäre aufgrund ihrer organisationsrechtlichen Stellung als Gesellschafter be-

---

398 Siehe dazu *Schwennicke*, in: Staudinger BGB Buch 1, § 38 Rn. 21, 22.

399 Siehe *Kap. I B.* Siehe auch *Leuschner*, in: MüKo BGB Bd. I, § 38 BGB Rn. 13; *Schöpflin*, in: BeckOK BGB, § 38 BGB Rn. 20; *Schwennicke*, in: Staudinger BGB Buch 1, § 38 Rn. 22.

400 Siehe *Kap. I B.* und zu den drohenden Haftungsfallen *Ehlers*, NJW 2011, 2689 (2689).

401 Siehe insoweit *Leuschner*, in: MüKo BGB Bd. I, § 38 BGB Rn. 13; *Schöpflin*, in: BeckOK BGB, § 38 BGB Rn. 20; *Schwennicke*, in: Staudinger BGB Buch 1, § 38 Rn. 22.

402 Siehe *Kap. IV A. III. b.*

troffen sind, besteht also keine vergleichbare Interessenlage. Die Interessenlage ist nur vergleichbar, soweit die Aktionäre ähnlich den Vereinsmitgliedern geschädigt werden, insbesondere also wegen deliktischer Eingriffe in Körper und Gesundheit.

IV. Stellungnahme: Die analoge Anwendung von § 31a Abs. 2 BGB

In Bezug auf die analoge Anwendung von § 31a Abs. 2 BGB gestaltet das Aktiengesetz auch die Haftung der Vorstandsmitglieder gegenüber Dritten nicht näher aus, die sich deshalb grundsätzlich nach Maßgabe der allgemeinen Regeln, insbesondere den §§ 823ff. BGB bemisst.[403]

1. Die planwidrige Unvollständigkeit der Rechtsordnung

Die Planwidrigkeit der in *Kap. III B. I.* aufgezeigten Unvollständigkeit der Rechtsordnung bemisst sich deshalb nach Maßgabe von § 31a BGB und § 93 Abs. 4 S. 3 AktG. Aus den allgemeinen Regelungen des bürgerlichen Rechts lässt sich nämlich auch hier nicht die Wertung entnehmen, dass dem Freistellungsanspruch analog § 31a Abs. 2 BGB ein abschließender aktienrechtlicher Plan entgegenstehe. Demgegenüber gestaltet § 93 Abs. 4 S. 3 AktG die Grenzen aus, innerhalb derer die Gesellschaft auf Schadensersatzansprüche gegenüber den Mitgliedern des Vorstands verzichten kann, und umfasst dabei sämtliche Rechtshandlungen, die einem Verzicht oder Vergleich auf Basis einer wirtschaftlicher Betrachtung gleichstehen.[404] Der Verzicht steht im vorliegenden Kontext der Freistellungsverpflichtung gleich, weil § 31a BGB dem Verein die Inregressnahme des Vorstandsmitglieds versagt, dieser im

---

403 Siehe dazu sinngemäß *Kap. I B.*

404 *Fleischer*, in: Spindler/Stilz AktG Bd. I, § 93 AktG Rn. 287; *Grigoleit/Tomasic*, in: Grigoleit AktG, § 93 AktG Rn. 78; *Hölters*, in: Hölters AktG, § 93 AktG Rn. 309; *Koch*, in: Hüffer/Koch AktG, § 93 AktG Rn. 77; *Krieger/Sailer-Coceani*, in: Schmidt/Lutter AktG Bd. I, § 93 AktG Rn. 64; *Weller/Rahlmeyer*, GWR 2014, 167 (169); siehe zur Übernahme einer Geldstrafe, Geldauflage oder Geldbuße auch BGH Urt. v. 08.07.2014 – II ZR 114/13 = BGHZ 202, 26 (31, 32).

Rahmen einer wirtschaftlichen Betrachtung also auf Kompensationsleistungen „verzichten" muss.

a. Der Regelungsplan von § 31a BGB

In Bezug auf den Plan von § 31a Abs. 2 BGB kann grundsätzlich auf die vorstehenden Ausführungen in *Kap. IV A. II. 1. a.* verwiesen werden. Es entspricht in diesem Sinne dem Plan von § 31a BGB, auch den unentgeltlich tätigen und gering vergüteten Vorstandsmitgliedern einer steuerprivilegierten Aktiengesellschaft einen Freistellungsanspruch analog § 31a Abs. 2 BGB zu gewähren, um bürgerschaftliches Engagement umfassend zu fördern und den gemeinnützigen und mildtätigen Sektor nachhaltig zu stärken.

b. Stellungnahme: § 93 Abs. 4 S. 3 AktG hat keinen abschließenden Charakter

Der entsprechenden Normanwendung steht auch kein aktienrechtlicher Regelungsplan entgegen, obwohl § 93 Abs. 4 S. 3 AktG einen Verzicht über Ersatzansprüche nur in engen Grenzen zulässt. So ist ein Verzicht in zeitlicher Hinsicht erst drei Jahre nach der Entstehung des Anspruchs zulässig und bedarf der Zustimmung der Hauptversammlung, im Rahmen derer eine Aktionärsminderheit, die 10 % des Grundkapitals vereinigt, Widerspruch zur Niederschrift erheben kann, aus dem dann die Unzulässigkeit des Verzichts folgt. Da den Aktionären das Gesellschaftsvermögen in wirtschaftlicher Hinsicht zusteht, sind auch nur diese nach der gesetzlichen Wertung dispositionsbefugt.[405] Das Widerspruchsrecht einer Aktionärsminderheit soll in diesem Rahmen gewährleisten, dass die Dispositionsbefugnis nicht zu ihren Lasten von der Aktionärsmehrheit ausgeübt wird.[406] Die zeitliche Sperrfrist beruht auf der gesetzlichen Wertung zum Schutz der

405 BGH Urt. v. 08.07.2014 – II ZR 114/13 = BGHZ 202, 26 (32).
406 BGH Urt. v. 08.07.2014 – II ZR 114/13 = BGHZ 202, 26 (32).

Aktionäre, dass Ausmaß und Umstände der Schädigung in der Regel erst nach Ablauf von 3 Jahren hinreichend erfasst werden können.[407]

Diese Wertung ist aber nicht auf Aktiengesellschaften mit steuerprivilegierter Zwecksetzung übertragbar, in denen die Vorstandsmitglieder unentgeltlich oder für nicht mehr als 720 Euro jährlich tätig werden. So erscheint es bereits fraglich, dass in diesem Kontext Konstellationen auftreten, die eine Dispositionsfrist von 3 Jahren erfordern. Hauptsächlich treten aber die vermögensbezogenen Gesichtspunkte des Aktionärs- und Minderheitenschutzes bei steuerprivilegierten Aktiengesellschaften in den Hintergrund, da die Aktionäre mit ihrer Gesellschaftsbeteiligung keine wirtschaftlichen, vermögensmehrenden Eigeninteressen verfolgen. Schließlich ist das Gesellschaftsvermögen insbesondere auch bei einer gemeinnützigen und mildtätigen Gesellschaftsausrichtung zweckgebunden, sodass dieses grundsätzlich zeitnah für die Verfolgung des Gesellschaftszwecks zu verwenden ist.[408]

2. Die vergleichbare Interessenlage

In Bezug auf die vergleichbare Interessenlage ist davon auszugehen, dass der historische Gesetzgeber den Anspruch der unentgeltlich tätigen und gering vergüteten Vorstandsmitglieder einer Aktiengesellschaft mit einem steuerprivilegierten (Haupt-)Zweck in einer dem § 31a Abs. 2 BGB vergleichbaren Weise normiert hätte, wenn sich dieser im Rahmen des Abwägungsvorgangs von den gleichen Aspekten hätte leiten lassen, die auch der Begrenzung des vereinsrechtlichen Haftungsrisikos zugrunde gelegt wurden. Der historische Gesetzgeber hat sich neben den allgemeinen Zielsetzungen von der Bestrebung leiten lassen, das Haftungsrisiko der Vorstandsmitglieder erheblich zu begrenzen, ohne die Interessen des geschädigten Dritten an einer umfassenden Schadenskompensation zu beeinträchtigen. Deshalb ist die Regelung von § 31a Abs. 2 BGB auch als Freistellungsanspruch aus-

407 *Grigoleit/Tomasic*, in: Grigoleit AktG, § 93 AktG Rn. 77; *Koch*, in: Hüffer/Koch AktG, § 93 AktG Rn. 76; vgl. BGH Urt. v. 08.07.2014 – II ZR 114/13 = BGHZ 202, 26 (33, 34).

408 Siehe nur *Gersch*, in: Klein AO, § 55 AO Rn. 4, 15.

gestaltet und nicht als Regelung konzipiert worden, welche die Haftung der Vorstandsmitglieder gegenüber dem geschädigten Dritten unmittelbar beschränkt. Die aus § 31a Abs. 2 BGB resultierende Schmälerung des Vereinsvermögens ist im Rahmen des Interessenausgleichs insoweit als Aspekt mit der geringsten Schutzwürdigkeit gewertet worden.

Dahingehend sind keine spezifischen aktienrechtlichen Aspekte ersichtlich, die gegen eine Vergleichbarkeit der Interessenlagen angeführt werden können, insbesondere auch nicht der Grundsatz der Kapitalerhaltung. Dieser ist zentral in § 57 AktG verankert, der von den Regelungen der §§ 59, 62, 66 Abs. 2, 71ff. AktG flankiert wird.[409] Das real aufgebrachte Gesellschaftskapital soll insbesondere im Interesse der Gesellschaftsgläubiger erhalten werden, weil diesen nach § 1 Abs. 1 S. 2 AktG grundsätzlich nur das Gesellschaftsvermögen als Haftungsmasse dient.[410] Die Vorschriften schützen das Gesellschaftsvermögen in diesem Rahmen aber lediglich vor dem Zugriff bzw. dem Bezug durch die Aktionäre und nicht vor einer grundsätzlichen Verwirtschaftung. In diesem Sinne regeln § 57 AktG insbesondere das Verbot der Einlagenrückgewähr, § 59 AktG die Zulässigkeit und den Umfang von Abschlagszahlungen auf den Bilanzgewinn und § 62 AktG die Haftung der Aktionäre beim Empfang verbotener Leistungen. Insoweit kann also nicht davon ausgegangen werden, dass der historische Gesetzgeber die durch den Freistellungsanspruch beeinträchtigten Interessen im aktienrechtlichen Kontext zuungunsten der Vorstandsmitglieder abgewogen und sich gegen vergleichbare Regelungen ausgesprochen hätte.

---

409 Vgl. *Kropff*, Aktiengesetz, S. 73; *Bayer*, in: MüKo AktG Bd. I, § 57 AktG Rn. 1; *Fleischer*, in: Schmidt/Lutter AktG Bd. I, § 57 AktG Rn. 1; *Grigoleit/Rachlitz*, in: Grigoleit AktG, § 57 AktG Rn. 1.

410 *Cahn/v. Spannenberg*, in: Spindler/Stilz AktG Bd. I, § 57 AktG Rn. 6; *Fleischer*, in: Schmidt/Lutter AktG Bd. I, § 57 AktG Rn. 1; *Lange*, in: Henssler/Strohn Gesellschaftsrecht, § 57 AktG Rn. 1.

V. Die Haftung der Vorstandsmitglieder analog § 31a BGB: Ergebnis

Im Ergebnis konnte damit festgestellt werden, dass sich nunmehr auch die Haftung von unentgeltlich tätigen und gering vergüteten Vorstandsmitgliedern überwiegend nach Maßgabe von § 31a BGB analog bemisst, wenn diese steuerprivilegierten Aktiengesellschaften i.S.v. §§ 51ff. AO, insbesondere also gemeinnützigen und mildtätigen Gesellschaften vorstehen. Einschränkungen bestehen nur insoweit, als die Haftung der Vorstandsmitglieder für die Verletzung von kapitalschützenden Vorschriften nach § 93 Abs. 3 AktG abschließend geregelt und auch die Beeinträchtigung der vermögensrechtlichen Interessen der Aktionäre in ihrer Stellung als Gesellschafter der Aktiengesellschaft einer entsprechenden Anwendung von § 31a Abs. 1 S. 2 BGB nicht zugänglich ist. Im Ergebnis ist deshalb *Vetter* entgegenzuhalten, dass die Interessenlage überwiegend vergleichbar ist. Diesem ist aber dahingehend zuzustimmen, dass der historische Gesetzgeber die vereinsrechtlichen Haftungsbegrenzungen an Aspekte des Gemeinwohls geknüpft hat und es wertungswidersprüchlich ist, die Haftung der Vorstandsmitglieder von Aktiengesellschaften entsprechend zu begrenzen, wenn diese eine Vergütung von mehr als 720 Euro jährlich erhalten. Die entsprechende Anwendung von § 31a BGB erweist sich deshalb auch nur als zulässig, soweit die Vorstandsmitglieder ihre Ämter innerhalb der gesetzlichen Vergütungsgrenze ausüben und die Gesellschaft steuerbegünstigte, insbesondere gemeinnützige und mildtätige Zwecke verfolgt.[411] Die Erwägungen von *Bachmann* und *Paefgen* de lege ferenda gehen deshalb in dem hier dargelegten Verständnis des zulässigen Analogieschlusses auf.

411 Siehe dazu *Kap. III B. III. 1.*

B. Die Haftung der Geschäftsführer analog § 31a BGB

I. Die Übersicht der im Schrifttum vertretenen Auffassungen

Im Schrifttum wird auch die Begrenzung der Geschäftsführerhaftung analog § 31a BGB vornehmlich oberflächlich diskutiert und die Rechtsprechung musste bislang auch diese Fragestellung nicht entscheiden. Es wird vertreten, dass der Analogieschluss generell unzulässig (*1.*), in Betracht zu ziehen (*2.*), eingeschränkt zulässig (*3.*) oder zulässig sei (*4.*).

1. Herrschende Meinung: Die entsprechende Anwendung von § 31a BGB ist unzulässig

Die herrschende Auffassung im Schrifttum geht von der Unzulässigkeit der entsprechenden Normanwendung aus.[412]

a. Teilweise vertretene Ansicht: Es liegt keine planwidrige Regelungslücke vor

Einige Stimmen verneinen bereits die planwidrige Unvollständigkeit der Rechtsordnung unter Bezugnahme auf § 43 GmbHG. Nach Ansicht von *Noack*, *Roth* und *Schöpflin* regele die Vorschrift die Haftung

412 *Beurskens*, in: Baumbach/Hueck GmbHG, § 43 GmbHG Rn. 42 (wohl auch bei gemeinnütziger GmbH); *Fleischer*, in: MüKo GmbHG Bd. II, § 43 GmbHG Rn. 256b (bei berufsmäßiger Wahrnehmung); *Oetker*, in: Henssler/Strohn Gesellschaftsrecht, § 43 GmbHG Rn. 13 (selbst bei gemeinnütziger GmbH); *Paefgen*, Großkommentar GmbHG Bd. II, § 43 GmbHG Rn. 44 (undifferenziert); *Schöpflin*, in: BeckOK BGB, § 31a BGB Rn. 3 (undifferenziert); *Ziemons*, in: Michalski GmbHG Bd. II, § 43 GmbHG Rn. 424 (selbst bei ideellem Unternehmenszweck); *Reuter*, NZG 2009, 1368 (1369, 1370) (selbst bei gemeinnütziger GmbH); *Sobotta/von Cube*, DB 2009, 2082 (2083) (undifferenziert); *Burgard*, ZIP 2010, 358 (362) (undifferenziert); *Noack*, GmbHR 2010, R81 (undifferenziert); *Orth*, SpuRt 2010, 2 (3) (undifferenziert); *Roth*, npoR 2010, 1 (2) (selbst bei gemeinnütziger GmbH); *Schöpflin*, Rpfleger 2010, 349 (354) (selbst bei gemeinnütziger GmbH); *Wörle-Himmel/Endres*, DStR 2010, 759 (760) (selbst bei gemeinnütziger GmbH); *Vetter*, GmbHR 2012, 181 (187); *Leuschner*, NZG 2014, 281 (287) (selbst bei gemeinnütziger GmbH); *Paefgen*, AG 2014, 554 (571) (undifferenziert).

des GmbH-Geschäftsführers abschließend.[413] *Schöpflin* meint zudem, dass sich der historische Gesetzgeber bewusst dafür ausgesprochen habe, die Haftung der Vorstandsmitglieder eines Vereins gegenüber der Haftung des GmbH-Geschäftsführers zu begrenzen, sich also bewusst dagegen entschieden habe, auch andere private Ämter in den Anwendungsbereich von § 31a BGB einzubeziehen.[414] Für *Vetter* zeige sich diese bewusste Entscheidung des Gesetzgebers daran, dass § 86 S. 1 BGB die entsprechende Anwendung von § 31a BGB für das Stiftungsrecht ausdrücklich zulässt, eine weitergehende entsprechende Normanwendung also nicht dem Willen des historischen Gesetzgebers entspreche.[415] Ein ähnliches Argumentationsmuster legt auch *Orth* zugrunde, der darauf abstellt, dass der Gesetzgeber im Rahmen der Einführung von § 31a BGB lediglich die Vereinsvorstandsmitglieder berücksichtigt habe.[416] *Leuschner* verweist hingegen auf das Ehrenamtsstärkungsgesetz.[417] Mit Art. 6 des Gesetzes wurde der Anwendungsbereich von § 31a BGB novelliert. Mit Art. 7 des Gesetzes wurde dem GmbHG § 4 S. 2 neu hinzugefügt. Danach können Gesellschaften, die ausschließlich und unmittelbar steuerbegünstigte Zwecke nach den §§ 51–68 AO verfolgen, nunmehr unter der Abkürzung „gGmbH" firmieren.[418] Daraus schließt *Leuschner*, dass sich der historische Gesetzgeber im Rahmen der Neuregelung von § 31a BGB der Existenz von gemeinnützigen und mildtätigen GmbHs bewusst gewesen sei und insoweit bewusst auf die gesetzliche Verankerung von vergleichbaren Haftungsprivilegien im GmbH-Recht verzichtet habe. In eine ähnliche Richtung zielt auch *Oetker*, der darauf verweist, dass die Einführung von § 31a BGB lediglich klarstellende Funktion habe und sich deshalb nur auf den Vereinssektor erstrecke. Nach seiner Ansicht habe der Gesetzgeber allein die umstrittene Frage klären wollen, ob die Haftung ehrenamtlich tätiger Vorstandsmitglieder gemäß den arbeits-

413 *Schöpflin*, in: BeckOK BGB, § 31a BGB Rn. 3; *Noack*, GmbHR 2010, R 81; *Roth*, npoR 2010, 1 (2); *Schöpflin*, Rpfleger 2010, 349 (354).
414 *Schöpflin*, in: BeckOK BGB, § 31a BGB Rn. 3; *Schöpflin*, Rpfleger 2010, 349 (354).
415 *Vetter*, GmbHR 2012, 181 (187).
416 *Orth*, SpuRt 2010, 1 (3).
417 Siehe zu den folgenden Ausführungen insgesamt *Leuschner*, NZG 2014, 281 (287).
418 Siehe *Fastrich*, in: Baumbach/Hueck GmbHG, § 4 GmbHG Rn. 9a.

rechtlichen Grundsätzen zum innerbetrieblichen Schadensausgleich begrenzt werden könne.[419]

b. Teilweise vertretene Ansicht: Es liegt keine vergleichbare Interessenlage vor

Reuter verneint wohl die Vergleichbarkeit der Interessenlagen mit einem Verweis auf die Unerheblichkeit des Vereinszwecks. Er meint, dass es bereits im unmittelbaren Anwendungsbereich von § 31a BGB unerheblich sei, ob der betreffende Verein mildtätige oder wirtschaftliche Zwecke verfolgt.[420] Für eine entsprechende Anwendung sei deshalb selbst hinsichtlich gemeinnützigen und mildtätigen Gesellschaften kein Raum.[421] *Leuschner* verneint die vergleichbare Interessenlage unter Verweis auf das System des körperschaftlichen Gläubigerschutzes. Nach seiner Ansicht sei das Insolvenzrisiko des Vereins im Gegensatz zum Insolvenzrisiko der GmbH gering, weil sich der Verein nicht wirtschaftlich betätigen dürfe. Es sei den Gläubigern deshalb auch nur im Vereinsrecht zuzumuten, dass ihre Interessen durch die Haftungsbegrenzung beeinträchtigt werden. Dieser Aspekt könne auch nicht dadurch kompensiert werden, dass die GmbH gemeinnützige Zwecke verfolgt, da selbst die primäre Verfolgung von gemeinnützigen Zwecken nicht zwingend zur Einstellung der wirtschaftlichen Betätigung der Gesellschaft führe.[422] Unter Verweis auf die gläubigerschützende Funktion der Organhaftung sieht auch *Fleischer* keine Vergleichbarkeit der Interessenlagen, zumindest, wenn die Geschäftsführer hauptberuflich tätig sind.[423] Diese Ansicht vertritt auch *Paefgen*, der aber nicht ausdrücklich dazu Stellung bezieht, ob insoweit zwischen hauptberuflicher und ehrenamtlicher Amtsführung und der jeweiligen Zwecksetzung der Gesellschaft differenziert werden müsse.[424] *Orth* formuliert

---

419 *Oetker*, in: Henssler/Strohn Gesellschaftsrecht, § 43 GmbHG Rn. 13.
420 Siehe zu der Erwägung *Reuter*, NZG 2009, 1368 (1369, 1370).
421 Siehe zu der Erwägung *Reuter*, NZG 2009, 1368 (1369, 1370).
422 Siehe zum Vorstehenden insgesamt *Leuschner*, NZG 2014, 281 (287).
423 *Fleischer*, in: MüKo GmbHG Bd. II, § 43 GmbHG Rn. 256b.
424 *Paefgen*, in: Großkommentar GmbHG Bd. II, § 43 GmbHG Rn. 44; *Paefgen*, AG 2014, 554 (571).

unterdessen ohne nähere Begründung, dass die Beschränkung der Geschäftsführerhaftung nach § 31a BGB analog regelmäßig nicht notwendig sei.[425]

c. Teilweise vertretene Ansicht: Der Analogieschluss ist rechtspolitisch verfehlt

Wicke und *Burgard* verfolgen eine andere Argumentationslinie und sprechen sich mit Blick auf die rechtspolitische Ebene gegen die Zulässigkeit der analogen Anwendung aus. *Wicke* hält die zulasten der Gläubiger erfolgende Schadensverlagerung bereits im unmittelbaren Anwendungsbereich von § 31a BGB für verfehlt und lehnt deshalb im Wege eines Erst-Recht-Schlusses auch die entsprechende Anwendung im GmbH-Recht ab.[426] Auch *Burgard* hält es für zweifelhaft, dass die analoge Anwendung von § 31a BGB wünschenswert sei und meint, dass es deshalb sachgerechter sei, § 31a BGB als nicht analogiefähige Regelung zu begreifen.[427]

2. Teilweise vertretene Ansicht: Die entsprechende Anwendung von § 31a BGB ist schwierig

Dagegen begreifen *Sobotta* und *von Cube* die entsprechende Anwendung von § 31a BGB nicht als grundsätzlich unzulässig, halten diese aber für schwierig, da der Gesetzgeber die gesetzlichen Anforderungen an die ehrenamtlichen Geschäftsführer einer GmbH wohl nicht senken wollte.[428]

3. Teilweise vertretene Ansicht: Die entsprechende Anwendung von § 31a BGB ist denkbar

Eine Zwischenposition nehmen hingegen *Windbichler, Fleischer* und *Hirte* ein, welche gleichsam die analoge Anwendung von § 31a BGB

---

425 *Orth*, SpuRt 2010, 1 (3).
426 *Wicke*, MittBayNot 2011, 23 (25).
427 *Burgard*, ZIP 2010, 358 (362).
428 *Sobotta/von Cube*, DB 2009, 2082 (2083).

grundsätzlich für möglich erachten, den Anwendungsrahmen des Analogieschlusses aber unterschiedlich beurteilen. So dürfte nach *Windbichler* ein Analogieschluss zulässig sein, soweit es sich um einen ehrenamtlich tätigen Geschäftsführer einer GmbH mit nichtwirtschaftlichem Zweck handele und jener nicht gegen Kapitalerhaltungsvorschriften verstoße.[429] *Hirte* hält die analoge Anwendung zugunsten von unentgeltlich tätigen und gering vergüteten Geschäftsführern von gemeinnützigen oder mildtätig ausgerichteten Gesellschaften für denkbar, da sich § 43 GmbHG insbesondere nicht zur Haftung bei unentgeltlicher Tätigkeit äußere.[430] Für *Fleischer* bedarf es einer weiteren Diskussion darüber, ob die Haftung ehrenamtlich Tätiger in gemeinnützigen Gesellschaften analog § 31a BGB bereits de lege lata begrenzt werde oder aber de lege ferenda begrenzt werden solle.[431]

4. Teilweise vertretene Ansicht: Die entsprechende Anwendung von § 31a BGB ist zulässig

Piper begreift § 31a BGB hingegen als lex generalis, welcher bereits unmittelbar, zumindest aber analog im GmbH-Recht gelte.[432] Der historische Gesetzgeber habe insoweit nicht an die Möglichkeit eines ehrenamtlichen Geschäftsführers gedacht und ehrenamtliche Vereinsvorstände allein gegenüber dem hauptberuflichen, vergüteten Geschäftsführer privilegieren wollen. *Piper* beschränkt die Anwendungsmöglichkeit von § 31a BGB dabei nicht allein auf die unentgeltlich tätigen bzw. gering vergüteten Geschäftsführer von gemeinnützig oder mildtätig ausgerichteten GmbHs, sondern bezieht ebenso Gesellschaften mit wirtschaftlicher Zwecksetzung ein. Insoweit meint er, dass die Haftungsprivilegierung bereits im unmittelbaren Anwendungsbereich nicht an einen spezifischen Vereinszweck gebunden sei. § 43 GmbHG sei in diesem Rahmen als nicht abschließende Regelung zu begreifen, weil auch die fehlenden Regelungen über die Hemmung und Unter-

429 *Windbichler*, Gesellschaftsrecht, § 22 Rn. 12.
430 *Hirte*, Kapitalgesellschaftsrecht, Rn. 3.83a (gemeinnützige o. mildtätige GmbH).
431 *Fleischer*, in: MüKo GmbHG Bd. II, § 43 GmbHG Rn. 256b.
432 Siehe dazu insgesamt *Piper*, WM 2011, 2211 (2214) (hins. des Gesellschaftszwecks undifferenziert).

brechung der in § 43 Abs. 4 GmbHG normierten Verjährung durch die Anwendung der §§ 204ff. BGB ergänzt werden. Zudem lasse sich die weitestgehend disponibel ausgestaltete Binnenhaftung gegen den abschließenden Charakter von § 43 GmbHG und in systematischer Hinsicht die unmittelbare Nähe zu § 31 BGB für die Zulässigkeit der analogen Anwendung anführen, weil auch diese Regelung des Vereinsrechts auf sämtliche Körperschaften analog angewandt werde.

II. Stellungnahme: Die analoge Anwendung von § 31a Abs. 1 S. 1, S. 3 BGB

In Bezug auf die Begrenzung der Geschäftsführerhaftung gegenüber der Gesellschaft ist *Wicke* und *Burgard* bereits im Ausgangspunkt entgegenzuhalten, dass die Zulässigkeit eines Analogieschlusses nicht mit einer rechtspolitischen Überzeugung abgelehnt werden kann. Die Analogie dient nicht der Verwirklichung rechtspolitischer Interessen des Rechtsanwenders, sondern ist ein Instrument zur Rechtsfortbildung, das dem Gleichheitssatz Rechnung trägt und wesentlich vergleichbare Sachverhalte entsprechend würdigt. Entgegen der Annahme von *Sobotta* und *von Cube* ist die Zulässigkeit eines Analogieschlusses nicht nur zweifelhaft und in Ergänzung zu *Windbichler, Fleischer* und *Hirte* nicht nur möglich, sondern in folgend darzulegendem Umfang auch zulässig. *Piper* verkennt unterdessen, dass die Regelungen des Vereinsrechts keine generelle Anwendung im GmbH-Recht finden, sondern sich die Geschäftsführerhaftung lediglich nach Maßgabe von § 31a BGB analog bemessen kann. Insoweit überzeugt auch der Verweis auf die Gesetzessystematik nicht, da die unmittelbare Nähe von § 31a BGB zu § 31 BGB weder die planwidrige Unvollständigkeit der Rechtsordnung noch die Vergleichbarkeit der Interessenlage begründen kann.

1. Die planwidrige Unvollständigkeit der Rechtsordnung

Im Hinblick auf die in *Kap. III B. II.* aufgezeigte Unvollständigkeit der Rechtsordnung beurteilt sich deren Planwidrigkeit nach Maßgabe von § 31a Abs. 1 S. 1, S. 3 BGB und § 43 GmbHG. Dies folgt insbesondere daraus, dass § 43 GmbHG die Voraussetzungen und den Umfang der GmbH-rechtlichen Binnenhaftung normiert. In diesem Rahmen sind auch vorliegend die Fragen aufgeworfen, ob die Haftungsbegrenzung analog § 31a Abs. 1 S. 1, S. 3 BGB dem Regelungsplan von § 31a BGB entspricht oder ihr der abschließende Charakter von § 43 GmbHG entgegensteht. Dabei erschließt sich der Plan des Gesetzes insbesondere unter Berücksichtigung historischer und teleologischer Erwägungen.

a. Der Regelungsplan von § 31a BGB

Nach dem Regelungsplan von § 31a BGB ist es unerheblich, im Rahmen welcher steuerprivilegierten Körperschaft unentgeltliches oder gering vergütetes Engagement erfolgt. Es entspricht vielmehr in dem in *Kap. IV A. II. 1. a.* dargelegten Sinn dem Ziel des Gesetzes, auch das Haftungsrisiko unentgeltlich tätiger und gering vergüteter Geschäftsführer von steuerprivilegierten GmbHs zu begrenzen.

aa. Die Thematisierung von anderen privaten Ämtern

Entgegen der Ansicht von *Orth* spricht es gerade für die planwidrige Unvollständigkeit der Rechtsordnung, dass der Gesetzgeber im Rahmen der Einführung von § 31a BGB hauptsächlich die Haftung der Vorstandsmitglieder von Vereinen betrachtet habe. *Schöpflin* ist nicht zuzustimmen, der davon ausgeht, dass die im Gesetzgebungsverfahren zur Einführung von § 31a BGB am Rande thematisierte Ausdehnung des Anwendungsbereichs auf andere private Ämter gegen die planwidrige Unvollständigkeit der Rechtsordnung spreche. Dies gilt auch in Bezug auf *Vetter*, der einen entsprechenden Rückschluss aus § 86

S. 1 BGB zieht, weil dieser § 31a BGB im Stiftungsrecht ausdrücklich für anwendbar erklärt.[433]

bb. Die Thematisierung des GmbH-Geschäftsführers

Ferner steht der Planwidrigkeit auch nicht entgegen, dass die Geschäftsführerhaftung im Gesetzgebungsverfahren zum Gesetz zur Begrenzung der Haftung von ehrenamtlich tätigen Vereinsvorständen und die GmbH mit gemeinnütziger und mildtätiger Zwecksetzung im Gesetzgebungsverfahren zum Ehrenamtsstärkungsgesetz thematisiert wurde. Vielmehr spricht die GmbH-rechtliche Bezugnahme dafür, dass die haftungsrechtliche Situation von unentgeltlich tätigen und gering vergüteten Geschäftsführern unbewusst unberücksichtigt geblieben ist.

(1) Der GmbH-rechtliche Bezug im Rahmen der Einführung von § 31a BGB

In Bezug auf die Einführung von § 31a BGB stellen nur die Begründung zum Gesetzesentwurf des Bundesrates über ein Gesetz zur Begrenzung der Haftung von ehrenamtlich tätigen Vereinsvorständen[434] und die Plenaransprachen *Dyckmans*[435] und *Müllers*[436] im Rahmen der 205. Sitzung des Bundestages vom 12. Februar 2009 GmbH-rechtliche Bezüge her.[437] Die Entwurfsbegründung verweist darauf, dass

433 Diesbezüglich gelten die Ausführungen in *Kap. IV A. II. 1. a. bb. entsprechend.*

434 Begründung zum Entwurf des Bundesrates über ein Gesetz zur Begrenzung der Haftung von ehrenamtlich tätigen Vereinsvorständen v. 13.08.2008, BT-Drs. 16/10120, S. 5; in diesem Sinne bereits die Begründung zum Gesetzesantrag der Länder Saarland und Baden-Württemberg über den Entwurf eines Gesetzes zur Begrenzung der Haftung von ehrenamtlich tätigen Vereinsvorständen v. 02.06.2008, BR-Drs. 399/08, S. 5.

435 Stenografischer Bericht der 205. Sitzung des Bundestages, BT-PlPr. 16/205, S. 22191A-22192C.

436 Stenografischer Bericht der 205. Sitzung des Bundestages, BT-PlPr. 16/205, S. 22192C-22193D; siehe auch schon *Müller*, Stenografischer Bericht der 845. Sitzung des Bundesrates v. 13.06.2008, BR-PlPr. 845, S. 172B, 172C.

437 Außer Betracht bleiben insoweit die Stellungnahmen *Hartenbachs* (Stenografischer Bericht der 205. Sitzung des Bundestages, BT-PlPr. 16/205, S. 22191A-22191D), *Seiferts* (a.a.O., S. 22193D-22194B), *Danckerts* (a.a.O., S. 22194C-22195B) und *Ströbeles* (a.a.O., S. 22245C-22246B); im Rahmen der

der Vorsitzende eines Vereins, der zur Erfüllung seiner Zwecke Arbeitnehmer beschäftigt, aus haftungsrechtlicher Sicht dem Geschäftsführer einer GmbH gleichgestellt werde, und nimmt insoweit Bezug auf ein Urteil des Bundesfinanzhofs aus dem Jahr 1998.[438] Nach Ansicht des erkennenden Senats werde weder die Pflichtverletzung noch das Verschulden eines ehrenamtlich tätigen Vorstandsmitglieds dadurch ausgeschlossen, dass dieses nicht wie ein angestellter GmbH-Geschäftsführer hauptberuflich tätig sei.[439] Insoweit verweist die Begründung des Gesetzesentwurfs auf die Gefahr, dass auch ehrenamtlich tätige Vorstandsmitglieder für die Verletzung ihrer Pflichten mit ihrem Privatvermögen haften.[440] In diesem Sinne bezogen sich auch *Dyckmans*[441] und *Müller*[442] auf die Haftung des GmbH-Geschäftsführers. Nach Ansicht von *Dyckmans* müsse das Haftungsrecht danach unterscheiden, ob der hauptberuflich tätige, in der Regel gut bezahlte GmbH-Geschäftsführer oder jemand seine Pflichten verletzt, der neben seiner

---

230. Bundestagssitzung die Stellungnahmen *Hartenbachs* (Stenografischer Bericht der 230. Sitzung des Bundestages, BT-PlPr. 16/230, S. 25785C-25786D), *Dyckmans* (a.a.O., S. 25789A-25789D), *Mayers* (a.a.O., S. 25789D-25791A), *Ströbeles* (a.a.O., S. 25789D-25791A), *Danckerts* (a.a.O., S. 25792B-25792D) und *Nescovics* (a.a.O., S. 26042D-26043B); die Stellungnahme der Bundesregierung zum Gesetzesentwurf des Bundesrates (BT-Drs. 16/10120, S. 10–11); die Beschlussempfehlung und der Bericht des Rechtsausschusses des Deutschen Bundestages (BT-Drs. 16/13537); der Stenografische Bericht der 846. Sitzung des Bundesrates, BR-PlPr. 846, S. 209D-210A und 861; der Stenografische Bericht der 861. Sitzung des Bundesrates, BR-PlPr. 861, S. 366B, 382B-383A, da diesen Materialien kein entsprechender Bezug zum GmbH-Recht zu entnehmen ist.

438 Begründung zum Entwurf des Bundesrates über ein Gesetz zur Begrenzung der Haftung von ehrenamtlich tätigen Vereinsvorständen v. 13.08.2008, BT-Drs. 16/10120, S. 6; siehe auch die Begründung zum Entwurf der Länder Saarland und Baden-Württemberg über ein Gesetz zur Begrenzung der Haftung von ehrenamtlich tätigen Vereinsvorständen v. 02.06.2008, BR-Drs. 399/08, S. 5.

439 BFH Urt. v. 23.06.1998 - VII R 4/98 = BFHE 186, 132 (136, 137).

440 Begründung zum Entwurf des Bundesrates über ein Gesetz zur Begrenzung der Haftung von ehrenamtlich tätigen Vereinsvorständen v. 13.08.2008, BT-Drs. 16/10120, S. 6; siehe auch die Begründung zum Entwurf der Länder Saarland und Baden-Württemberg über ein Gesetz zur Begrenzung der Haftung von ehrenamtlich tätigen Vereinsvorständen v. 02.06.2008, BR-Drs. 399/08, S. 5.

441 Stenografischer Bericht der 205. Sitzung des Bundestages v. 12.02.2009, BT-PlPr. 16/205, S. 22191A-22192C.

442 Stenografischer Bericht der 205. Sitzung des Bundestages v. 12.02.2009, BT-PlPr. 16/205, S. 22192C-22193D.

beruflichen Tätigkeit ein freizeitliches Ehrenamt in einem Sportverein, einer sozialen Einrichtungen der Kulturpflege, dem Roten Kreuz oder der Freiwilligen Feuerwehr bekleidet.[443] Nach *Müllers* Ansicht sei es ungerecht, dass die Haftung ehrenamtlich tätiger Vorstandsmitglieder und die des GmbH-Geschäftsführers angeglichen sind.[444] *Müller* sprach sich bereits im Rahmen der Plenardebatte zum Gesetzesantrag der Länder dahingehend aus, dass die ehrenamtlich und unentgeltlich tätigen Männer und Frauen, die sich in der Kulturpflege, in Sportvereinen, in sozialen Einrichtungen und Organisationen, beim Roten Kreuz, bei der Feuerwehr und an vielen anderen Orten engagieren, nicht den Haftungsregelungen unterliegen dürfen, die auch für den GmbH-Geschäftsführer gelten.[445]

(2) Der GmbH-rechtliche Bezug im Rahmen der Novellierung von § 31a BGB

Das Gesetz zur Stärkung des Ehrenamtes hat ermöglicht, dass Gesellschaften nunmehr (rechtssicher) als „gGmbH" firmieren können.[446] Im Allgemeinen sollte das zivilgesellschaftliche Engagement durch eine Entbürokratisierung und Flexibilisierung der rechtlichen Rahmenbedingungen erleichtert werden.[447] Die Erweiterung des persönlichen Anwendungsbereichs von § 31a BGB wurde in Art. 6 und die Möglichkeit der Firmierung in Art. 7 der Gesetzesentwürfe vorgese-

443 Stenografischer Bericht der 205. Sitzung des Bundestages v. 12.02.2009, BT-PlPr. 16/205, S. 22192A.

444 Stenografischer Bericht der 205. Sitzung des Bundestages v. 12.02.2009, BT-PlPr. 16/205, S. 22192D.

445 Stenografischer Bericht der 845. Sitzung des Bundesrates v. 13.06.2008, BR-PlPr. 845, S. 172B, 172C.

446 Gesetz zur Stärkung des Ehrenamtes (Ehrenamtsstärkungsgesetz) v. 21.03.2013, BGBl. 2013, S. 559.

447 Gesetzesentwurf der Bundesregierung über ein Gesetz zur Entbürokratisierung des Gemeinnützigkeitsrechts (Gemeinnützigkeitsentbürokratisierungsgesetz – GemEntBG) v. 26.11.2012, BT-Drs. 17/11632, S. 1; Gesetzesentwurf der Bundestagsfraktionen CDU/CSU und FDP über ein Gesetz zur Entbürokratisierung des Gemeinnützigkeitsrechts (Gemeinnützigkeitsentbürokratisierungsgesetz – GemEntBG) v. 06.11.2012, BT-Drs. 17/11316, S. 1.

hen.[448] Beide Regelungen wurden zum ausdrücklichen Ziel der Gesetzesentwürfe erklärt und als wesentliche Maßnahmen unter dem Punkt „Regelungen des Zivilrechts" dargestellt.[449]

(3) Die Aussagekraft der GmbH-rechtlichen Bezüge

Aus den GmbH-rechtlichen Bezügen folgt aber nicht, dass sich die Geschäftsführerhaftung nach dem Willen des Gesetzgebers nicht nach Maßgabe von § 31a BGB analog bemessen soll.

Zunächst stellt die Entwurfsbegründung den Bezug zum Urteil des Bundesfinanzhofs allein im Rahmen der steuerrechtlichen Haftung her.[450] Im Gesetzesentwurf wird diese als Teil des externen Haftungsrisikos bezeichnet, die Regelungen von § 31a BGB aber dem internen Haftungsrisiko zugeordnet. In dieser Hinsicht ist § 31a BGB als „flankierend" bezeichnet worden, um die Haftung der Vorstandsmitglieder zusätzlich zu begrenzen.[451] Die Begründung zum Gesetzesentwurf unterscheidet inhaltlich also zwischen zwei Regelungsmaterien, sodass die Erwägungen zur Begrenzung des externen Haftungsrisikos nicht ohne Weiteres auf die Begrenzung des internen Haftungsrisikos über-

448 Gesetzesentwurf der Bundesregierung über ein Gesetz zur Entbürokratisierung des Gemeinnützigkeitsrechts (Gemeinnützigkeitsentbürokratisierungsgesetz – GemEntBG) v. 26.11.2012, BT-Drs. 17/11632, S. 6, 7; Gesetzesentwurf der Bundestagsfraktionen CDU/CSU und FDP über ein Gesetz zur Entbürokratisierung des Gemeinnützigkeitsrechts (Gemeinnützigkeitsentbürokratisierungsgesetz – GemEntBG) v. 06.11.2012, BT-Drs. 17/11316, S. 6, 7.

449 Gesetzesentwurf der Bundesregierung über ein Gesetz zur Entbürokratisierung des Gemeinnützigkeitsrechts (Gemeinnützigkeitsentbürokratisierungsgesetz – GemEntBG) v. 26.11.2012, BT-Drs. 17/11632, S. 1; Gesetzesentwurf der Bundestagsfraktionen CDU/CSU und FDP über ein Gesetz zur Entbürokratisierung des Gemeinnützigkeitsrechts (Gemeinnützigkeitsentbürokratisierungsgesetz – GemEntBG) v. 06.11.2012, BT-Drs. 17/11316, S. 1.

450 Begründung zum Entwurf des Bundesrates über ein Gesetz zur Begrenzung der Haftung von ehrenamtlich tätigen Vereinsvorständen v. 13.08.2008, BT-Drs. 16/10120, S. 6; siehe auch die Begründung zum Entwurf der Länder Saarland und Baden-Württemberg über ein Gesetz zur Begrenzung der Haftung von ehrenamtlich tätigen Vereinsvorständen v. 02.06.2008, BR-Drs. 399/08, S. 5, 6.

451 Begründung zum Entwurf des Bundesrates über ein Gesetz zur Begrenzung der Haftung von ehrenamtlich tätigen Vereinsvorständen v. 13.08.2008, BT-Drs. 16/10120, S. 6.

tragen werden können. Vielmehr spricht dagegen, dass im Rahmen der Einführung von § 31a BGB weder die allgemeine Begründung noch die Einzelbegründung auf die Geschäftsführerhaftung Bezug nimmt.[452] Zusätzlich ist zu berücksichtigen, dass sich das Gerichtsurteil überhaupt nur ausdrücklich auf den hauptberuflichen, gegen Vergütung tätigen Geschäftsführer bezieht und gering vergütete oder unentgeltlich tätige Geschäftsführer unberücksichtigt lässt. Die Entwurfsbegründung macht sich diesen Umstand durch den inhaltlichen Verweis auf die Entscheidung zu eigen. Deshalb kann *Schöpflin* nicht zugestimmt werden, der meint, dass der historische Gesetzgeber bewusst den Gegensatz zwischen dem Vorstandsmitglied eines Vereins und dem GmbH-Geschäftsführer hervorgehoben und sich bewusst gegen die entsprechende Begrenzung der Geschäftsführerhaftung entschieden habe.[453] Auch *Dyckmans* und *Müller* bezogen sich allein auf den hauptberuflichen Geschäftsführer.

Mit Blick auf das Ehrenamtsstärkungsgesetz kann auch *Leuschner* nicht gefolgt werden. Der Gesetzgeber hat sich zwar entschieden, dass Gesellschaften mit beschränkter Haftung nunmehr als gGmbH firmieren können, wenn diese i.S.v. §§ 51 bis 86 AO ausschließlich und unmittelbar steuerbegünstigte Zwecke verfolgen. Daraus folgt aber nicht zugleich auch der haftungsrechtlich relevante Rückschluss, gering vergütete und unentgeltlich tätige Geschäftsführer einer gGmbH nicht i.S.v. § 31a BGB zu privilegieren. Die räumliche Verbundenheit von Art. 6 und Art. 7 der Gesetzesentwürfe darf nämlich nicht darüber hinwegtäuschen, dass sich die Regelungen nicht inhaltlich aufeinander bezogen.[454] Insoweit wurde im Gesetzgebungsverfahren nicht einmal in

452 Begründung zum Entwurf des Bundesrates über ein Gesetz zur Begrenzung der Haftung von ehrenamtlich tätigen Vereinsvorständen v. 13.08.2008, BT-Drs. 16/10120, S. 6, 7; siehe auch die Begründung zum Entwurf der Länder Saarland und Baden-Württemberg über ein Gesetz zur Begrenzung der Haftung von ehrenamtlich tätigen Vereinsvorständen v. 02.06.2008, BR-Drs. 399/08, S. 7–9.

453 *Schöpflin*, in: BeckOK BGB, § 31a BGB Rn. 3; *Schöpflin*, Rpfleger 2010, 349 (354).

454 Entwurf der Bundesregierung über ein Gesetz zur Entbürokratisierung des Gemeinnützigkeitsrechts (Gemeinnützigkeitsentbürokratisierungsgesetz – GemEntBG) v. 26.11.2012, BT-Drs. 17/11632, S. 6, 7; Entwurf der Bundestagsfraktionen CDU/CSU und FDP über ein Gesetz zur Entbürokratisierung

einem nennenswerten Umfang auf die jeweilige Regelung für sich eingegangen. So bezog sich die Stellungnahme des nationalen Normenkontrollrates insbesondere auf den Erfüllungs- und Vollzugsaufwand des Gesetzes[455] und die Stellungnahme des Bundesrates vorwiegend auf die Überprüfung der Beweislastregelung,[456] auf die sich dann insbesondere auch die Gegenäußerung der Bundesregierung bezog[457]. Im Rahmen der ersten Lesung am 29. November 2012 ist der Regierungsentwurf im Wege des vereinfachten Verfahrens, also ohne Aussprache in die Ausschüsse verwiesen worden.[458] Im Rahmen der zweiten Lesung am 1. Februar 2013 haben sich weder *von Stetten*,[459] *Hinz*,[460] *Rei-*

des Gemeinnützigkeitsrechts (Gemeinnützigkeitsentbürokratisierungsgesetz – GemEntBG) v. 06.11.2012, BT-Drs. 17/11316, S. 6, 7.

455 Stellungnahme des Nationalen Normenkontrollrates zum Entwurf der Bundesregierung über ein Gesetz zur Entbürokratisierung des Gemeinnützigkeitsrechts (Gemeinnützigkeitsentbürokratisierungsgesetz – GemEntBG) v. 26.11.2012, BT-Drs. 17/11632, S. 8.

456 Stellungnahme des Bundesrates zum Entwurf der Bundesregierung über ein Gesetz zur Entbürokratisierung des Gemeinnützigkeitsrechts (Gemeinnützigkeitsentbürokratisierungsgesetz – GemEntBG) v. 26.11.2012 – Drucksache 17/11632 -, BT-Drs. 17/12037, S. 5–6.

457 Gegenäußerung der Bundesregierung zur Stellungnahme des Bundesrates zum Entwurf der Bundesregierung über ein Gesetz zur Entbürokratisierung des Gemeinnützigkeitsrechts (Gemeinnützigkeitsentbürokratisierungsgesetz – GemEntBG) v. 26.11.2012 – Drucksache 17/11632 -, BT-Drs. 17/12037, S. 9.

458 Stenografischer Bericht der 211. Sitzung des Bundestages v. 29.11.2012, BT-PlPr. 17/211, S. 25677A-25678B.

459 Stenografischer Bericht der 220. Sitzung des Bundestages v. 01.02.2013, BT-PlPr. 17/220, S. 27338B-27339C.

460 Stenografischer Bericht der 220. Sitzung des Bundestages v. 01.02.2013, BT-PlPr. 17/220, S. 27339C-27341C.

nemund,[461] *Höll*,[462] *Haßelmann*,[463] *Steffel*,[464] *Kumpf*,[465] *Buschmann*,[466] *Holmeier*,[467] *Ehrmann*,[468] *Grübel*,[469] *Bernschneider*,[470] *Riegert*[471] noch *Grindel*[472] mit § 31a BGB-E oder der GmbH-rechtlichen Änderung auseinandergesetzt. Das Ehrenamtsstärkungsgesetz wurde ohne Aussprache im Rahmen der sich unmittelbar anschließenden dritten Lesung verabschiedet.[473] Auch der Bericht des Finanzausschusses vom 17. Januar 2013 rückte weder § 31a BGB-E noch § 4 S. 1 GmbHG-E ins Zentrum der Beschlussempfehlung.[474] Er enthält nur vereinzelt Passagen zu § 31a BGB-E, die aber weder die Haftungsbegrenzung thematisieren noch einen Bezug zum GmbH-Recht aufweisen.[475] Selbst

461 Stenografischer Bericht der 220. Sitzung des Bundestages v. 01.02.2013, BT-PlPr. 17/220, S. 27341C-27342D.

462 Stenografischer Bericht der 220. Sitzung des Bundestages v. 01.02.2013, BT-PlPr. 17/220, S. 27342D-27345A.

463 Stenografischer Bericht der 220. Sitzung des Bundestages v. 01.02.2013, BT-PlPr. 17/220, S. 27345A-27347B.

464 Stenografischer Bericht der 220. Sitzung des Bundestages v. 01.02.2013, BT-PlPr. 17/220, S. 27347B-27348D.

465 Stenografischer Bericht der 220. Sitzung des Bundestages v. 01.02.2013, BT-PlPr. 17/220, S. 27348D-27351B.

466 Stenografischer Bericht der 220. Sitzung des Bundestages v. 01.02.2013, BT-PlPr. 17/220, S. 27351B-27352A.

467 Stenografischer Bericht der 220. Sitzung des Bundestages v. 01.02.2013, BT-PlPr. 17/220, S. 27352A-27352D.

468 Stenografischer Bericht der 220. Sitzung des Bundestages v. 01.02.2013, BT-PlPr. 17/220, S. 27353A-27353D.

469 Stenografischer Bericht der 220. Sitzung des Bundestages v. 01.02.2013, BT-PlPr. 17/220, S. 27354A-27355A.

470 Stenografischer Bericht der 220. Sitzung des Bundestages v. 01.02.2013, BT-PlPr. 17/220, S. 27355A-27355D.

471 Stenografischer Bericht der 220. Sitzung des Bundestages v. 01.02.2013, BT-PlPr. 17/220, S. 27355D-27356D.

472 Stenografischer Bericht der 220. Sitzung des Bundestages v. 01.02.2013, BT-PlPr. 17/220, S. 27357A-27358A.

473 Stenografischer Bericht der 220. Sitzung des Bundestages v. 01.02.2013, BT-PlPr. 17/220, S. 27358B.

474 Beschlussempfehlung und Bericht des Finanzausschusses zu dem Gesetzesentwurf der Fraktionen CDU/CSU und FDP – Drucksache 17/11316 – v. 17.01.2013, BT-Drs. 17/12123.

475 Beschlussempfehlung und Bericht des Finanzausschusses zu dem Gesetzesentwurf der Fraktionen CDU/CSU und FDP – Drucksache 17/11316 – v. 17.01.2013, BT-Drs. 17/12123, S. 2, 11–13, 15, 22–23.

der Bundesrat folgte dieser Linie. Die Parlamentarische Staatssekretärin *Flach* bezog sich insbesondere auf das Instrument der freien Rücklage, auf das Verfahren zur Feststellung, ob eine Verbandssatzung den Anforderungen des Gemeinnützigkeitsrechts genügt, und auf die Spendenhaftung.[476] Die Ministerin *Walsmann* äußerte sich in Bezug auf § 31a BGB-E allein dahingehend, dass § 31a BGB nunmehr auch die Mitglieder anderer Vereinsorgane erfassen solle.[477]

b. Der Regelungsplan von § 43 GmbHG

Der vorstehenden Beurteilung steht auch kein entgegenstehender Plan von § 43 GmbHG entgegen, da dieser, entgegen der Ansicht von *Noack*, *Roth* und *Schöpflin*, nämlich grundsätzlich nicht das Ziel verfolgt, die Haftung des Geschäftsführers abschließend zu regeln. Im Ausgangspunkt regelt § 43 GmbHG die Binnenhaftung des Geschäftsführers aber umfassend. Nach § 43 Abs. 1 GmbHG hat dieser in den Angelegenheiten der Gesellschaft die Sorgfalt eines ordentlichen Geschäftsmannes anzuwenden. Zuwiderhandlungen begründen nach § 43 Abs. 2 GmbHG eine Ersatzverpflichtung gegenüber der Gesellschaft, welche in § 43 Abs. 3 GmbHG gesondert für Fälle geregelt ist, in denen der Geschäftsführer entgegen den Bestimmungen von § 30 GmbHG Zahlungen aus dem zur Erhaltung des Stammkapitals erforderlichen Vermögen leistet oder entgegen den Bestimmungen von § 33 GmbHG eigene Geschäftsanteile erworben werden. In diesem Rahmen schränkt § 43 GmbHG die Möglichkeit zulässiger Haftungsbegrenzungen aber nur in geringem Umfang ein. So ist im Anwendungsbereich von § 43 Abs. 3 S. 1 GmbHG ein Verzicht auf oder ein Vergleich über Ersatzansprüche unzulässig, wenn der Ersatz zur Befriedigung der Gesellschaftsgläubiger erforderlich ist, § 43 Abs. 3 S. 1 i.V.m. § 9b Abs. 1 S. 1 GmbHG. Insoweit wird die Geschäftsführerhaftung nach § 43 Abs. 3 S. 2 GmbHG auch nicht dadurch ausgeschlossen,

476 Stenografischer Bericht der 904. Sitzung des Bundesrates v. 14.12.2012, BR-PlPr. 904, S. 582C, 598A-599B.

477 Stenografischer Bericht der 911. Sitzung des Bundesrates v. 01.03.2013, BR-PlPr. 911, S. 98D.

dass die Geschäftsführungsmaßnahme auf einem im Vorfeld der Maßnahme gefassten Gesellschafterbeschluss beruht.

Außerhalb des Anwendungsbereichs von § 43 Abs. 3 GmbHG, der die Haftung der Geschäftsführer abschließend regelt, wenn die kapitalschützenden Vorschriften der §§ 30, 33 GmbHG verletzt werden (dazu ***bb.***), lässt sich nachweisen, dass der in § 43 Abs. 1 GmbHG normierte Sorgfaltsmaßstab grundsätzlich keinen abschließenden Charakter hat (dazu ***aa.***). Entgegen der Ansicht von *Hirte* kann § 43 GmbHG der abschließende Regelungscharakter aber nicht bereits deshalb abgesprochen werden, weil die Vorschrift keine ausdrückliche Regelung über die Haftung von unentgeltlich tätigen oder gering vergüteten Geschäftsführern trifft.[478] Ebenso geht *Piper* fehl, der den abschließenden Charakter von § 43 GmbHG mit Verweis auf § 43 Abs. 4 GmbHG verneint. Fehlen spezifische Regelungen über die Hemmung oder die Unterbrechung der in § 43 Abs. 4 GmbHG normierten Verjährung, so zeigt dies nur, dass eine dahingehende Regelungsunvollständigkeit besteht, die durch einen Rückgriff auf die allgemeinen Regeln der §§ 204ff. BGB geschlossen werden kann. Daraus folgt aber nicht, dass § 43 GmbHG den Rückgriff auf die Regelungen des bürgerlichen Rechts auch darüber hinaus zulässt.

aa. Stellungnahme: § 43 Abs. 1 GmbHG hat keinen abschließenden Charakter

Vielmehr hat der in § 43 Abs. 1 GmbHG normierte Sorgfaltsmaßstab keinen abschließenden Charakter, weil dieser zumindest bis zu der Grenze grob fahrlässigen Handelns der Dispositionsbefugnis der Gesellschafter unterliegt, wenngleich dies nach wie vor umstritten ist.

(1) Herrschende Meinung: § 43 Abs. 1 GmbHG ist grundsätzlich disponibel

Der Bundesgerichtshof und der überwiegende Teil des Schrifttums begreifen § 43 Abs. 1 GmbHG grundsätzlich als disponibel. Zunächst urteilte der Bundesgerichtshof aber im Jahr 1999, dass die in § 43

478 Diesbezüglich gelten die für den aktienrechtlichen Kontext in *Kap. IV A. II. 1. b.* dargestellten Erwägungen entsprechend.

Abs. 4 GmbHG normierte Verjährungsfrist gem. § 43 Abs. 3 GmbHG nicht verkürzt werden dürfe, wenn die Ersatzleistung zur Befriedigung der Gesellschaftsgläubiger erforderlich ist.[479] An diese Rechtsprechung knüpfte ein Urteil des II. Senats aus dem Jahr 2002 an, gab die dargelegte Rechtsauffassung aber ausdrücklich auf.[480] Aus § 46 Nr. 8 GmbHG folge, dass die Gesellschafter grundsätzlich darüber disponieren können, ob sie einen Schadensersatzanspruch verfolgen.[481] Der Verschuldensmaßstab stehe insoweit gleichermaßen zur Disposition der Gesellschafter, als diese die gesetzliche Verjährungsfrist verkürzen, auf Ersatzansprüche verzichten oder sich über diese vergleichen können.[482] In den Jahren 2003 und 2008 wurde diese Rechtsprechung bestätigt.[483] Der erkennende Senat führte insoweit aus, dass das GmbH-Gesetz die Schmälerung des Gesellschaftsvermögens grundsätzlich hinnehme, wenngleich die Interessen der Gesellschaftsgläubiger dadurch beeinträchtigt werden.[484] Im Ergebnis wird dieses Regelungsverständnis auch überwiegend im Schrifttum vertreten.[485] Aus der gesetzlichen Systematik folge, dass die Dispositionsmöglichkeit der Gesellschafter allein durch § 43 Abs. 3 GmbHG begrenzt wird.[486] Das Gesetz schütze

---

479 BGH Urt. v. 15.11.1999 - II ZR 122/98 = BGH GmbHR 2000, 187 (188).

480 BGH Urt. v. 16.09.2002 - II ZR 107/01 = BGH DStR 2002, 2046 (2048).

481 BGH Urt. v. 16.09.2002 - II ZR 107/01 = BGH DStR 2002, 2046 (2047); siehe auch ferner OLG Brandenburg Urt. v. 06.10.1998 - 6 U 278/97 = OLG Brandenburg NZG 1999, 210 (211) (Haftungsmilderung im Allgemeinen).

482 BGH Urt. v. 16.09.2002 - II ZR 107/01 = BGH DStR 2002, 2046 (2047).

483 BGH Urt. v. 07.04.2003 - II ZR 193/02 = BGH DStR 2003, 1309 (1310); allein zum Verzicht BGH Beschl. v. 18.02.2008 - II ZR 62/07 = BGH NJW-RR 2008, 905 (906).

484 BGH Urt. v. 07.04.2003 - II ZR 193/02 = BGH DStR 2003, 1309 (1310).

485 *Altmeppen*, in: Roth/Altmeppen GmbHG, § 43 GmbHG Rn. 119; *Beurskens*, in: Baumbach/Hueck GmbHG, § 43 GmbHG Rn. 39; *Fleischer*, in: MüKo GmbHG Bd. II, § 43 GmbHG Rn. 305; *Kleindiek*, in: Lutter/Hommelhoff GmbHG, § 43 GmbHG Rn. 64; *Oetker*, in: Henssler/Strohn Gesellschaftsrecht, § 43 GmbHG Rn. 10; *Paefgen*, in: Großkommentar GmbHG Bd. II, § 43 GmbHG Rn. 8; *Uwe H. Schneider*, in: Scholz GmbHG Bd. II, § 43 GmbHG Rn. 261; *Wicke*, GmbHG, § 43 GmbHG Rn. 17; *Diekmann*, in: Münch. Hdb. GesR Bd. III, § 46 Rn. 4; *Fleck*, GmbHR 1974, 224 (229); *Lohr*, NZG 2000, 1204 (1209); *van Venrooy*, GmbHR 2004, 237 (241, 242).

486 Siehe nur *Altmeppen*, in: Roth/Altmeppen GmbHG, § 43 GmbHG Rn. 119; *Fleischer*, in: MüKo GmbHG Bd. II, § 43 GmbHG Rn. 305; *Oetker*, in: Henssler/

die Interessen Dritter ansonsten nur reflexartig, nehme die Schmälerung des Gesellschaftsvermögens also grundsätzlich hin.[487]

(2) Teilweise vertretene Ansicht: § 43 Abs. 1 GmbHG ist zwingendes Recht

Im Schrifttum wird aber auch teilweise die Ansicht vertreten, dass der in § 43 Abs. 1 GmbHG normierte Verschuldensmaßstab als zwingende Regelung nicht zur Disposition der Gesellschafter stehe.[488] Diesbezüglich wird angeführt, dass der Geschäftsführer nach dem Willen des historischen Gesetzgebers bereits dann zwingend haften soll, wenn dieser der Sorgfalt eines ordentlichen Geschäftsmannes auch nur leicht fahrlässig zuwiderhandelt.[489] Zudem wird der Aspekt des Gläubigerschutzes vorgebracht, weil die verhaltenssteuernde Funktion der Binnenhaftung dazu beitrage, die Zahlungsunfähigkeit der Gesellschaft zu vermeiden.[490] Deshalb schütze § 43 GmbHG auch den Bestand des Gesellschaftsvermögens als Haftungsmasse der Gesellschaftsgläubiger.[491]

(3) Stellungnahme: § 43 Abs. 1 GmbHG ist grundsätzlich disponibel

Nach der zutreffenden Ansicht der herrschenden Meinung im Schrifttum und der Rechtsprechung des Bundesgerichtshofes steht der in

---

Strohn Gesellschaftsrecht, § 43 GmbHG Rn. 10; *Paefgen*, in: Großkommentar GmbHG Bd. II, § 43 GmbHG Rn. 8–10; *Lohr*, NZG 2000, 1204 (1209).

487 *Lohr*, NZG 2000, 1204 (1209); *Pelz*, RNotZ 2003, 415 (422, 423).

488 *Ziemons/Pöschke*, in: BeckOK GmbHG, § 43 GmbHG Rn. 299.8, 299.10; *Bastuck*, Enthaftung des Managements, S. 91.

489 Amtliche Begründung zu § 44 des Entwurfs über ein Gesetz betreffend die Gesellschaften mit beschränkter Haftung (1891), GmbHG-E, S. 94.

490 *Ziemons/Pöschke*, in: BeckOK GmbHG, § 43 GmbHG Rn. 299.8; *Ziemons*, in: Michalski GmbHG Bd. II, § 43 Rn. 434.

491 *Ziemons/Pöschke*, in: BeckOK GmbHG, § 43 GmbHG Rn. 299.8; *Ziemons*, in: Michalski GmbHG Bd. II, § 43 Rn. 434; vgl. *Lutter*, GmbHR 2000, 301 (311), für den die Stellung des Geschäftsführers gegen die Dispositionsmöglichkeit spricht. *Lutter* spricht zwar zunächst nur von „bedenklich", spricht sich aber anschließend allein für die Möglichkeit eines Verzichts nach Schadenseintritt unter Beachtung der entsprechenden Gläubigerschutzvorschriften aus.

§ 43 Abs. 1 GmbHG normierte Haftungsmaßstab grundsätzlich zur Disposition der Gesellschafter.

(a) Die historische Auslegung

Bastuck, *Haas* und *Ziemons* führen im Ausgangspunkt aber durchaus berechtigt den Willen des historischen Gesetzgebers an. § 43 GmbHG geht auf § 44 des Gesetzes betreffend die Gesellschaften mit beschränkter Haftung vom 20. April 1892 zurück.[492] Die amtliche Begründung zu § 44 GmbHG-E (1891) führt aus, dass die Geschäftsführer mit der Sorgfalt eines ordentlichen Geschäftsmannes handeln sollen und die Diligenzpflicht im Interesse der Gesellschafter und der Gläubiger nicht durch den Gesellschaftsvertrag abgeschwächt werden kann.[493] Sowohl die unmittelbar nachfolgenden als auch die zeitgeschichtlich jüngeren Gesetze haben den Sorgfaltsmaßstab im Wesentlichen unverändert übernommen, sodass auch der dahingehende Wille des historischen Gesetzgebers fortgilt.[494]

Der Wille des historischen Gesetzgebers hat im vorliegenden Kontext aber nur eine begrenzte Aussagekraft.[495] Im Rahmen der historischen Auslegung ist nämlich grundsätzlich nur der Wille des Gesetzgebers maßgeblich, der in einer Vorschrift objektiviert zum Ausdruck

492 § 44 des Gesetzes betreffend die Gesellschaften mit beschränkter Haftung v. 20.4.1892, RGBl. 1892, S. 489. Zum entstehungsgeschichtlichen Aspekt siehe *Uwe H. Schneider*, in: FS Werner 1984, 795 (801).

493 Amtliche Begründung zu § 44 des Entwurfs über ein Gesetz betreffend die Gesellschaften mit beschränkter Haftung 1891, GmbHG-E, S. 94.

494 Siehe Art. 11 des EGHGB 1897, RGBl. 1897, S. 443–447; zum GmbHG 1898, durch welches der bisherige § 44 nunmehr seine Nummerierung als § 43 erhalten hat, RGBl. 1898, S. 857; Gesetz zur Änderung des Gesetzes betreffend die Gesellschaften mit beschränkter Haftung und anderer handelsrechtlicher Vorschriften vom 11.07.1980, BGBl. 1980, S. 839; Gesetz zur Modernisierung des GmbH-Rechts und zur Bekämpfung von Missbräuchen (MoMiG) vom 23.10.2008, BGBl. 2008, S. 2030. Zur Entstehungsgeschichte siehe *Fleischer*, in: MüKo GmbHG Bd. II, § 43 GmbHG Rn. 3, 4.

495 Siehe insbesondere auch *Fleischer*, in: MüKo GmbHG Bd. II, § 43 GmbHG Rn. 304 m.w.N.; *Mand*, Die Geschäftsführerhaftung, S. 122; a.A. *Ziemons/Pöschke*, in: BeckOK GmbHG, § 43 GmbHG Rn. 299.8, 299.10; *Bastuck*, Enthaftung des Managements, S. 91.

kommt, also aus dem jeweiligen Wortlaut und dem Sinnzusammenhang folgt.[496] Die rein subjektiven Vorstellungen der am Gesetzgebungsverfahren beteiligten Organe und ihrer Mitglieder sind hingegen irrelevant.[497] Die subjektive Vorstellung der Beteiligten über den Regelungsgehalt wird nur berücksichtigt, soweit diese auch einen hinreichend bestimmten Ausdruck im Gesetz selbst gefunden hat.[498] Dies gilt insbesondere vor dem Hintergrund, dass die amtlichen Gesetzesbegründungen nur Aufschluss über die Erwägungen zu den Gesetzesentwürfen, nicht aber zu den letztendlich verabschiedeten Gesetzen geben.[499] Die historische Auslegung dient deshalb regelmäßig dazu, das auf andere Gesichtspunkte zu stützende Auslegungsergebnis zu bestätigen.[500]

(b) Die grammatikalische Auslegung

Die grammatikalische Auslegung gibt keinen Aufschluss darüber, ob es sich bei § 43 Abs. 1 GmbHG um eine zwingende oder disponible Regelung des GmbH-Rechts handelt. Die Regelung formuliert lediglich den Grundsatz, dass die Geschäftsführer in den Angelegenheiten der Gesellschaft die Sorgfalt eines ordentlichen Geschäftsmannes anzuwenden haben.

496 BVerfG Urt. v. 21.05.1952 – 2 BvH 2/52 = BVerfGE 1, 299 (312); BVerfG Beschl. v. 12.11.1958 – 2 BvL 4, 26, 40/56, 1, 7/57 = BVerfGE 8, 274 (307); BVerfG Beschl. v. 15.12.1959 – 1 BvL 10/55 = BVerfGE 10, 234 (244); BVerfG Beschl. v. 17.05.1960 – 2 BvL 11/59, 11/60 = BVerfGE 11, 126 (130); BVerfG Beschl. v. 11.01.1966 – 2 BvR 424/63 = BVerfGE 19, 354 (362); siehe auch BGH Urt. v. 30.06.1966 – KZR 5/65 = BGHZ 46, 74 (76).

497 BVerfG Urt. v. 21.05.1952 – 2 BvH 2/52 = BVerfGE 1, 299 (312); BVerfG Beschl. v. 15.12.1959 – 1 BvL 10/55 = BVerfGE 10, 234 (244).

498 BVerfG Beschl. v. 17.05.1960 – 2 BvL 11/59, 11/60 = BVerfGE 11, 126 (130); siehe auch RG Urt. v. 25.3.1891 – I. 11/91 = RGZ 27 409 (411).

499 Siehe dazu BVerfG Urt. v. 21.05.1952 – 2 BvH 2/52 = BVerfGE 1, 299 (312).

500 BVerfG Beschl. v. 12.11.1958 – 2 BvL 4, 26, 40/56, 1, 7/57 = BVerfGE 8, 274 (307); BVerfG Beschl. v. 11.01.1966 – 2 BvR 424/63 = BVerfGE 19, 354 (362); BGH Urt. v. 30.06.1966 – KZR 5/65 = BGHZ 46, 74 (79, 80).

(c) Die teleologische Auslegung

Der Sinn und Zweck des objektiv-typisierten Sorgfaltsmaßstabs spricht hingegen für den zwingenden Charakter von § 43 Abs. 1 GmbHG. Das Gesetz unterwirft den Geschäftsführer objektiven Anforderungen, die erforderlich sind, um die Stellung eines treuhändischen Verwalters fremden Vermögens ordnungsgemäß ausfüllen zu können.[501] Deshalb gilt grundsätzlich auch bereits die leicht fahrlässige Pflichtverletzung als verschuldet.[502] Die disponible Ausgestaltung von § 43 Abs. 1 GmbHG läuft aber dem Gedanken der objektiv bemessenen Sorgfalt eines ordentlichen Geschäftsmannes zuwider, da in diesem Fall der Grad der zu beachtenden Sorgfalt von den Gesellschaftern und damit individuell und nicht nach objektiven Kriterien bestimmt wird.

(d) Die systematische Auslegung

Hingegen spricht die gesetzliche Systematik dafür, dass § 43 Abs. 1 GmbHG grundsätzlich dispositiv ausgestaltet ist. Nach § 46 Nr. 8 GmbHG liegt es grundsätzlich in der Entscheidungsgewalt der Gesellschafter, ob die Ersatzansprüche der Gesellschaft gegenüber den Geschäftsführern verfolgt werden. Als Korrektiv wirkt allein § 43 Abs. 3 S. 2 GmbHG, der einen Verzicht auf oder einen Vergleich über den Ersatzanspruch der Gesellschaft für unzulässig erklärt, wenn die Ersatzleistung zur Befriedigung der Gläubiger erforderlich ist, § 43 Abs. 3 S. 2 i.V.m. § 9b Abs. 1 GmbHG.[503] Gleichermaßen kommt auch einem im Vorfeld der Geschäftsführungsmaßnahme gefassten

---

501 OLG Zweibrücken Urt. v. 22.12.1998 - 8 U 98/98 = OLG Zweibrücken NZG 1999, 506 (506, 507); OLG Celle Urt. v. 15.03.2000 - 9 U 209/99 = OLG Celle, NZG 2000, 1178 (1179); *Altmeppen*, in: Roth/Altmeppen GmbHG, § 43 GmbHG Rn. 3; vgl. zur AG *Böttcher*, NZG 2009, 1047 (1049).

502 Vgl. *Hölters*, in: Hölters AktG, § 93 AktG Rn. 251; *Hopt/Roth*, in: Großkommentar AktG Bd. IV/2, § 93 AktG Rn. 392; *Krieger/Sailer-Coceani*, in: Schmidt/Lutter AktG Bd. I, § 93 AktG Rn. 34; *Mertens/Cahn*, in: Kölner Kommentar AktG Bd. II/1, § 93 AktG Rn. 136; *Frodermann/von Eiff*, in: Frodermann/Jannott Hdb. Aktienrecht, Kap. 7 Rn. 219; *Wiesner*, Münch. Hdb. GesR Bd. IV, § 26 Rn. 2; *Schöne/Petersen*, AG 2012, 700 (701, 702).

503 *Altmeppen*, in: Roth/Altmeppen GmbHG, § 43 GmbHG Rn. 119; *Habersack/Schürnbrand*, WM 2005, 957 (957).

Gesellschafterbeschluss keine enthaftende Wirkung zu, § 43 Abs. 3 S. 3 GmbHG. Im Wege des Umkehrschlusses lässt sich daraus ableiten, dass die Gesellschafter im Rahmen des allgemeinen Haftungstatbestands von § 43 Abs. 2 GmbH grundsätzlich über die Verfolgung der Ersatzansprüche disponieren können und insoweit auch berechtigt sind, den in § 43 Abs. 1 S. 1 GmbHG normierten Sorgfaltsmaßstab zu begrenzen.

(e) Der Aspekt des Gläubigerschutzes

Der vorstehenden Wertung können auch keine Gesichtspunkte des Gläubigerschutzes entgegengehalten werden. Die GmbH-rechtliche Haftungsverfassung ist ebenfalls durch den Grundsatz der Haftungskonzentration geprägt, sodass § 43 Abs. 2 GmbHG lediglich einen reflexartigen Schutz der Interessen der Gesellschaftsgläubiger vermittelt.[504] Die Ersatzverpflichtung der Geschäftsführer aus § 43 Abs. 2 GmbHG ist insoweit als Anspruch der Gesellschaft ausgestaltet, damit die Gesellschafter und Dritte gleichermaßen von der Schadenskompensation profitieren. Das GmbH-Gesetz sieht den schutzbewährten Vorrang der Gläubigerinteressen allein für den Anwendungsbereich von § 43 Abs. 3 GmbHG vor und beschränkt die Dispositionsbefugnis der Gesellschafter nur, wenn die Geschäftsführer unmittelbar gläubigerschützende Vorschriften zur Kapitalerhaltung verletzen.[505]

(4) Zwischenergebnis

Im Ergebnis ist *Noack*, *Roth* und *Schöpflin* zu widersprechen, welche die Unzulässigkeit des Analogieschlusses mit dem abschließenden Charakter von § 43 GmbHG begründen. Gegen den abschließenden Charakter spricht, dass der GmbH-rechtliche Haftungsmaßstab der Disposition der Gesellschafter unterliegt, die den Geschäftsführer zu-

504 Zum Grundsatz der Haftungskonzentration im GmbH-Recht siehe *Habersack*, Die Mitgliedschaft, S. 205; *Fleischer*, ZGR 2004, 437 (440); *Haas*, WM 2006, 1417 (1419).

505 Siehe zum Grundsatz der Haftungskonzentration auch die Ausführungen im aktienrechtlichen Kontext in *Kap. IV A. II. 1. b. cc.*

mindest von einer Haftung für leichte und einfache Fahrlässigkeit freizeichnen können. Ist die Regelung aber bereits satzungsdispositiv ausgestaltet, geht es fehl, den Regelungscharakter von § 43 GmbHG gegen die Übertragung des durch § 31a Abs. 1 S. 1, S. 3 BGB vermittelten Schutzniveaus anzuführen.

bb. Stellungnahme: Der abschließende Charakter von § 43 Abs. 3 GmbHG

Die Haftung der Geschäftsführer ist allein in Bezug auf Verstöße gegen kapitalschützende Vorschriften abschließend normiert. Dafür spricht zunächst, dass der Haftungsmaßstab im Rahmen von § 43 Abs. 3 GmbHG (§§ 9a, 9b, 57 Abs. 4, 64 und 43a GmbHG) generell nicht zur Disposition der Gesellschafter steht.[506] Dies folgt daraus, dass § 43 Abs. 3 S. 2 i.V.m. § 9b Abs. 1 GmbHG weder einen Verzicht der Gesellschaft auf noch einen Vergleich über den Ersatzanspruch gegen den Geschäftsführer zulässt, soweit dieser zur Befriedigung der Gläubiger erforderlich ist.[507] Im Wege eines Erst-Recht-Schlusses spricht dies gegen die Zulässigkeit der Milderung des Haftungsmaßstabs im Vorfeld einer Geschäftsführungsmaßnahme.[508] Ein derartiges Normverständnis entspricht auch dem Sinn und Zweck von § 43 Abs. 3 GmbHG, das Stammkapital zu erhalten und die Kapitalbasis der Gesellschaft zu schützen.[509] Deshalb bemisst sich der Schaden der Gesellschaft auch nicht anhand der Differenzhypothese, sondern

---

506 So die h.M.: *Beurskens*, in: Baumbach/Hueck GmbHG, § 43 GmbHG Rn. 40; *Fleischer*, in: MüKo GmbHG Bd. II, § 43 GmbHG Rn. 308; *Kleindiek*, in: Lutter/Hommelhoff GmbHG, § 43 GmbHG Rn. 61; *Oetker*, in: Henssler/Strohn Gesellschaftsrecht, § 43 GmbHG Rn. 10; *Paefgen*, in: Großkommentar GmbHG Bd. II, § 43 Rn. 10; *Schnorbus*, in: Rowedder/Schmidt-Leithoff GmbHG, § 43 GmbHG Rn. 11; *Ziemons/Pöschke*, in: BeckOK GmbHG, § 43 GmbHG Rn. 299.7; *Diekmann*, in: Münch. Hdb. GesR Bd. III, § 46 Rn. 4; *Pelz*, RNotZ 2003, 415 (423).

507 *Altmeppen*, in: Roth/Altmeppen GmbHG, § 43 GmbHG Rn. 119; *Habersack/Schürnbrand*, WM 2005, 957 (957).

508 Siehe dazu mit jeweils eigenen Pointierungen *Fleischer*, in: MüKo GmbHG Bd. II, § 43 GmbHG Rn. 308; *Oetker*, in: Henssler/Strohn Gesellschaftsrecht, § 43 GmbHG Rn. 10; *Beurskens*, in: Baumbach/Hueck GmbHG, § 43 GmbHG Rn. 40.

509 *Ziemons/Pöschke*, in: BeckOK GmbHG, § 43 GmbHG Rn. 2; *Paefgen*, in: Großkommentar GmbHG Bd. II, § 43 Rn. 254; *Ziemons*, in: Michalski GmbHG Bd. II, § 43 GmbHG Rn. 493.

nach Maßgabe eines an der Kapitalerhaltung ausgerichteten, eigenständigen Schadensbegriffs.[510] So liegt der Gesellschaftsschaden im Fall einer verbotenen Auszahlung in Höhe des Liquiditätsabflusses vor,[511] der auch nicht durch etwaige Erstattungsansprüche i.S.v. § 31 Abs. 1 GmbHG kompensiert wird.[512] Im Anwendungsbereich von § 33 GmbHG entspricht die Schadenshöhe dementsprechend der Höhe des Erwerbspreises, ohne dass der Wert des Gesellschaftsanteils schadensmindernd berücksichtigt wird.[513] Zusätzlich wird der Schadenseintritt vermutet, sodass der Geschäftsführer darlegen und gegebenenfalls beweisen muss, dass der ausgezahlte Betrag an die Gesellschaft zurückgeflossen bzw. der Erwerbspreis an die Gesellschaft zurückgezahlt worden ist.[514]

Die analoge Anwendung von § 31a Abs. 1 S. 1, S. 3 BGB liefe der verschärften Haftung aus § 43 Abs. 3 GmbHG allerdings zuwider. Insoweit gilt es zu berücksichtigen, dass die Regelungen des Vereinsrechts einen entsprechenden Kapitalschutz nicht kennen und § 31a BGB dahingehende Erwägungen deshalb unberücksichtigt lässt. Die Annahme des abschließenden Regelungscharakters von § 43 Abs. 3 GmbHG steht insbesondere auch im Einklang mit der Wertung von § 31a BGB, der die Begrenzung des Haftungsmaßstabs allein dann für angemessen erachtet, wenn die Leitungstätigkeit unentgeltlich oder gering vergütet für eine steuerprivilegierte Körperschaft erfolgt. Die Verfolgung steuerprivilegierter Zwecke schließt aber nach §§ 52, 53, 55 AO aus, dass

510 *Paefgen*, in: Großkommentar GmbHG Bd. II, § 43 GmbHG Rn. 269.

511 BGH Urt. v. 24.11.2003 – II ZR 171/01 = BGHZ 157, 72 (78); BGH Urt. v. 29.09.2008 – II ZR 234/07 = BGH NZG 2008, 908 (910); *Ziemons/Pöschke*, in: BeckOK GmbHG, § 43 GmbHG Rn. 340, 341.

512 RG Urt. v. 30.11.1938 – II 39/38 = RGZ 159, 211 (230); BGH Urt. v. 29.09.2008 – II ZR 234/07 = BGH NJW 2009, 68 (70); *Fleischer*, in: MüKo GmbHG Bd. II, § 43 GmbHG Rn. 293.

513 Siehe nur *Ziemons*, in: Michalski GmbHG Bd. II, § 43 GmbHG Rn. 509; *Beurskens*, in: Baumbach/Hueck GmbHG, § 43 GmbHG Rn. 95.

514 *Fleischer*, in: MüKo GmbHG Bd. II, § 43 GmbHG Rn. 293; *Oetker*, in: Henssler/Strohn Gesellschaftsrecht, § 43 GmbHG Rn. 66; *Beurskens*, in: Baumbach/Hueck GmbHG, § 43 GmbHG Rn. 95.

Zahlungen aus dem Stammkapital der Gesellschaft an die Gesellschafter geleistet werden.[515]

2. Die vergleichbare Interessenlage

In Bezug auf die vergleichbare Interessenlage sprechen die maßgeblichen Aspekte dafür, dass der Gesetzgeber die Binnenhaftung des unentgeltlich tätigen oder gering vergüteten Geschäftsführers einer steuerprivilegierten Gesellschaft analog § 31a Abs. 1 S. 1, S. 3 BGB ausgestaltet hätte, wenn einer diesbezüglichen Interessenabwägung die Aspekte zugrunde gelegt worden wären, die auch hinsichtlich der vereinsrechtlichen Haftungsbegrenzung entscheidungserheblich gewesen sind.[516] Insoweit ist zu berücksichtigen, dass auch steuerprivilegierte Gesellschaften einen wesentlichen Beitrag für die Allgemeinheit leisten.[517] In diesem Sinne spricht *Reuter* sogar von ehrenamtlichen GmbH-Geschäftsführern, die eine unschätzbare Arbeit im sportlichen, kulturellen und sozialen Bereich leisten.[518] Und auch *Oetker* erkennt zumindest das diesbezügliche Missverhältnis zwischen Vergütungshöhe und Haftungsrisiko an.[519] Zudem verdeutlicht das GmbH-Gesetz den Unterschied zwischen einer Gesellschaft mit wirtschaftlicher und steuerprivilegierter Zwecksetzung bereits durch die Möglichkeit, dass Letztere nunmehr nach § 4 S. 2 GmbHG als gGmbH firmieren und ihre am Allgemeinwohl ausgerichtete Zwecksetzung kenntlich machen kann.

Der vergleichbaren Interessenlage steht auch nicht entgegen, dass die Binnenhaftung grundsätzlich dispositiv ausgestaltet ist und in der Satzung dem § 31a BGB vergleichbare Haftungsbegrenzungen normiert

515 Vergleiche im vorstehenden Sinne die Ausführungen im aktienrechtlichen Kontext in *Kap. IV A. II. 1. b. cc.*

516 Zur vergleichbaren Interessenlage BGH Urt. v. 13.07.1988 – IVa ZR 55/87 = BGHZ 105, 140 (143); BGH Urt. v. 20.11.1992 – V ZR 82/91 = BGHZ 120, 239 (252); BGH Urt. v. 14.12. 2006 – IX ZR 92/05 = BGHZ 170, 187 (191); OLG Hamburg Urt. v. 5.02.2009 – 6 U 216/07 = OLG Hamburg NZG 2009, 1036 (1037).

517 Siehe dazu die Erwägungen im aktienrechtlichen Kontext in *Kap. IV A. II. 2. b.*

518 Siehe zu dieser Erwägung *Reuter*, NZG 2009, 1368 (1369, 1370).

519 *Oetker*, in: Henssler/Strohn Gesellschaftsrecht, § 43 GmbHG Rn. 13.

werden können. Schließlich sah sich der Gesetzgeber auch im vereinsrechtlichen Kontext zu der Verabschiedung gesetzlicher Regelungen veranlasst, obwohl die Haftung der Vorstandsmitglieder auch dort grundsätzlich satzungsdispositiv ausgestaltet war.

Die Interessenlage der Geschäftsführer ist auch unter Berücksichtigung ihrer organisationsrechtlichen Stellung mit jener der Vorstandsmitglieder eines Vereins vergleichbar. Nach § 35 Abs. 2 S. 1 GmbHG kann die Vertretungsmacht des Geschäftsführers zwar nicht nach außen beschränkt werden, doch leitet der Geschäftsführer die Geschäfte ebenfalls nicht zwingend in eigener Verantwortung.[520] Die Geschäftsführer sind den Gesellschaftern gegenüber weisungsgebunden, die eine Geschäftsführungsmaßnahme auch vollumfänglich an sich ziehen können (sog. Allzuständigkeit der Gesellschafterversammlung).[521]

Entgegen der Ansicht *Leuschners* spricht auch das System des körperschaftlichen Gläubigerschutzes nicht gegen die Vergleichbarkeit der Interessenlage, da die Interessen der Gesellschaftsgläubiger durch § 43 GmbHG grundsätzlich nur reflexiv geschützt werden. Innerhalb des unmittelbar gläubigerschützenden Anwendungsbereichs von § 43 Abs. 3 GmbHG steht dessen abschließender Regelungscharakter bereits dem Analogieschluss und insoweit auch einer Beeinträchtigung der Gläubigerinteressen entgegen. Unter Berücksichtigung der Rechtsprechung zum Nebenzweckprivileg überzeugt die Argumentation *Leuschners* auch insoweit nicht, als dieser eine Beeinträchtigung der Interessen der Vereinsgläubiger, nicht aber eine Beeinträchtigung der Interessen der Gesellschaftsgläubiger für zumutbar hält. Auf dieser Grundlage kann nämlich selbst ein Idealverein einen wirtschaftlich umfangreicheren Geschäftsbetrieb unterhalten als eine GmbH, sodass

---

520 Über die Geschäftsführungsbefugnis trifft das GmbHG keine ausdrückliche Regelung, doch ist zutreffend davon auszugehen, dass diese dem Grunde nach besteht. *Paefgen*, in: GmbHG Großkommentar Bd. II, § 35 GmbHG Rn. 168; *Stephan/Tieves*, in: MüKo GmbHG Bd. II, § 46 GmbHG Rn. 4; *Grunewald*, Gesellschaftsrecht, § 13 Rn. 54; *K. Schmidt*, Gesellschaftsrecht, § 36 I 2 a).

521 *Hüffer/Schürnbrand*, GmbHG Großkommentar Bd. II, § 46 GmbHG Rn. 134; *Schindler*, in: BeckOK GmbHG, § 46 GmbHG Rn. 131–133; *Zöllner/Noack*, in: Baumbach/Hueck GmbHG, § 46 GmbHG Rn. 89, 91; *K. Schmidt*, Gesellschaftsrecht, § 36 I 2 a).

die Wahrscheinlichkeit der Zahlungsunfähigkeit eines Vereins faktisch nicht zwingend geringer sein muss.[522] Insoweit ist zu berücksichtigen, dass die Gesellschaft nach § 55 Abs. 1 AO überhaupt keine eigenwirtschaftlichen (Haupt-)Zwecke verfolgen darf, da dies der Verfolgung steuerprivilegierter Zwecke entgegensteht. Es ist auch nicht zu befürchten, dass die Gesellschafter eigenwirtschaftlich orientierte Impulse setzen, weil an diese maximal das Ausstattungskapital zurückfällt und Gewinnausschüttungen unzulässig sind.[523] Im Allgemeinen leuchtet auch nicht ein, dass die Interessenbeeinträchtigung im vereinsrechtlichen Kontext zumutbar sein soll, obwohl die §§ 21ff. BGB einen dem GmbH-Recht vergleichbaren Gläubigerschutz nicht normieren, sodass die Interessen der Gläubiger im GmbH-Recht bereits grundsätzlich umfassender geschützt werden.

III. Stellungnahme: Die analoge Anwendung von § 31a Abs. 1 S. 2, S. 3 BGB

Im GmbH-rechtlichen Kontext sind die Gesellschafter das Pendant zu den Vereinsmitgliedern, sodass die Haftung analog § 31a Abs. 1 S. 2 BGB begrenzt wird. Insoweit gelten die Erwägungen im aktienrechtlichen Kontext in *Kap. IV A. III.* entsprechend, weil die aktien- und GmbH-rechtliche Haftung der Geschäftsleiter in dieser Hinsicht vergleichbar sind. Schließlich bemisst sich die Geschäftsführerhaftung ebenfalls nach Maßgabe der allgemeinen Regelungen, insbesondere den §§ 823ff. BGB, und nicht nach Maßgabe von § 43 GmbHG.[524] Dem steht auch nicht die in § 31 Abs. 6 GmbHG ausnahmsweise angeordnete, unmittelbare Ersatzpflicht gegenüber den Gesellschaftern

522 Siehe *Kap. II D. III. 3. c. bb.*

523 Siehe dazu *Gersch*, in: Klein AO, § 55 AO Rn. 4, 20; *Schauhoff*, in: Hdb. der Gemeinnützigkeit, § 9 Rn. 1. Siehe *Kap. IV A. II. 1. b. aa. (4).*

524 Siehe nur *Fleischer*, in: MüKo GmbHG Bd. II, § 43 GmbHG Rn. 335; *Ziemons*, in: Michalski GmbHG Bd. II, § 43 GmbHG Rn. 567; *Beurskens*, in: Baumbach/Hueck GmbHG, § 43 GmbHG Rn. 112. Vgl. auch BGH Urt. v. 25.02.1982 – II ZR 174/80 = BGHZ 83, 122 (134) (AG) und BGH Urt. v. 12.03.1990 – II ZR 179/89 = BGHZ 110, 323 (334) (Verein).

entgegen, da diese Regelung voraussetzt, dass das Stammkapital beeinträchtigende Zahlungen i.S.v. § 30 GmbHG geleistet werden. In diesem Fall steht der abschließende Charakter von § 43 Abs. 3 GmbHG bereits der Haftungsbegrenzung analog § 31a Abs. 1 S. 2 BGB entgegen, sodass die Regelung von § 31 Abs. 6 GmbHG ohne Einfluss auf den Analogieschluss bleiben muss.

IV. Stellungnahme: Die analoge Anwendung von § 31a Abs. 2 BGB

In Bezug auf den Freistellungsanspruch der unentgeltlich tätigen und gering vergüteten Geschäftsführer gegenüber der steuerprivilegierten Gesellschaft analog § 31a Abs. 2 BGB wird insbesondere auch auf die im aktienrechtlichen Kontext dargelegten Erwägungen in *Kap. IV A. IV.* verwiesen. Insoweit folgt nämlich auch die Haftung der Geschäftsführer gegenüber Dritten den allgemeinen Regeln, insbesondere den §§ 823ff. BGB.

Die Zulässigkeit der entsprechenden Normanwendung folgt zunächst aus der lediglich im Anwendungsbereich von § 43 Abs. 3 GmbHG begrenzten Verzichts- und Vergleichsmöglichkeit der Gesellschaft, die im Anwendungsbereich von § 43 Abs. 2 GmbHG grundsätzlich keinen Einschränkungen unterliegt. Der entsprechenden Anwendung von § 31a Abs. 2 BGB können deshalb keine gläubigerschützenden Gesichtspunkte entgegengehalten werden, weil die analoge Anwendung von § 31a BGB generell unzulässig ist, wenn Geschäftsführer gegen unmittelbar gläubigerschützende Kapitalerhaltungsvorschriften verstoßen.

Der Zulässigkeit des Analogieschlusses steht auch nicht der in § 30 Abs. 1 GmbHG normierte Grundsatz der Kapitalerhaltung entgegen, nach dem das zum Erhalt des Stammkapitals erforderliche Vermögen nicht an die Gesellschafter ausbezahlt werden darf.[525] Dadurch sollen

525 Zum Grundsatz der Kapitalerhaltung siehe *Fleischer*, in: Henssler/Strohn Gesellschaftsrecht, § 30 GmbHG Rn. 1; *Schmolke*, in: BeckOK GmbHG, § 30 GmbHG Rn. 1.

die Bestandsfähigkeit und ein Mindestvermögen der Gesellschaft in Höhe der in der Satzung bestimmten Stammkapitalziffer gesichert werden, damit den Gesellschaftsgläubigern eine entsprechende Haftungsmasse zur Verfügung steht.[526] Der Bestands- und Gläubigerschutz ist aber nicht absolut, sondern nur soweit zwingend erforderlich gewährleistet und insbesondere nicht darauf angelegt, das Vermögen der Gesellschaft vor operativen Verlusten zu schützen.[527]

V. Die Haftung der Geschäftsführer analog § 31a BGB: Ergebnis

Im Ergebnis ist damit insbesondere *Roth*, *Schöpflin*, *Noack*, *Vetter*, *Orth*, *Leuschner* und *Paefgen*[528] zu widersprechen, die einen Analogieschluss als gänzlich unzulässig erachten. *Piper* ist grundsätzlich nur im Ergebnis beizupflichten.

Die Untersuchung hat gezeigt, dass die Begrenzung der Geschäftsführerhaftung gegenüber der Gesellschaft nach § 31a Abs. 1 S. 1, S. 3 BGB analog grundsätzlich zulässig ist, es sei denn, dass der Anwendungsbereich von § 43 Abs. 3 GmbHG betroffen ist. Die Haftung gegenüber den Gesellschaftern bemisst sich nunmehr ebenfalls nach Maßgabe von § 31a Abs. 1 S. 2, S. 3 BGB analog. Der entsprechenden Normanwendung ist nur dann die Grundlage entzogen, wenn die Vermögensinteressen der Gesellschafter in ihrer Funktion als Teilhaber an der Gesellschaft betroffen sind. Im Fall der Drittschädigung unterliegt die analoge Anwendung von § 31a Abs. 2 BGB hingegen keinen Einschränkungen, sodass Geschäftsführer nunmehr stets die jeweilige Gesellschaft auf Freistellung in Anspruch nehmen können, wenn sie weder vorsätzlich noch grob fahrlässig gehandelt haben. Allgemein gilt allerdings auch im GmbH-rechtlichen Kontext, dass die Geschäftsführer

526 BGH Urt. v. 24.11.2003 – II ZR 171/01 = BGHZ 157, 72 (75); *Fastrich*, in: Baumbach/Hueck GmbHG, § 30 GmbHG Rn. 1.

527 *Fastrich*, in: Baumbach/Hueck GmbHG, § 30 GmbHG Rn. 1.

528 *Paefgen*, in: Großkommentar GmbHG Bd. II, § 43 GmbHG Rn. 44; *Schöpflin*, in: BeckOK BGB, § 31a BGB Rn. 3; *Noack*, GmbHR 2010, R 81; *Roth*, npoR 2010, 1 (2); *Schöpflin*, Rpfleger 2010, 349 (354); *Paefgen*, AG 2014, 554 (571).

unentgeltlich oder gering vergütet tätig sein und die Gesellschaften steuerprivilegierte Zwecke i.S.v. §§ 51ff. AO verfolgen müssen.

C. Die Begrenzung der Dispositionsbefugnis analog § 31a BGB

Da § 31a BGB aber nicht allein die Haftung der Vorstandsmitglieder begrenzt, sondern auch die dahingehende Dispositionsbefugnis des Vereins einschränkt, ist zusätzlich die Frage aufgeworfen, ob § 31a BGB analog die diesbezügliche Dispositionsbefugnis auch im Aktien- und GmbH-Recht beschränkt. Insoweit ist zu berücksichtigen, dass der Gesellschaftszweck bereits im Fall der unmittelbaren Anwendung von § 31a BGB unerheblich ist, sodass im Rahmen der entsprechenden Anwendung nichts anderes gelten kann.[529]

I. Die Begrenzung der Dispositionsbefugnis analog § 31a BGB im Aktienrecht

Im Aktienrecht ist für die Begrenzung der Dispositionsbefugnis analog § 31a BGB kein Raum, weil der in § 93 Abs. 1 AktG normierte Haftungsmaßstab nicht satzungsdispositiv ist.[530]

II. Die Begrenzung der Dispositionsbefugnis analog § 31a BGB im GmbH-Recht

Im GmbH-Recht ist für die Begrenzung der Dispositionsbefugnis analog § 31a BGB hingegen Raum, weil der in § 43 Abs. 1 GmbHG normierte Haftungsmaßstab grundsätzlich disponibel ist.[531] Insoweit muss der Haftungsmaßstab aber zumindest auf Vorsatz begrenzbar

529 Siehe zum unmittelbaren Anwendungsbereich *Kap. III B. III. 2.*

530 Siehe *Kap. IV A. II. 1. b.*

531 Siehe dazu *Fehrenbach*, ZWH 2016, 85 (88).

sein, da andernfalls keine Notwendigkeit zu einer Beschränkung der Dispositionsbefugnis analog § 31a BGB bestünde.

1. Die Grenze der Dispositionsbefugnis im GmbH-Recht

In Bezug auf die Grenze der Dispositionsbefugnis besteht allerdings nur dahingehende Einigkeit, dass die Haftung für Vorsatz nach § 276 Abs. 3 BGB nicht ausgeschlossen werden kann.[532] Ansonsten haben sich im Wesentlichen drei voneinander zu unterscheidende Ansichten herausgebildet. Einerseits wird vertreten, dass die Haftung der Geschäftsführer selbst für grobe Fahrlässigkeit ausgeschlossen werden könne (***a.***). Die Gegenansicht meint hingegen, dass eine Milderung des Haftungsmaßstabs nur bis zur Grenze des grob fahrlässigen Handelns zulässig sei (***b.***). Nach der dritten Ansicht sei ein Haftungsausschluss stets unzulässig, soweit die Ersatzleistung zur Befriedigung der Gesellschaftsgläubiger erforderlich ist (***c.***).

a. Herrschende Meinung: Vorsatz als Dispositionsgrenze

Nach Ansicht der Rechtsprechung und der überwiegenden Stimmen im Schrifttum sei die Dispositionsbefugnis der Gesellschafter allein dahingehend begrenzt, dass die Geschäftsführer stets für Vorsatz haften.[533] Im Übrigen stehe der Haftungsmaßstab und auch das nicht

532 Siehe dazu *Altmeppen*, in: Roth/Altmeppen GmbHG, § 43 GmbHG Rn. 119; *Fleischer*, in: MüKo GmbHG Bd. II, § 43 GmbHG Rn. 312; *Oetker*, in: Henssler/Strohn Gesellschaftsrecht, § 43 GmbHG Rn. 10; *Paefgen*, in: Großkommentar GmbHG Bd. II, § 43 GmbHG Rn. 9; *Wicke*, GmbHG, § 43 GmbHG Rn. 17; *Beurskens*, in: Baumbach/Hueck GmbHG, § 43 GmbHG Rn. 41; *Fleck*, GmbHR 1974, 224 (229).

533 BGH Urt. v. 16.09.2002 – II ZR 107/01 = BGH DStR 2002, 2046 (2047); BGH Urt. v. 07.04.2003 – II ZR 193/02 = BGH DStR 2003, 1309 (1310); BGH Beschl. v. 18.02.2008 – II ZR 62/07 = BGH NJW-RR 2008, 905 (906) (allein zum Verzicht); *Fleischer*, in: MüKo GmbHG Bd. II, § 43 GmbHG Rn. 312; *Paefgen*, in: Großkommentar GmbHG Bd. II, § 43 GmbHG Rn. 9; *Schnorbus*, in: Rowedder/Schmidt-Leithoff GmbHG, § 43 GmbHG Rn. 10, 11; wohl auch *Uwe H. Schneider*, in: Scholz GmbHG Bd. II, § 43 GmbHG Rn. 261, der eine Grenzziehung nur in Bezug auf gläubigerschützende Pflichten anführt; *Wicke*, GmbHG, § 43 GmbHG Rn. 17.

gebundene Gesellschaftsvermögen zur freien Disposition der Gesellschafter.[534] Schließlich müsse die Haftung im Vorfeld einer Maßnahme im selben Umfang begrenzt werden können, in dem die Gesellschafter auch nachträglich auf Ersatzansprüche verzichten oder sich über diese vergleichen dürfen.[535]

b. Teilweise vertretene Ansicht: Grobe Fahrlässigkeit als Dispositionsgrenze

Demgegenüber begreift die Gegenansicht die Haftung für grobe Fahrlässigkeit grundsätzlich als Mindeststandard.[536] Dahingehend wird vorgebracht, dass der Geschäftsführer als treuhändischer Verwalter fremden Vermögens eine erhebliche Verantwortung habe.[537] Das Gesellschaftsvermögen müsse insoweit vor leichtfertigen Schmälerungen geschützt werden und den Gesellschaftsgläubigern als gebundenes Sondervermögen für den Fall der Haftung erhalten bleiben.[538]

c. Teilweise vertretene Ansicht: Der Gläubigerschutz als Dispositionsgrenze

Unter Bezugnahme auf § 43 Abs. 3 GmbHG und § 93 Abs. 5 S. 2, S. 3 AktG wird ferner vertreten, dass die generelle Haftungsbegrenzung unzulässig sei, wenn die Kompensationsleistungen der Geschäftsführer zur Befriedigung der Gesellschaftsgläubiger erforderlich sind.[539]

---

534 *Uwe H. Schneider*, in: Scholz GmbHG Bd. II, § 43 GmbHG Rn. 261.

535 BGH Urt. v. 16.09.2002 – II ZR 107/01 = BGH DStR 2002, 2046 (2047); BGH Urt. v. 07.04.2003 – II ZR 193/02 = BGH DStR 2003, 1309 (1310); BGH Beschl. v. 18.02.2008 – II ZR 62/07 = BGH NJW-RR 2008, 905 (906) (allein zum Verzicht); *Fleck*, GmbHR 1974, 224 (229).

536 *Beurskens*, in: Baumbach/Hueck GmbHG, § 43 GmbHG Rn. 41; *Konzen*, NJW 1989, 2977 (2984); *Lohr*, NZG 2000, 1204 (1209).

537 *Konzen*, NJW 1989, 2977 (2984); *Lohr*, NZG 2000, 1204 (1209).

538 *Beurskens*, in: Baumbach/Hueck GmbHG, § 43 GmbHG Rn. 95; *Reese*, DStR 1995, 532 (536).

539 Zu § 43 Abs. 3 GmbHG siehe BGH Urt. v. 15.11.1999 – II ZR 122/98 = BGH GmbHR 2000, 187 (188). Zu § 93 Abs. 5 S. 2, S. 3 AktG siehe *Altmeppen*, in: Roth/Altmeppen GmbHG, § 43 GmbHG Rn. 119; *Altmeppen*, DB 2000, 261 (262).

d. Stellungnahme: Vorsatz als Dispositionsgrenze

Im Ergebnis sprechen die gewichtigeren Argumente dafür, dass die Haftung des GmbH-Geschäftsführers grundsätzlich bis zur Vorsatzgrenze disponibel ist.

Für dieses Verständnis spricht allerdings nicht zwingend, dass sich die Gesellschafter im Nachhinein über Ersatzansprüche vergleichen oder auf diese verzichten dürfen. Die nachträgliche, einzelfallbezogene Haftungsdisposition hat nämlich eine andere Qualität als die generelle Haftungsfreizeichnung im Vorfeld einer Geschäftsführungsmaßnahme. Schließlich legen die Gesellschafter ihrer Entscheidung im Rahmen eines nachträglichen Verzichts die jeweiligen Umstände des Einzelfalls zugrunde. Die verhaltenssteuernde Funktion der Haftung wird dabei geringfügiger beeinträchtigt als durch eine generelle Haftungsbegrenzung, weil die Geschäftsführer den Haftungsverzicht nur als möglich, nicht aber als sicher beurteilen können. Die grundsätzlich umfassende Dispositionsbefugnis der Gesellschafter besteht vielmehr, weil eine gegenläufige Rechtsgrundlage fehlt. In diesem Sinne kann auch § 43 Abs. 3 GmbHG nicht die allgemeine Wertung entnommen werden, dass die Haftung des Geschäftsführers vollumfänglich und vorrangig dem Schutz der Kapitalbasis und dem Schutz der Gesellschaftsgläubiger dienen soll. Andernfalls würde § 43 Abs. 3 S. 2 GmbHG in systemwidriger Weise als eigenständiger Absatz 5 gelesen. Da die Gesellschaftsgläubiger grundsätzlich nur reflexartig durch § 43 Abs. 2 GmbHG geschützt werden, können diese kein über § 43 Abs. 3 GmbHG hinausgehendes Vertrauen auf den Bestand des Stammkapitals geltend machen. Der Schutz von § 43 GmbHG zielt insbesondere nicht auf den Schutz der Gesellschaftsgläubiger vor jeglichen Formen des Missmanagements. Etwas anderes folgt auch nicht aus § 93 Abs. 5 S. 2 AktG, da sich der historische Gesetzgeber bewusst gegen eine entsprechende Anwendung der Regelung im GmbH-Recht entschieden hat.[540] Die Bestrebungen eines Sachverständigen im Rahmen der Vorarbeiten zur GmbH-Rechtsnovelle von 1980, der eine

540 Siehe dazu bei *Schubert*, Quellen zur GmbH-Reform, S. 24.

entsprechende Gesetzangleichung befürwortete, damit die Geschäftsführer im Falle gröblicher Sorgfaltspflichtverletzungen zumindest den Gesellschaftsgläubigern nach § 43 Abs. 2 GmbHG ersatzpflichtig bleiben, hat keinen Eingang in das Gesetz gefunden.[541]

2. Die planwidrige Unvollständigkeit der Rechtsordnung

Die Unvollständigkeit der Rechtsordnung folgt nicht bereits daraus, dass das GmbH-Recht Dispositionen über den Haftungsmaßstab der Geschäftsführer zulässt, die Vorstandsmitglieder gegenüber der Aktiengesellschaft hingegen zwingend für leichte Fahrlässigkeit haften. Dies entspricht vielmehr dem allgemeinen Charakter der Gesetze, da das Aktiengesetz grundsätzlich zwingend und das GmbH-Gesetz grundsätzlich disponibel ausgestaltet ist. Der zwingende Charakter des aktienrechtlichen Haftungsmaßstabs entspricht auch der umfassenden Geschäftsführungsbefugnis des Vorstands, der die Geschäfte weisungsunabhängig in eigener Verantwortung führt. Der grundsätzlich disponible Charakter des GmbH-rechtlichen Haftungsmaßstabs entspricht dagegen der umfassenden Weisungsbefugnis der Gesellschafter, die so maßgeblichen Einfluss auf die Geschäftsführung nehmen können.[542]

Die Rechtsordnung erweist sich vielmehr seit der Einführung von § 31a BGB als unvollständig, weil die Regelungen des GmbH-Gesetzes eine weitergehende Disposition über die Geschäftsführerhaftung zulassen als die Regelungen des Vereinsrechts hinsichtlich der Haftung unentgeltlich tätiger und gering vergüteter Vorstandsmitglieder. Unter Berücksichtigung der Zielsetzungen des historischen Gesetzgebers wirkt es lückenhaft, dass Vorstandsmitglieder einer Aktiengesellschaft stets für Vorsatz und Fahrlässigkeit und die Vorstandsmitglieder eines Vereins stets für Vorsatz und grobe Fahrlässigkeit haften, während die Geschäftsführer einer GmbH selbst von der Verantwortlichkeit für leichtfertiges Handeln freigezeichnet werden können.[543] Der histo-

541 Siehe dazu bei *Schubert*, Quellen zur GmbH-Reform, S. 24.

542 Siehe zur Weisungsbefugnis der Gesellschafter *Grunewald*, Gesellschaftsrecht, § 13 Rn. 55; *Hirte*, Kapitalgesellschaftsrecht, Rn. 3.228.

543 Zu den Zielsetzungen des Gesetzgebers siehe *Kap. IV B. II. 1. a. bb.*

rische Gesetzgeber hat mit der Einführung von § 31a BGB schließlich auch das Ziel verfolgt, dass die Mitglieder des Vereinsvorstands nunmehr in einem geringeren Umfang für die Verletzung ihrer Pflichten haften als die Geschäftsführer einer GmbH.[544] Nach Maßgabe des Regelungsplans von § 31a BGB erweist sich die Unvollständigkeit der Rechtsordnung auch als planwidrig. Dieser beabsichtigt insbesondere auch die haftungsrechtlichen Rahmenbedingungen für die Vorstandsmitglieder von Vereinen zu verbessern, die unentgeltlich und gering vergütet für gemeinnützige oder mildtätige Vereine tätig werden. Die überwiegend zwingend ausgestalteten Haftungsprivilegien sind dabei auch Ausfluss der gesetzgeberischen Wertung, dass ehrenamtlich Engagierte nicht dem gleichen Haftungsmaßstab unterliegen sollen, dem auch die hauptberuflichen Geschäftsführer einer GmbH mit wirtschaftlicher Zwecksetzung unterworfen sind. Zu diesem Zweck normiert § 31a Abs. 1 S. 1 BGB einen von § 43 Abs. 1 GmbHG abweichenden Haftungsmaßstab. Mit dem Plan von § 31a BGB ist es deshalb unvereinbar, dass die Haftung des GmbH-Geschäftsführers umfassender begrenzt werden kann als die Haftung der nach § 31a BGB privilegiert haftenden Vorstandsmitglieder.[545] Aus dem Plan des Gesetzes folgt insoweit die zwingende Zielsetzung, auch die GmbH-rechtliche Dispositionsbefugnis der Gesellschafter in entsprechender Anwendung von § 31a BGB zu beschränken, damit die Haftung der Geschäftsführer zumindest nicht über das Maß der groben Fahrlässigkeit hinaus begrenzt werden kann. Dem steht insbesondere auch kein gegenläufiger Plan von § 43 GmbHG entgegen, nach dem der umfassend disponible Haftungsmaßstab zwingend wäre. Die disponible Ausgestaltung von § 43 Abs. 1 GmbHG folgt nämlich keinem stringenten Regelungskonzept. Die Dispositionsbefugnis steht grundsätzlich dem ausdrücklichen Willen des historischen Gesetzgebers entgegen, dem vielmehr die zwingende Haftung für Vorsatz und Fahrlässigkeit entspricht,[546] und folgt

544 Siehe *Kap. IV B. II. 1. a. bb. (1)* und *(3)*.
545 Siehe *Kap. IV B. II. 1. a. bb. (1)* und *(3)*.
546 Amtliche Begründung zu § 44 des Entwurfs eines Gesetzes betreffend die Gesellschaften mit beschränkter Haftung 1891, GmbHG-E, S. 94.

stattdessen aus der Gesetzessystematik, die einer auf historische Aspekte gestützten Gesetzesauslegung entgegensteht.[547]

3. Die vergleichbare Interessenlage

Zudem sprechen auch die maßgeblichen Aspekte dafür, dass sich der historische Gesetzgeber dazu entschieden hätte, auch die Dispositionsbefugnis der Gesellschafter über den in § 43 Abs. 1 GmbHG normierten Haftungsmaßstab in einer dem § 31a BGB entsprechenden Weise zu beschränken, wenn sich dieser im Rahmen einer dahingehenden Interessenabwägung von denselben Grundsätzen hätte leiten lassen, die der Einschränkung der vereinsrechtlichen Dispositionsmöglichkeit zugrunde gelegt wurden.[548]

a. Die Interessenabwägung im Kontext von § 31a BGB

Mit der Einführung von § 31a BGB beabsichtigte der Gesetzgeber insbesondere diejenigen haftungsrechtlich zu privilegieren, die sich unentgeltlich oder gegen eine nur geringe Vergütung in mildtätigen oder gemeinnützigen Vereinen engagieren. In diesem Rahmen wurden die Interessen der Vorstandsmitglieder an einer umfassenden Begrenzung ihres Haftungsrisikos gegen die Interessen des Vereins und der Vereinsmitglieder an einer umfassenden Schadenskompensation abgewogen. Der Gesetzgeber entschied sich insbesondere unter dem Gesichtspunkt der Billigkeit dazu, die Haftung der Vorstandsmitglieder zwingend auf Vorsatz und grobe Fahrlässigkeit zu begrenzen und die Dispositionsbefugnis des Vereins hinsichtlich einer weitergehenden Haftungsbegrenzung einzuschränken. Insoweit wurde die Freizeichnung von grober Fahrlässigkeit ausdrücklich für unbillig befunden.[549]

547 Siehe *Kap. IV B. II. 1. b. aa., insbesondere (3) (d).*

548 Siehe zu den Voraussetzungen BGH Urt. v. 13.07.1988 – IVa ZR 55/87 = BGHZ 105, 140 (143); BGH Urt. v. 20.11.1992 – V ZR 82/91 = BGHZ 120, 239 (252); BGH Urt. v. 14.12.2006 – IX ZR 92/05 = BGHZ 170, 187 (191); OLG Hamburg Urt. v. 05.02.2009 – 6 U 216/07 = OLG Hamburg NZG 2009, 1036 (1037).

549 Begründung zum Entwurf eines Gesetzes zur Begrenzung der Haftung von ehrenamtlich tätigen Vereinsvorständen v. 02.06.2008, BT-Drs. 16/10120, S. 7; in

Der Gesetzgeber entschied sich deshalb dazu, die finanzielle Verantwortung der Vorstandsmitglieder nur zu begrenzen, wenn leichte oder einfache Fahrlässigkeit vorliegt. Selbst die beabsichtigte Stärkung und Förderung des bürgerschaftlichen Engagements führte nicht zu einer weitreichenderen Haftungsbegrenzung.[550] Die ausdrücklich dispositive Ausgestaltung von § 31a Abs. 1 S. 2 BGB zeigt vielmehr, dass eine vollumfängliche Haftungsbegrenzung nicht das erklärte Ziel des Gesetzgebers war. Die Regelungen von § 31a BGB sind hingegen das Ergebnis der austarierten Interessen der Vereine, ihrer Mitglieder und Dritten einerseits und den Interessen der Vorstandsmitglieder andererseits. Deshalb wurde dem Verein auch die Möglichkeit eingeräumt, dass die Haftung der Vorstandsmitglieder gegenüber den Vereinsmitgliedern wieder durch die Satzung verschärft werden kann. Insoweit wurde eine für alle Beteiligten gerechte und billige Regelung angestrebt, die zudem das bürgerschaftliche Engagement und die damit einhergehenden Verdienste für die Allgemeinheit angemessen honoriert. Das Ergebnis dieser Bestrebung ist, dass ein Missverhältnis zwischen der Höhe der jährlichen Vergütung und den mit dem Amt übernommenen Haftungsrisiken erst anzunehmen ist, wenn der Handelnde seine Pflichten weder vorsätzlich noch grob fahrlässig verletzt.[551]

b. Die Übertragung der Abwägungsaspekte

Aus der vorstehenden Interessenabwägung folgt über das Vereinsrecht hinaus, dass die Geschäftsleiter von Körperschaften generell zwingend für Vorsatz und grobe Fahrlässigkeit haften sollen. Insoweit entspricht es der grundlegenden Wertung des Gesetzgebers, dass eine weitergehende Haftungsfreizeichnung von leichtfertigem Handeln unbillig und nicht zu rechtfertigen ist. Dieses Verständnis folgt aus einem Erst-Recht-Schluss, da sich der historische Gesetzgeber selbst im Hinblick auf die weitreichend haftungsprivilegierten Vorstandsmitglieder von

---

diesem Sinne auch *Hartenbach*, Stenografischer Bericht der 205. Sitzung des Bundestages v. 12.02.2009, BT-PlPr. 16/205, S. 22191A.

550 Siehe *Kap. II D. III. 3. b.*

551 Siehe *Kap. II D. III. 3. b.*

gemeinnützigen und mildtätigen Vereinen gegen die Zulässigkeit einer weitergehenden Haftungsbegrenzung entschieden hat. Diese Wertung muss insoweit über diesen Bereich hinaus gelten, weil insbesondere die Haftung von unentgeltlich und gering vergüteten Vorstandsmitgliedern gegenüber der Haftung eines hauptberuflichen GmbH-Geschäftsführers begrenzt werden sollte, der sich keinem vergleichbaren Missverhältnis zwischen Vergütung und Haftungsrisiko ausgesetzt sehe. Dies wird zwar bereits dadurch erreicht, dass der Geschäftsführer grundsätzlich für Vorsatz und Fahrlässigkeit haftet, die Vorstandsmitglieder eines Vereins hingegen grundsätzlich von einer Haftung für Vorsatz und grober Fahrlässigkeit befreit sind, § 31a BGB i.V.m. § 27 Abs. 3 S. 2 BGB. Es wäre vor diesem Hintergrund gleichwohl wertungswidersprüchlich, wenn die Satzung einer GmbH haftungsbegrenzende Regelungen vorsehen kann, die über das in § 31a BGB normierte Maß hinausgehen.

4. Zwischenergebnis

Im Ergebnis begrenzt § 31a BGB in analoger Anwendung nicht nur das Haftungsrisiko des Geschäftsführers, sondern auch die Dispositionsbefugnis der Gesellschafter über den in § 43 Abs. 1 GmbHG normierten Haftungsmaßstab. Die Rechtsordnung hat sich insoweit als planwidrig unvollständig und die Interessenlage als vergleichbar erwiesen, sodass eine Gesellschaftssatzung die Geschäftsführerhaftung allein noch bis zur Grenze grob fahrlässigen Handelns begrenzen kann.

Kapitel V – Abschließende Betrachtung

Im Rahmen einer abschließenden Betrachtung des Untersuchungsgegenstands werden zunächst die wesentlichen Untersuchungsergebnisse dargestellt (dazu ***A.***), um sodann mit einer auf diesen gründenden Handlungsempfehlung zu enden (dazu ***B.***).

A. Die wesentlichen Ergebnisse der Untersuchung

Im Ergebnis ist § 31a BGB eine zweigliedrige Regelung des Vereinsrechts, die einerseits das Haftungsrisiko unentgeltlich tätiger und gering vergüteter Organmitglieder und besonderer Vertreter in einem nicht unerheblichen Maße begrenzt und andererseits die Disposition über den Haftungsmaßstab grundsätzlich für unzulässig erklärt. Die Regelungen tarieren insbesondere die Interessen der Vorstandsmitglieder an einer möglichst umfassenden Haftungsbegrenzung und die Interessen des Vereins, der Vereinsmitglieder und der Vereinsgläubiger an einer umfassenden Schadenskompensation nach der Maßgabe des Gesetzgebers aus, dass die Interessen der Letzteren grundsätzlich hinter denen der Vorstandsmitglieder zurücktreten. Etwas anderes gilt lediglich in Bezug auf das Haftungsverhältnis zu den Vereinsmitgliedern, weil die diesbezügliche Haftungsbegrenzung dispositiv ausgestaltet ist, in der Vereinssatzung also haftungsverschärfende Regelungen getroffen werden können. Die grundsätzlich zwingende Ausgestaltung der Vorschrift hat darüber hinaus zu einer Umstrukturierung der vereinsrechtlichen Haftungsverfassung geführt, da nunmehr insbesondere auch die Mitglieder des Vereinsvorstands unabdingbar für eine grob fahrlässige Verletzung ihrer Pflichten haften. Der Sinn und Zweck von § 31a BGB erfordert allerdings eine teleologische Reduktion des haftungsbegrenzenden Anwendungsbereichs, sodass die privilegierenden Regelungen lediglich die Organmitglieder und besonderen Vertreter von Vereinen einschließen, die steuerprivilegierte Hauptzwecke i.S.v. §§ 51ff. AO, insbesondere gemeinnützige und mildtätige Zwecke, verfolgen. Dies entspricht auch der Zielsetzung des historischen Gesetzgebers, die Übernahme ehrenamtlichen Engagements zu fördern und insbesondere den gemeinnützigen und mildtätigen Sektor zu stärken. Nach Maßgabe dieser Zielsetzung ist § 31a BGB auch analog auf die Haftung des unentgeltlich tätigen und gering vergüteten Geschäftsführers oder Vorstandsmitglieds anzuwenden, soweit die Gesellschaft einen steuerprivilegierten Zweck im vorstehenden Sinne verfolgt. Die organisationsrechtlichen Besonderheiten des Aktien- und GmbH-Rechts schränken die Zulässigkeit des Analogieschlusses aber insbesondere dadurch ein, dass die Haftung der Geschäftsleiter abschließend geregelt ist, soweit unmittelbar dem Gläubigerschutz dienende Vorschriften zur Kapitalerhaltung verletzt werden. Im GmbH-Recht wirkt § 31a BGB in entsprechender Anwendung allerdings auch zulasten des Geschäftsführers, der nunmehr unabdingbar für grob fahrlässige Pflichtverletzungen haftet. Die Dispositionsbefugnis der Gesellschafter ist, analog der Ausgangslage im Vereinsrecht, ebenfalls erst recht beschränkt, wenn die Gesellschaft einen wirtschaftlichen Hauptzweck verfolgt.

B. Handlungsempfehlung

Damit wirkt sich § 31a BGB in erheblichem Umfang auf die vereins-, aktien-, und GmbH-rechtliche Haftungsverfassung aus. Der Gesetzgeber hat die Bedeutung und Notwendigkeit bürgerschaftlichen Engagements erkannt und durch die Begrenzung des Haftungsrisikos maßgebliche Impulse zur Stärkung und Stabilisierung des mildtätigen und gemeinnützigen Sektors gesetzt. Aus rechtspolitischer Sicht sind die Bestrebungen des Gesetzgebers zur Privilegierung des einzelnen Engagierten und zur Förderung der betreffenden Organisationen insbesondere im Hinblick auf die aktuellen sozialen, gesellschaftlichen und wirtschaftlichen Herausforderungen zu begrüßen. Mit § 31a BGB gehen allerdings auch rechtliche Unwägbarkeiten einher, die im Wege einer Gesetzesnovellierung behoben werden sollten. In dieser Hinsicht empfiehlt sich zunächst die Änderung des Gesetzeswortlauts, der den nach Sinn und Zweck und von dem Willen des Gesetzgebers vorausgesetzten Vereinszweck ausdrücklich umfassen sollte. Insoweit bietet es sich an, § 31a Abs. 1 S. 1 BGB folgendermaßen zu ergänzen: Sind Organmitglieder oder besondere Vertreter unentgeltlich tätig oder erhalten sie für ihre Tätigkeit eine Vergütung, die 720 Euro jährlich nicht übersteigt, haften sie dem Verein, wenn dieser steuerbegünstigende Zwecke verfolgt, für einen bei der Wahrnehmung ihrer Pflichten verursachten Schaden nur bei Vorliegen von Vorsatz und grober Fahrlässigkeit. Dieser Einschub sollte ausreichend sein, weil der Begriff der steuerbegünstigenden Zwecke in § 51 Abs. 1 S. 1 AO legaldefiniert ist. An diese Regelung sollte sodann ein dritter Absatz anknüpfen, der klarstellend normiert, dass die Organmitglieder und besonderen Vertreter nunmehr stets für Vorsatz und grobe Fahrlässigkeit haften: Die Organmitglieder und besonderen Vertreter eines Vereins haben Vorsatz und grobe Fahrlässigkeit stets zu vertreten. Durch den allgemein gefassten Wortlaut sollte insbesondere in Abgrenzung zum eng gefassten Wortlaut von Absatz 1 deutlich werden, dass diese Regelung nicht an einen spezifischen Vereinszweck anknüpft. In Bezug auf die grundsätzlich zwingende Ausgestaltung von § 31a BGB empfiehlt sich zusätzlich die Einfügung eines vierten Absatzes mit folgendem Wortlaut: Von den Regelungen dieser Vorschrift kann nur nach Maßgabe von § 40 Abs. 1 S. 1 BGB abgewichen werden. Der Zusatz scheint erforderlich, weil die dahingehend eindeutige Systematik des Gesetzes selbst von der obergerichtlichen Rechtsprechung verkannt wird. Um eine erhebliche Rechtsunsicherheit zu vermeiden, empfiehlt es sich zusätzlich, dass der Gesetzgeber zu entsprechenden Haftungsbegrenzungen im Aktien- und GmbH-Recht ausdrücklich Stellung bezieht. Insoweit ist den Betreffenden ein Zuwarten auf eine dahingehend gefestigte obergerichtliche oder höchstrichterliche Rechtsprechung über die Zulässigkeit der analogen Anwendung von § 31a BGB nicht zuzumuten. Die ausdrückliche gesetzliche Regelung über die Haftung unentgeltlich tätiger und gering vergüteter Geschäftsführer und Vorstandsmitglieder von steuerprivilegierten Gesellschaften erweist sich sowohl zur Förderung des bürgerschaftlichen Engagements im gemeinnützigen und mildtätigen Sektor als auch zur Harmonisierung der Rechtsordnung sachgerecht. Die mit der Einführung von § 31a BGB intendierte Impulsgebung wird schließlich verstärkt, soweit insbesondere auch die Haftung der Geschäftsführer und Vorstandsmitglieder von mildtätigen und gemeinnützigen Gesellschaften rechtssicher beurteilt werden kann. In Anbetracht von § 34 Abs. 2 S. 3 GenG sollte die Rechtsordnung auch durch spezialgesetzliche Regelungen im GmbH- und Aktienrecht weiter vereinheitlicht werden. Ferner empfiehlt sich ebenfalls die Einfügung eines Satzes 2 in § 43 Abs. 2 GmbHG, um nunmehr klarstellend zu normieren, dass auch die Geschäftsführer zwingend für Vorsatz und grobe Fahrlässigkeit haften. Insoweit bietet sich die Ausrichtung an dem Wortlaut des empfohlenen § 31a Abs. 3 BGB an, da die Formulierung „Der Geschäftsführer hat Vorsatz und grobe Fahrlässigkeit stets zu vertreten“ zweckmäßig und zugleich ausreichend erscheint.

Literaturverzeichnis

Achilles, Alexander Gebhard, Hermann Spahn, Peter	Protokolle der Kommission für die zweite Lesung des Entwurfs des Bürgerlichen Gesetzbuches Band I Berlin 1897 [*Achilles/Gebhard/Spahn*, Prot. I]
Altmeppen, Holger	Ungültige Vereinbarungen zur Haftung von GmbH-Geschäftsführern - Zugleich Besprechung von BGH-Urteil vom 15.11.1999 - II ZR 122/98 -, in: Der Betrieb 2000, S. 261–263 [*Altmeppen*, DB 2000]
Altmeppen, Holger [Begr.] Roth, Günter H. [Begr.]	Gesetz betreffend die Gesellschaften mit beschränkter Haftung 9. Auflage, München 2019 [*Bearbeiter*, in: Roth/Altmeppen GmbHG]
Amtliche Ausgabe	Entwurf eines Gesetzes betreffend die Gesellschaften mit beschränkter Haftung nebst Begründung und Anlagen Berlin, 1891 [GmbHG-E]
Bachmann, Gregor	Reform der Organhaftung? Materielles Haftungsrecht und seine Durchsetzung in privaten und öffentlichen Unternehmen - Gutachten E zum 70. Deutschen Juristentag, in: Verhandlungen des 70. Deutschen Juristentages Hannover 2014 Band I, E1-E124 [*Bachmann*, Verhandlungen des 70. Deutschen Juristentages Hannover 2014 Bd. I]
Bastuck, Burkhard	Enthaftung des Managements - Corporate indemnification im amerikanischen und deutschen Recht Dissertation, Bonn 1985 [*Bastuck*, Enthaftung des Managements]
Baumann, Thomas [Hrsg.] Sikora, Markus [Hrsg.]	Hand- und Formularbuch des Vereinsrechts 2. Auflage, München 2017 [*Bearbeiter*, in: Baumann/Sikora Hdb. VereinsR]

Baumbach, Adolf [Begr.] Hueck, Alfred	Gesetz betreffend die Gesellschaften mit beschränkter Haftung 22. Auflage, München 2019 [*Bearbeiter*, in: Baumbach/Hueck GmbHG]
Bayer, Walter Hommelhoff, Peter Kleindiek, Detlef	GmbH-Gesetz Kommentar 20. Auflage, Köln 2020 [*Bearbeiter*, in: Lutter/Hommelhoff GmbHG]
Bayer, Walter Scholz, Philipp	Haftungsbegrenzung und D&O-Versicherung im Recht der aktienrechtlichen Organhaftung – Grundsatzüberlegungen zum 70. DJT 2014, in: Neue Zeitschrift für Gesellschaftsrecht 2014, S. 926–934 [*Bayer/Scholz*, NZG 2014]
Bergmann, [k.A.]	Über den Mißbrauch gesellschaftlicher Machtstellungen (§§ 101, 197Abs. 2 AktG), in: Zeitschrift für das gesamte Handelsrecht und Konkursrecht 1938, S. 1–43 [*Bergmann*, ZHR 105 (1938)]
Bitter, Georg	Scholz Kommentar zum GmbH-Gesetz Band 2 11. Auflage, Köln 2014 [*Bearbeiter*, in: Scholz GmbHG Bd. II]
Böttcher, Lars	Bankvorstandshaftung im Rahmen der Sub-Prime-Krise, in: Neue Zeitschrift für Gesellschaftsrecht 2009, S. 1047–1052 [*Böttcher*, NZG 2009]
Brudermüller, Gerd Ellenberger, Jürgen Götz, Isabell Grüneberg, Christian Herrler, Sebastian Sprau, Hartwig Thorn, Karsten Weidenkaff, Walter Weidlich, Dietmar Wicke, Hartmut	Palandt Bürgerliches Gesetzbuch 79. Auflage, München 2020 [*Bearbeiter*, in: Palandt BGB]
Bruschke, Gerhard	Entschärfung von Haftungsrisiken im Idealverein durch das „Ehrenamtsstärkungsgesetz“, in: Steuerrecht kurzgefaßt 2013, S. 243–245 [*Bruschke*, SteuK 2013]

Buck, Petra	Wissen und juristische Person: Wissenszurechnung und Herausbildung zivilrechtlicher Organisationspflichten Habilitation, Tübingen 2001 [*Buck*, Wissen und juristische Person]
Burgard, Ulrich	Das Gesetz zur Begrenzung der Haftung von ehrenamtlich tätigen Vereinsvorständen, in: Zeitschrift für Wirtschaftsrecht 2010, S. 358–365 [*Burgard*, ZIP 2010]
Bürgers, Tobias [Hrsg.] Körber, Torsten [Hrsg.]	Aktiengesetz 4. Auflage, Heidelberg 2017 [zitiert: *Bearbeiter*, in: Bürgers/Körber AktG]
Canaris, Claus-Wilhelm	Die Feststellung von Lücken im Gesetz 2. Auflage, Berlin 1983 [*Canaris*, Die Feststellung von Lücken im Gesetz]
Danwerth, Christopher	Analogie und teleologische Reduktion – zum Verhältnis zweier scheinbar ungleicher Schwestern, in: Zeitschrift für die gesamte Privatrechtswissenschaft 2017, S. 230–249 [*Danwerth*, ZfPW 2017]
Diederichsen, Uwe	Das Bundesverfassungsgericht als oberstes Zivilgericht – ein Lehrstück der juristischen Methodenlehre, in: Archiv für die civilistische Praxis Bd. 198 (1998), S. 171–260 [*Diederichsen*, AcP 198 (1998)]
Dietz-Vellmer, Fabian	Hauptversammlungsbeschlüsse nach § 119 II AktG – geeignetes Mittel zur Haftungsvermeidung für Organe?, in: Neue Zeitschrift für Gesellschaftsrecht 2014, S. 721–729 [*Dietz-Vellmer*, NZG 2014]
Ehlers, Harald	Die persönliche Haftung von ehrenamtlichen Vereinsvorständen, in: Neue Juristische Wochenschrift 2011, S. 2689–2694 [*Ehlers*, NJW 2011]
Engisch, Karl	Der Begriff der Rechtslücke, in: Festschrift für Wilhelm Sauer zu seinem 70. Geburtstag am 24. Juni 1949, S. 85–102 Festschrift, Berlin 1949 [*Engisch*, in: FS Sauer 1949]

Engisch, Karl Würtenberger, Thomas [Hrsg.] Otto, Dirk [Hrsg.]	Einführung in das juristische Denken 11. Auflage, Stuttgart 2010 [*Engisch*, Einführung in das juristische Denken]
Enneccerus, Ludwig [Begr.] Kipp, Theodor [Begr.] Wolff, Martin [Begr.]	Lehrbuch des Bürgerlichen Rechts Allgemeiner Teil des Bürgerlichen Rechts, Erster Halbband 15. Auflage, Tübingen 1959 [*Enneccerus/Nipperdey*, BGB AT Bd. I]
Fehrenbach, Markus	Zur Zulässigkeit einer Haftungsbeschränkung für Vereinsvorstände durch Satzungsbestimmung – Anmerkung zu OLG Nürnberg v. 13.11.2015 – 12 W 1845/15, in: Zeitschrift für Wirtschaftsrecht und Haftung im Unternehmen 2016, S. 85–90 [*Fehrenbach*, ZWH 2016]
Fest, Timo	Darlegungs- und Beweislast bei Prognoseentscheidungen im Rahmen der Business Judgment Rule, in: Neue Zeitschrift für Gesellschaftsrecht 2011, S. 540–542 [*Fest*, NZG 2011]
Fleck, Hans-Joachim	Zur Haftung des GmbH-Geschäftsführers, in: GmbHRundschau 1974, S. 224–235 [*Fleck*, GmbHR 1974]
Fleischer, Holger	Erweiterte Außenhaftung der Organmitglieder im Europäischen Gesellschafts- und Kapitalmarktrecht – Insolvenzverschleppung, fehlerhafte Kapitalmarktinformationen, Tätigkeitsverbote, in: Zeitschrift für Unternehmens- und Gesellschafts-recht 2004, S. 437–479 [*Fleischer*, ZGR 2004]
Fleischer, Holger	Ruinöse Managerhaftung: Reaktionsmöglichkeiten de lege lata und de lege ferenda, in: Zeitschrift für Wirtschaftsrecht 2014, S. 1305–1316 [*Fleischer*, ZIP 2014]
Fleischer, Holger [Hrsg.] Goette, Wulf [Hrsg.]	Münchener Kommentar zum Gesetz betreffend die Gesellschaften mit beschränkter Haftung (GmbHG) Band 1 3. Auflage, München 2018 [*Bearbeiter*, in: MüKo GmbHG Bd. I]

Fleischer, Holger [Hrsg.] Goette, Wulf [Hrsg.]	Münchener Kommentar zum Gesetz betreffend die Gesellschaften mit beschränkter Haftung (GmbHG) Band 2 3. Auflage, München 2019 [*Bearbeiter*, in: MüKo GmbHG Bd. II]
Flume, Werner	Der nichtsrechtsfähige Verein, in: Zeitschrift für das gesamte Handelsrecht und Wirtschaftsrecht 148. Band 1984, S. 503–522 [*Flume*, ZHR 148 (1984)]
Frings, Michael	Neuregelung der Haftung für Vereins- und Stiftungsvorstände, in: NWB Steuer- und Wirtschaftsrecht 2009, S. 3662–3667 [*Frings*, NWB 2009]
Frodermann, Jürgen Jannott, Dirk	Handbuch des Aktienrechts 9. Auflage, Heidelberg 2017 [*Bearbeiter*, in: Frodermann/Jannott Hdb. Aktienrecht]
Germann, Oscar Adolf	Probleme und Methoden der Rechtsfindung 2. Auflage, Bern 1967 [*Germann*, Probleme und Methoden der Rechtsfindung]
Goette, Wulf [Hrsg.] Habersack, Mathias [Hrsg.]	Münchener Kommentar zum Aktiengesetz Band 1 5. Auflage, München 2019 [*Bearbeiter*, in: MüKo AktG Bd. I]
Goette, Wulf [Hrsg.] Habersack, Mathias [Hrsg.]	Münchener Kommentar zum Aktiengesetz Band 2 5. Auflage, München 2019 [*Bearbeiter*, in: MüKo AktG Bd. II]
Grigoleit, Hans Christoph [Hrsg.]	Aktiengesetz Kommentar München 2013 [*Bearbeiter*, in: Grigoleit AktG]
Grunewald, Barbara	Gesellschaftsrecht 10. Auflage, Tübingen 2017 [*Grunewald*, Gesellschaftsrecht]

Grunewald, Barbara	Auskunftserteilung und Haftung des Vorstandes im bürgerlich-rechtlichen Verein, in: Zeitschrift für Wirtschaftsrecht 1989, S. 962–967 [*Grunewald*, ZIP 1989]
Grunewald, Barbara	Haftungsvereinbarung zwischen Aktiengesellschaft und Vorstandsmitgliedern, in: Die Aktiengesellschaft 2013, S. 813–818 [*Grunewald*, AG 2013]
Haas, Ulrich	Die Disziplinierung des GmbH-Geschäftsführers im Interesse der Gesellschaftsgläubiger – Teil II –, in: Wertpapier-Mitteilungen, Zeitschrift für Wirt-schafts- und Bankrecht 2006, S. 1417–1425 [*Haas*, WM 2006]
Habersack, Mathias	Die Mitgliedschaft – subjektives und „sonstiges" Recht Habilitation, Heidelberg 1995 [*Habersack*, Die Mitgliedschaft]
Habersack, Mathias	Perspektiven der aktienrechtlichen Organhaftung, in: Zeitschrift für das gesamte Handelsrecht und Wirtschaftsrecht 177. Band 2013, S. 782–806 [*Habersack*, ZHR 177 (2013)]
Habersack, Mathias Schürnbrand, Jan	Die Rechtsnatur der Haftung aus §§ 93 Abs. 3 AktG, 43 Abs. 3 GmbHG, in: Wertpapier-Mitteilungen – Zeitschrift für Wirt-schafts- und Bankrecht 2005, S. 957–961 [*Habersack/Schürnbrand*, WM 2005]
Hau, Wolfgang [Hrsg.] Poseck, Roman [Hrsg.]	Beck'scher Online-Kommentar BGB 54. Edition, München 2020 [*Bearbeiter*, in: BeckOK BGB]
Heck, Philipp	Gesetzesauslegung und Interessenjurisprudenz, in: Archiv für die civilistische Praxis 112 (1914), S. 1–318 [*Heck*, AcP 112 (1914)]
Heidinger, Andreas [Hrsg.] Leible, Stefan [Hrsg.] Schmidt, Jessica [Hrsg.]	Kommentar zum Gesetz betreffend die Gesellschaften mit beschränkter Haftung Band 2 3. Auflage, München 2017 [*Bearbeiter*, in: Michalski GmbHG Bd. II]

Helms, Arne	Schadensersatzansprüche wegen Beeinträchtigung der Vereinsmitgliedschaft Dissertation, München 1998 [*Helms*, Schadensersatzansprüche wegen Beeinträchtigung der Vereinsmitgliedschaft]
Henssler, Martin [Hrsg.] Strohn, Lutz [Hrsg.]	Gesellschaftsrecht 4. Auflage, München 2019 [*Bearbeiter*, in: Henssler/Strohn Gesellschaftsrecht]
Herberger, Maximilian Simon, Dieter	Wissenschaftstheorie für Juristen Frankfurt am Main, 1980 [*Herberger/Simon*, Wissenschaftstheorie für Juristen]
Hirte, Heribert	Kapitalgesellschaftsrecht 8. Auflage, München 2016 [*Hirte*, Kapitalgesellschaftsrecht]
Hirte, Heribert [Hrsg.] Mülbert, Peter O. [Hrsg.] Roth, Markus [Hrsg.]	Aktiengesetz Großkommentar Erster Band 5. Auflage, Berlin u. a. 2017 [*Bearbeiter*, in: Großkommentar AktG Bd. I]
Hirte, Heribert [Hrsg.] Mülbert, Peter O. [Hrsg.] Roth, Markus [Hrsg.]	Aktiengesetz Großkommentar Vierter Band, Teilband 1 5. Auflage, Berlin u. a. 2015 [*Bearbeiter*, in: Großkommentar AktG Bd. IV/1]
Hirte, Heribert [Hrsg.] Mülbert, Peter O. [Hrsg.] Roth, Markus [Hrsg.]	Aktiengesetz Großkommentar Vierter Band, Teilband 2 5. Auflage, Berlin u. a. 2015 [*Bearbeiter*, in: Großkommentar AktG Bd. IV/2]
Hirte, Heribert [Hrsg.] Mülbert, Peter O. [Hrsg.] Roth, Markus [Hrsg.]	Aktiengesetz Großkommentar Sechster Band 5. Auflage, Berlin u. a. 2018 [*Bearbeiter*, in: Großkommentar AktG Bd. VI]
Hoffmann-Becking, Michael [Hrsg.]	Münchener Handbuch des Gesellschaftsrechts Band 4 – Aktiengesellschaft 4. Auflage, München 2015 [*Bearbeiter*, in: Münch. Hdb. GesR Bd. IV]

Hoffmann, Gunter M.	Existenzvernichtende Haftung von Vorständen und Aufsichtsräten?, in: Neue Juristische Wochenschrift 2012, S. 1393–1399 [*Hoffmann*, NJW 2012]
Hölters, Wolfgang [Hrsg.]	Aktiengesetz 3. Auflage, München 2017 [*Bearbeiter*, in: Hölters AktG]
Hopt, Klaus	Die Verantwortlichkeit von Vorstand und Aufsichtsrat: Grundsatz und Praxisprobleme – unter besonderer Berücksichtigung der Banken, in: Zeitschrift für Wirtschaftsrecht 2013, S. 1793–1806 [*Hopt*, ZIP 2013]
Hüffer, Uwe [Begr.] Koch, Jens	Aktiengesetz 14. Auflage, München 2020 [*Koch*, in: Hüffer/Koch AktG]
Jaeger, Carsten Trölitzsch, Thomas	Unternehmerisches Ermessen des Aufsichtsrats bei der Geltendmachung von Schadensersatzansprüchen gegenüber Vorstandsmitgliedern, in: Zeitschrift für Wirtschaftsrecht 1995, S. 1157–1163 [*Jaeger/Trölitzsch*, ZIP 1995]
Jakobs, Horst Heinrich [Hrsg.] Schubert, Werner [Hrsg.]	Die Beratung des Bürgerlichen Gesetzbuchs Band 1, 1. Teilband Berlin u. a. 1985 [*Jakobs/Schubert*, Die Beratungen des BGB Bd. I/1]
Johannsen, Kurt Herbert Kregel, Wilhelm Krüger-Nieland, Gerda Piper, Henning	Das Bürgerliche Gesetzbuch mit besonderer Berücksichtigung der Rechtsprechung des Reichsgerichts und des Bundesgerichtshofes Band I 12. Auflage, Berlin u. a. 1982 [*Bearbeiter*, in: BGB-RGRK Bd. I]
Kallwass, Wolfgang Abels, Peter	Privatrecht 22. Auflage, München 2015 [*Kallwass/Abels*, Privatrecht]
Klasen, Evelyn Schaefer, Sandra	Betriebsrat, Vereinsorgan, Ratsmitglied: Haftungsrisiken für das wirtschaftliche Handeln in Ehrenämtern, in: Gesellschafts- und Wirtschaftsrecht 2013, S. 287–291 [*Klasen/Schaefer*, GWR 2013]

Klausing, Friedrich	Gesetz über Aktiengesellschaften und Kommanditgesellschaften auf Aktien (Aktien-Gesetz) nebst Einführungsgesetz und „Amtlicher Begründung“ Berlin, 1937 [*Klausing*, Aktien-Gesetz]
Klein, Franz [Begr.] Orlopp, Gerd [Begr.]	Abgabenordnung 14. Auflage, München 2018 [*Bearbeiter*, in: Klein AO]
Klug, Ulrich	Juristische Logik 4. Auflage, Berlin u. a. 1982 [*Klug*, Juristische Logik]
Koch, Jens	Regressreduzierung im Kapitalgesellschaftsrecht – eine Sammelreplik, in: Die Aktiengesellschaft 2014, S. 513–525 [*Koch*, AG 2014]
Konzen, Horst	Geschäftsführung Weisungsrecht und Verantwortlichkeit in der GmbH und GmbH & Co KG, in: Neue Juristische Wochenschrift 1989, S. 2977–2987 [*Konzen*, NJW 1989]
Krieger, Gerd [Hrsg.] Schneider, Uwe H. [Hrsg.]	Handbuch Managerhaftung 3. Auflage, Köln 2017 [*Bearbeiter*, in: Krieger/Schneider Hdb. Managerhaftung]
Kropff, Bruno	Aktiengesetz Düsseldorf 1965 [*Kropff*, Aktiengesetz]
Krüger, Wolfgang [Hrsg.] Rauscher, Thomas [Hrsg.]	Münchener Kommentar zur Zivilprozessordnung Band 1 6. Auflage, München 2020 [*Bearbeiter*, in: MüKo ZPO Bd. I]
Larenz, Karl	Methodenlehre der Rechtswissenschaft 6. Auflage, Berlin u. a. 1991 [*Larenz*, Methodenlehre]
Leuering, Dieter Keßler, Hans-Christian	Die Organhaftung des Vereinsvorstands, in: NJW-Spezial 2017, S. 335–336 [*Leuering/Keßler*, NJW-Spezial 2017]

Leuschner, Lars	Das Haftungsprivileg der §§ 31a, 31b BGB, in: Neue Zeitschrift für Gesellschaftsrecht 2014, S. 281–287 [*Leuschner*, NZG 2014]
Leuschner, Lars	Zwischen Gläubigerschutz und Corporate Governance: Reformperspektiven des Vereinsrechts, in: Zeitschrift für das Recht der Non Profit Organisationen 2016, S. 99–104 [*Leuschner*, npoR 2016]
Linnenbrink, Sebastian	Der Vorstand als Geschäftsführungsorgan des eingetragenen Vereins (2), in: Zeitschrift für Sport und Recht 2000, S. 55–58 [*Linnenbrink*, SpuRt 2000]
Lohr, Martin	Die Beschränkung der Innenhaftung des GmbH-GF, in: Neue Zeitschrift für Gesellschaftsrecht 2000, S. 1204–1213 [*Lohr*, NZG 2000]
Lutter, Marcus	Theorie der MItgliedschaft – Prolegomena zu einem Allgemeinen Teil des Korporationsrechts, in: Archiv für die civilistische Praxis 180 (1980), S. 84–159 [*Lutter*, AcP 180 (1980)]
Lutter, Marcus	Haftung und Haftungsfreiräume des GmbH-Geschäftsführers – 10 Gebote an den Geschäftsführer, in: GmbH Rundschau 2000, S. 301–312 [*Lutter*, GmbHR 2000]
Mand, Beate	Die Geschäftsführerhaftung nach § 43 II GmbHG und die Möglichkeit privatautonomer Begrenzungen Dissertation, Jena 2002 [*Mand*, Die Geschäftsführerhaftung]
Martinek, Michael	Repräsentantenhaftung – Die Organhaftung nach § 31 BGB als allgemeines Prinzip der Haftung von Personenverbänden für ihre Repräsentanten – Ein Beitrag zum System der Verschuldenszurechnung Dissertation, Berlin 1978 [*Martinek*, Repräsentantenhaftung]
Möllers, Thomas M.J.	Juristische Methodenlehre München 2017 [*Möllers*, Juristische Methodenlehre]

Mugdan, Benno	Die gesamten Materialien zum Bürgerlichen Gesetzbuch für das Deutsche Reich Band 1 - Einführungsgesetz und Allgemeiner Teil Aalen 1979 [(...), in: Mugdan Bd. I]
Münder, Johannes [Hrsg.] Meysen, Thomas [Hrsg.] Trenczek, Thomas [Hrsg.]	Frankfurter Kommentar zum SGB VIII Kinder und Jugendhilfe 8. Auflage, Baden-Baden 2019 [*Bearbeiter*, in: Frankfurter Kommentar SGB VIII]
Musielak, Hans-Joachim [Hrsg.] Voit, Wolfgang [Hrsg.]	Zivilprozessordnung 17. Auflage, München 2020 [*Bearbeiter*, in: Musielak/Voit ZPO]
Neumann-Duesberg, Horst	Kritik der Rechtskonstruktion einer „körperschaftlichen Organisationspflicht“, in: Neue Juristische Wochenschrift 1966, S. 715–717 [*Neumann-Duesberg*, NJW 1966]
Nitschke, Manfred	Die körperschaftlich strukturierte Personengesellschaft Bielefeld, 1970 [*Nitschke*, Die körperschaftlich strukturierte Personengesellschaft]
Noack, Ulrich	Haftungsmilderung für ehrenamtliche GmbH-Geschäftsführer?, in: GmbHRundschau (GmbH-Report) 2010, R81 [*Noack*, GmbHR 2010]
Orth, Jan F.	Entlastung ehrenamtlicher Vereinsvorstände durch § 31a BGB, in: Sport und Recht 2010, S. 2–4 [*Orth*, SpuRt 2010]
Paefgen, Walter G.	Organhaftung: Bestandsaufnahme und Zukunftsperspektiven - Ein kritischer Werkstattbericht vor dem Hintergrund der Beratungen des 70. Deutschen Juristentages 2014, in: Die Aktiengesellschaft 2014, S. 554–584 [*Paefgen*, AG 2014]
Pawlowski, Hans-Martin	Methodenlehre für Juristen 3. Auflage, Heidelberg 1999 [*Pawlowski*, Methodenlehre für Juristen]

Pelz, Christian	Die persönliche Haftung des Geschäftsführers einer GmbH, in: Rheinische Notar-Zeitschrift 2003, S. 415–433 [*Pelz*, RNotZ 2003]
Piper, Bernd	Die Haftung von ehrenamtlich tätigen Organen und § 31a BGB – Anwendungsbereich und Regelungsgehalt der Vorschrift, in: Zeitschrift für Wirtschafts- und Bankrecht 2011, S. 2211–2216 [*Piper*, WM 2011]
Priester, Hans-Joachim [Hrsg.] Mayer, Dieter [Hrsg.] Wicke, Hartmut [Hrsg.]	Münchener Handbuch des Gesellschaftsrechts Band 3 – Gesellschaft mit beschränkter Haftung 5. Auflage, München 2018 [*Bearbeiter*, in: Münch. Hdb. GesR Bd. III]
Raisch, Peter	Juristische Methoden – vom antiken Rom bis zur Gegenwart Heidelberg, 1995 [*Raisch*, Juristische Methoden]
Raiser, Thomas Veil, Rüdiger	Recht der Kapitalgesellschaften 6. Auflage, München 2015 [*Raiser/Veil*, Kapitalgesellschaftsrecht]
Reese, Jürgen	Die Haftung von „Managern" im Innenverhältnis, in: Deutsches Steuerrecht 1995, S. 532–537 [*Reese*, DStR 1995]
Reschke, Dennis	§ 31a BGB – ein neuer Anwendungsfall der gestörten Gesamtschuld, in: Deutsche Zeitschrift für Wirtschaft- und Insolvenz-recht 2011, S. 403–407 [*Reschke*, DZWiR 2011]
Reuter, Dieter	Zur Vereinsrechtsreform 2009, in: Neue Zeitschrift für Gesellschaftsrecht 2009, S. 1368–1373 [*Reuter*, NZG 2009]
Röhl, Klaus F. Röhl, Hans Christian	Allgemeine Rechtslehre 3. Auflage, Köln u. a. 2008 [*Röhl/Röhl*, Allgemeine Rechtslehre]

Roth, Gregor	Zur Haftung im Ehrenamt gemäß § 31a BGB, in: Zeitschrift für das Recht der Non Profit Organisationen 2010, S. 1–5 [*Roth*, npoR 2010]
Roth, Hans-Peter	Reform des Gemeinnützigkeitsrechts – Gesetz zur Stärkung des Ehrenamtes, in: Steuerrecht kurzgefaßt 2013, S. 136–140 [*Roth*, SteuK 2013]
Roth, Herbert Schwennicke, Andreas	J. von Staudingers Kommentar zum Bürgerlichen Gesetzbuch mit Einführungsgesetz und Nebengesetzen Buch 1 Neubearbeitung 2019, Berlin [*Schwennicke*, in: Staudinger BGB Buch 1]
Rowedder, Heinz [Begr.] Schmidt-Leithoff, Christian [Hrsg.]	Gesetz betreffend die Gesellschaften mit beschränkter Haftung 6. Auflage, München 2017 [*Bearbeiter*, in: Rowedder/Schmidt-Leithoff GmbHG]
Rüthers, Bernd Fischer, Christian Birk, Axel	Rechtstheorie mit Juristischer Methodenlehre 10. Auflage, München 2018 [*Rüthers/Fischer/Birk*, Rechtstheorie]
Säcker, Franz Jürgen [Hrsg.] Rixecker, Roland [Hrsg.] Oetker, Hartmut [Hrsg.] Limperg, Bettina [Hrsg.] Schubert, Claudia	Münchener Kommentar zum Bürgerlichen Gesetzbuch Band 1 8. Auflage, München 2018 [*Bearbeiter*, in: MüKo BGB Bd. I]
Säcker, Franz Jürgen [Hrsg.] Rixecker, Roland [Hrsg.] Oetker, Hartmut [Hrsg.] Limperg, Bettina [Hrsg.] Krüger, Wolfgang [Hrsg.]	Münchener Kommentar zum Bürgerlichen Gesetzbuch Band 2 8. Auflage, München 2019 [*Bearbeiter*, in: MüKo BGB Bd. II]
Saenger, Ingo Al-Wraikat, Nadja	Zivilrechtliche Neuregelung aufgrund des Gesetzes zur Stärkung des Ehrenamtes, in: Zeitschrift für Stiftungs- und Vereinswesen 2013, S. 128–132 [*Saenger/Al-Wraikat*, ZStV 2013]
Sauer, Wilhelm	Juristische Methodenlehre Stuttgart 1940 [*Sauer*, Juristische Methodenlehre]

Schauhoff, Stephan [Hrsg.]	Handbuch der Gemeinnützigkeit 3. Auflage, München 2010 [*Bearbeiter*, in: Hdb. der Gemeinnützigkeit]
Schauhoff, Stephan Kirchhain, Christian	Der wirtschaftlich tätige gemeinnützige Verein – Zur Auslegung des § 21 BGB, in: Zeitschrift für Wirtschaftsrecht 2016, S. 1857–1866 [*Schauhoff/Kirchhain*, ZIP 2016]
Schellhorn, Walter [Hrsg.] Fischer, Lothar [Hrsg.] Mann, Horst [Hrsg.] Schellhorn, Helmut [Hrsg.] Kern, Christoph [Hrsg.]	Kommentar SGB VIII Kinder und Jugendhilfe 4. Auflage, Köln 2012 [*Bearbeiter*, in: Schellhorn/Fischer/Mann/Kern SGB VIII]
Schimke, Martin [Hrsg.] Dauernheim, Jörg [Hrsg.] Reichert, Bernhard [Hrsg.]	Handbuch Vereins- und Verbandsrecht 13. Auflage, Köln 2016 [*Reichert*, Hdb. Vereins- und Verbandsrecht]
Schmidt, Karsten	Gesellschaftsrecht 4. Auflage, Köln 2002 [*Schmidt*, Gesellschaftsrecht]
Schmidt, Karsten	Die Vereinsmitgliedschaft als Grundlage von Schadensersatzansprüchen, in: Juristen Zeitung 1991, S. 157–162 [*K. Schmidt*, JZ 1991]
Schmidt, Karsten Lutter, Marcus	Aktiengesetz Kommentar Band 1 3. Auflage, Köln 2015 [*Bearbeiter*, in: Schmidt/Lutter AktG Bd. I]
Schnapp, Friedrich E.	Logik für Juristen 7. Auflage, München 2016 [*Schnapp*, Logik für Juristen]
Schneider, Uwe H.	Haftungsmilderung für Vorstandsmitglieder und Geschäftsführer bei fehlerhafter Unternehmensleitung?, in: Festschrift für Winfried Werner zum 65. Geburtstag am 17. Oktober 1984, S. 795–815 [*Uwe H. Schneider*, in: FS Werner 1984]

Schöne, Torsten Petersen, Sabrina	Regressansprüche gegen (ehemalige) Vorstandsmitglieder – quo vadis?, in: Die Aktiengesellschaft 2012, S. 700–706 [*Schöne/Petersen*, AG 2012]
Schöpflin, Martin	Neuerungen im Vereinsrecht – Erleichterung elektronischer Anmeldungen, andere vereinsrechtliche Änderungen und Begrenzung der Haftung ehrenamtlicher Vereinsvorstände, in: Der Deutsche Rechtspfleger 2010, S. 349–355 [*Schöpflin*, Rpfleger 2010]
Schubert, Werner	Quellen zur GmbH-Reform von 1958 bis zum GmbH-Änderungsgesetz von 1980 Frankfurt am Main, 2011 [*Schubert*, Quellen zur GmbH-Reform]
Schubert, Werner Hommelhoff, Peter	Hundert Jahre modernes Aktienrecht Eine Sammlung von Texten und Quellen zur Aktienrechtsreform 1884 mit zwei Einführungen Zeitschrift für Unternehmens- und Gesellschafts-recht, Sonderheft 4 Berlin u. a. 1985 [*Schubert/Hommelhoff*, Hundert Jahre modernes Aktienrecht, ZGR Sonderheft 4]
Schultze-von Lasaulx, Hermann-Arnold	Zur Stellung des nicht rechtsfähigen Vereins im Handelsrecht, in: Festschrift für Alfred Schultze zum 70. Geburtstage dargebracht von Schülern, Fachgenossen und Freunden Festschrift, Weimar 1934 [*Schultze-von Lasaulx*, in: FS Schultze 1934]
Schulze, Reiner	Bürgerliches Gesetzbuch 10. Auflage, Baden-Baden 2019 [*Bearbeiter*, in: Schulze BGB]
Schürnbrand, Jan	Organschaft im Recht der privaten Verbände Habilitation, Mainz 2007 [*Schürnbrand*, Organschaft im Recht der priv. Verbände]
Segna, Ulrich	Organhaftung und gestörte Gesamtschuld, in: Zeitschrift für Wirtschaftsrecht 2015, S. 1561–1568 [*Segna*, ZIP 2015]

Sobotta, Jan von Cube, Nicolai	Die Haftung des Vorstands für das Stiftungsvermögen, in: Der Betrieb 2009, S. 2082–2088 [*Sobotta/von Cube*, DB 2009]
Soergel, Hans Theodor Siebert, Wolfgang [Hrsg.] Bauer, Jürgen F. [Hrsg.]	Bürgerliches Gesetzbuch Allgemeiner Teil 1 13. Auflage, Stuttgart 2000 [*Bearbeiter*, in: Soergel BGB Bd. I]
Spindler, Gerald	Organhaftung in der AG – Reformhaftung aus wissenschaftlicher Perspektive, in: Die Aktiengesellschaft 2013, S. 889–904 [*Spindler*, AG 2013]
Spindler, Gerald [Hrsg.] Stilz, Eberhard [Hrsg.]	Kommentar zum Aktiengesetz Band 1 4. Auflage, München 2019 [*Bearbeiter*, in: Spindler/Stilz AktG Bd. I]
Stein, Erwin	Die verfassungsrechtlichen Grenzen der Rechtsfortbildung durch die Rechtsprechung, in: Neue Juristische Wochenschrift 1964, S. 1745–1752 [*Stein*, NJW 1964]
Stier-Somlo, Fritz [Hrsg.] Elfter, Alexander [Hrsg.]	Handwörterbuch der Rechtswissenschaft Erster Band, Abandon-Deichgüter Berlin u. a. 1926 [*Verfasser*, Titel, in: Stier-Somlo, Handwörterbuch der Rechtswissenschaft Bd. I]
Stöber, Kurt [Begr.] Otto, Dirk-Ulrich	Handbuch zum Vereinsrecht 10. Auflage, Köln 2012 [*Stöber/Otto*, Hdb. VereinsR]
Stürner, Rolf [Hrsg.]	Jauernig Bürgerliches Gesetzbuch 17. Auflage, München 2018 [*Bearbeiter*, in: Jauernig BGB]
Tiedtke, Sonja	Teleologische Reduktion und analoge Anwendung des § 181 BGB Dissertation, Münster 2003 [*Tiedtke*, Teleologische Reduktion und analoge Anwendung des § 181 BGB]

Ulmer, Peter	Strikte aktienrechtliche Organhaftung und D&O-Versicherung - zwei getrennte Welten?, in: Festschrift für Claus-Wilhelm Canaris zum 70. Geburtstag, Band 2 München, 2007 [*Ulmer*, in: FS Canaris 2007]
Ulmer, Peter [Hrsg.] Habersack, Mathias [Hrsg.] Löbbe, Marc [Hrsg.]	Gesetz betreffend die Gesellschaften mit beschränkter Haftung (GmbHG) - Großkommentar Band II 2. Auflage, Tübingen 2014 [*Bearbeiter*, in: Großkommentar GmbHG Bd. II]
Unger, Ulrike	Neue Haftungsbegrenzungen für ehrenamtlich tätige Vereins- und Stiftungsvorstände, in: Neue Juristische Wochenschrift 2009, S. 3269-3273 [*Unger*, NJW 2009]
van Venrooy, Gerd J.	Anspruch der GmbH auf sachkundige Geschäftsführung, in: GmbH Rundschau 2004, S. 237-252 [*van Venrooy*, GmbHR 2004]
Vetter, Eberhard	Zur Haftung des fakultativen Aufsichtsrats der GmbH, in: GmbH Rundschau 2012, S. 181-188 [*Vetter*, GmbHR 2012]
Vetter, Eberhard	Aktienrechtliche Organhaftung und Satzungsautonomie - Überlegungen de lege ferenda, in: Neue Zeitschrift für Gesellschaftsrecht 2014, S. 921-926 [*Vetter*, NZG 2014]
Vieweg, Klaus [Hrsg.]	juris PraxisKommentar BGB Band 1 5. Auflage, Saarbrücken 2010 [*Bearbeiter*, in: jurisPK-BGB]
Wagner, Gerhard	Organhaftung im Interesse der Verhaltenssteuerung - Skizze eines Haftungsregimes, in: Zeitschrift für das gesamte Handelsrecht und Wirtschaftsrecht 178. Band 2014, S. 227-281 [*Wagner*, ZHR 178 (2014)]
Waldner, Wolfram Wörle-Himmel, Christof Schweyer, Gerhard	Der eingetragene Verein 20. Auflage, München 2016 [*Bearbeiter*, in: Sauter/Schweyer/Waldner Der eingetragene Verein]

Wank, Rolf	Die Auslegung von Gesetzen 6. Auflage, München 2015 [*Wank*, Die Auslegung von Gesetzen]
Weller, Sebastian Rahlmeyer, Niklas	Ausgleichsklauseln in Aufhebungsvereinbarungen mit Vorstandsmitgliedern – Steine statt Brot?, in: Gesellschafts- und Wirtschaftsrecht 2014, S. 167–170 [*Weller/Rahlmeyer*, GWR 2014]
Westermann, Harm Peter [Hrsg.] Grunewald, Barbara [Hrsg.] Maier-Reimer, Georg [Hrsg.]	Erman Bürgerliches Gesetzbuch Band I 15. Auflage, Köln 2017 [*Bearbeiter*, in: Erman BGB Bd. I]
Wicke, Hartmut	Gesetz betreffend die Gesellschaften mit beschränkter Haftung (GmbHG) 4. Auflage, München 2020 [*Wicke*, GmbHG]
Wicke, Hartmut	Kontinuität und Wandel im Recht der GmbH, in: Mitteilungen des Bayrischen Notarvereins 2011, S. 23–32 [*Wicke*, MittBayNot 2011]
Wiedemann, Herbert	Organverantwortung und Gesellschafterklagen in der Aktiengesellschaft Opladen, 1989 [*Wiedemann*, Organverantwortung und Gesellschaf-terklagen in der Aktiengesellschaft]
Wiesner, Reinhard [Hrsg.]	SGB VIII Kommentar Kinder- und Jugendhilfe 5. Auflage, München 2015 [*Bearbeiter*, in: Wiesner SGB VIII]
Windbichler, Christine	Gesellschaftsrecht 24. Auflage, München 2017 [*Windbichler*, Gesellschaftsrecht]
Wörle-Himmel, Christof Endres, Markus	Neue gesetzliche Regelung im Vereinsrecht, in: Deutsches Steuerrecht 2010, S. 759–763 [*Wörle-Himmel/Endres*, DStR 2010]

Würdinger, Markus	Die Analogiefähigkeit von Normen – Eine methodologische Untersuchung über Ausnahmevorschriften und deklaratorische Normen, in: Archiv für die civilistische Praxis 206 (2006), S. 946–979 [*Würdinger*, AcP 206 (2006)]
Ziemons, Hildegard Binnewies, Burkhard	Handbuch Aktiengesellschaft Band 1 74. Lieferung, Köln 2016 [*Bearbeiter*, in: Ziemons/Binnewies Hdb. AG Bd. I]
Ziemons, Hildegard [Hrsg.] Jaeger, Carsten [Hrsg.] Pöschke, Moritz [Hrsg.]	Beck'scher Online-Kommentar GmbHG 44. Edition, München 2020 [*Bearbeiter*, in: BeckOK GmbHG]
Zitelmann, Ernst	Lücken im Recht – Rede gehalten bei Antritt des Rektorats der Rheinischen Friedrich-Wilhelms-Universität zu Bonn am 18. Oktober 1902 Leipzig, 1903 [*Zitelmann*, Lücken im Recht]
Zöllner, Wolfgang [Hrsg.] Noack, Ulrich [Hrsg.]	Kölner Kommentar zum Aktiengesetz Band 2, Teilband 1 3. Auflage, Köln 2009 [*Bearbeiter*, in: Kölner Kommentar AktG Bd. II/1]

FSC
www.fsc.org
MIX
Papier | Fördert
gute Waldnutzung
FSC® C083411

Kolibri 360 GmbH
Ferdinand-Jühlke-Straße 7
99095 Erfurt, Deutschland
produktsicherheit@kolibri360.de